矢志抗日、熱衷教育的

馬元放

馬寧——著

無愧人生

謹以此書

紀念我的祖父

矢志抗日、熱衷教育的馬元放

親屬關係

馬元放，夫人倪滄舲（又名倪昌齡、倪吉），育子女五人：
長子光忠、次子光雄、長女光瑋、次女光瑤、三女光琳。

胞弟元超，夫人王瑾瑜（義父之女），育子女四人：
長子光信、次子光義、長女光瑾、次女光瑜。

義父王堅白（號孔誠）公，義母籍彩大夫人，育子女五人：
長子鑄舜、次子鑄禹、長女梅英、二女瑾瑜、三女惠芬。

義弟王鑄舜，育二子：
長子阮立華、次子阮立平。

義弟鑄禹，夫人張壽征，育三女：
長女志酉、次女志椿、三女志虹。

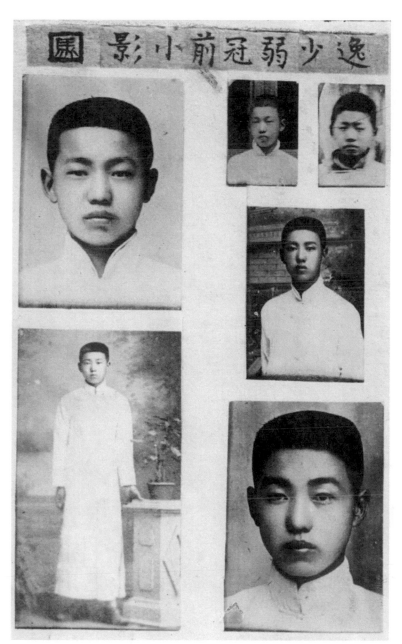

逸少弱冠前小影圖

少年時代的馬元放

青年時代的馬元放

1917年馬元放（時名馬飲冰）小學畢業照（前排左5）

1927年馬元放（時名馬飲冰）與倪滄舲結婚照

馬元放夫婦（後排右1，右2）返鄉與長輩們合影（約1928年）

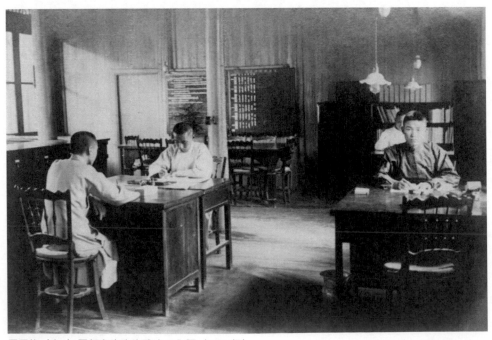

馬元放（右1）早年在南京市政府工作照（1927年）

馬元放在自宅門前留影（1947年）

馬元放在南京某公園留影（1947年）

馬元放、倪滄舲夫婦合影（1947年）

馬元放全家福（1947年）　左起：三女光琳、次子光雄、次女光瑤、長子光忠、長女光瑋，馬元放夫婦

馬元放五子女（1994年）　前排左起：光琳、光瑋、光瑤，後排左起：光雄、光忠

馬元放胞弟元超全家福（1954年）
前排左起：夫人王瑾瑜、次女光瑜、
　　　　　馬元超、次子光義
後排左起：長女光瑾、長子光信

馬元放與義弟王鑄舜（左）、胞弟元
超（右）合影（1938年，貴陽）

兄弟姐妹合影（2013年）
後排左起：沙生華馬光瑜夫婦、潘志良馬光瑾夫婦、馬光義
前排左起：表兄徐煥明，馬光忠秦蕚芬夫婦

兄弟姐妹合影（2014年）
左起：沙生華馬光瑜夫婦、潘志良馬光瑾夫婦、馬光忠秦蕚芬夫婦、馬光義高琴梅夫婦

常州親戚合影（2014年）

馬元放義母及義弟義妹（1945年）
前排左起：義弟鑄禹、義母籍彩大、義弟鑄舜。後排左起：義妹惠芬、瑾瑜、梅英

馬元放義弟義妹
前排左起：義妹惠芬、瑾瑜。後排左起：義弟鑄禹、鑄舜

馬元放義弟王鑄禹、弟媳張壽征全家福（1993年）
後排左起：次女志椿、長女志酉、三女志虹

序一　不畏浮雲遮望眼

馬元放先生為近代名人，有幸為其鄉晚，地隔十餘里，輩份晚一輩。余乃草根，孤陋寡聞。新中國成立前夕，始聞先生之名，朦朧知悉吾常「國民黨三大亨」——吳稚暉、程滄波、馬元放。

新中國成立後，余在農村，當泥腿子幹部。年過半百，因緣際遇，進入縣方志辦，鋤頭柄換成了筆桿子，才有機會知道馬元放是國民黨大佬，因「鎮壓」學生反內戰、反飢餓、爭民主的愛國運動負主要罪責，於1952年3月「伏法」。3月14日《新華日報》曾刊載南京市軍事管制委員會布告。時隔半世紀，歷史經沉澱。2003年11月30日《南京晨報》發表〈愛國教育家馬元放的風雨人生〉，2004年6月《鍾山風雨》雜誌第3期刊載〈愛國教育家馬元放的人生之旅〉，2013年《南京史志》刊載〈民國時期愛國教育家馬元放〉，一報兩刊，主流媒體，所刊諸文，大同小異，並附有照片，圖文並茂，求實存真，以紀念這位矢志抗日、熱衷教育事業的愛國人士。前後對照，得以寬慰。余垂垂老矣，身為史志愛好者，深感亦有責任為家鄉名人正名，激勵後人，繼承遺志，以報家國之恩。

余以為當年由於政治鬥爭形勢之需要，有時政策過左，難免誤傷，此一時彼一時也。事前諸葛亮必不如事後諸葛亮英明也。事過境遷，物移人非，蓋棺未必定論，不可求全責備於前人。經歷史沉澱與群眾檢驗，與時俱進，重新論證，以正是非，以史為鑑，豈非更具群眾性與權威性。

因此，余敢為家鄉人物正名。當年淪陷時期，馬元放任職江蘇省教育廳廳長時，「蘇浙戰區巡迴教學團」成員、武進丫河小學校長楊倬雲，解放後被捕勞改、病死農場，2006年繆賢楊氏修譜，余為其立傳正名，載入《宗譜》，並選入余之文集《樸耕齋集》（鳳凰出版社2012年11月初版）。為國民黨武進縣黨部書記長童家駒國共合作抗日寫傳，因故未能入《譜》，而入《樸耕齋集》，發揚其愛國精神。「蘇浙戰區巡迴教學團」領導成員錢伯顯先生，1951年被捕，判刑十五年刑滿釋放，又逢「文革」十年浩劫，古稀之年，回鄉接受批鬥、監督勞動。「平反」無門，因而於2010年出版《無愧時代——錢伯顯先生誕辰110週年紀念文集》。由於本人曾任《武進縣志》總纂，一貫主張求實

存真，伸張正義，有一定影響而被推為該文集主編。

　　因政治利害關係，當代人不寫當代史。經歷史沉澱，登高望遠，不畏浮雲遮望眼，看得清而敢言。余以為改革開放以來，社會發展多元化，人群地位大變化。過去以階級成分和出身、對共產黨的忠誠程度而決定其社會地位，於是有所謂「紅五類」──工、農、兵和黨團員；與所謂「黑七類」──地、富、反、壞、右、走資派和反動學術權威；「以階級鬥爭為綱」，階級鬥爭不斷。撥亂反正，改革開放，社會進步發展，演變成今天以「教育程度」──學歷、學位與「個人成就」──事業、功績為主要條件決定其地位榮辱高低的社會，也就是以藍領（技師、教師、醫師等）、白領（一般企業家、高級管理人員、主任醫師、高級教師等）、金領（各行各業的領軍人物、大企業主管、高幹、學術權威）分類的社會，以知識與成就決定其社會地位。知識就是力量，知識就是財富，就有社會地位，這是社會的很大進步。

　　馬元放先生哲嗣光忠先生，耄耋之年，調查考證，申訴雖有門，獲得諸多同情而苦無結果。偶從網路知余觀點，從電話到面談，一拍即合。光忠先生优儷冒酷暑飛臺灣，從臺北武進同鄉會等單位搜集有關資料後，再次來常商談文集目次，並邀余為序。余忝列鄉晚，義不容辭，樂而為之。

　　馬元放與程滄波，同為武進才子，各有千秋。馬長程一歲，生於光緒二十八年（1902），馬為教育家，程主中央社兼《中央日報》主筆可稱宣傳家。兩人均好書法，程更勝馬，《艾干馬氏宗譜·民國戊子（1948）序》為馬撰程書，文字、書法堪稱合璧，世所少見。1933年馬程二人同為江蘇新聞事業委員會委員（馬為主委），1936至1937年期間，兩人又同為中央文化事業計畫委員會新聞事業研究會十名專門委員之一，排名馬列第四，程列第八。抗戰勝利後，兩人同為江蘇省立常州中學籌款修建校舍，據《常州日報》2007年10月26日B7版載錢士鶴〈重振名校風範〉：「1946年上半年，關心愛護母校的校友潘序倫、邵鶴亭、馬元放、程中行等發起組織校舍籌建委員會，……募捐經費得二千多萬元（當時舊幣）。」由此可見，馬程兩人同心攜手關懷家鄉教育事業之深情。馬以《歸漢記》揭露汪偽陰謀，堅持抗日立場聞名於世，以行勝也。程以代蔣介石撰〈廬山抗日宣言〉而聞名於世，以言勝也。不相上下，難分軒輊。

　　在新舊交替之際，程則黯然飛臺，終老異鄉，遺憾終身。馬則坦然認命，魂守故土，德遺後人。歷史是無情的，社會是有趣的。人生如戲，苦樂自知。

畢命之頃，元放何想？他人無法揣度。但無言勝有言，身教重言教。其本人悲慘出身、貧困孤兒，為小學校長王孔誠先生撫養成長，受傳統文化薰育培養，對家國情懷，感恩戴德，克己待人，忍辱負重，奮發自強，德澤後人。馬老夫人繼承家教家風，撫育兩子三女，均受良好教育，都具高級職稱，個個成才，人人精英，奮戰在祖國文教、醫藥、科技戰線，做出無私奉獻。現在都已退休，貽養天年。先生伉儷在天之靈，可以無憾，可以自豪矣。

當今形勢，中國崛起，日本一小撮好戰分子，虎視眈眈，野心勃勃，抗日烽火，殷鑑未遠。今出版《無愧人生──馬元放先生誕辰112週年紀念文集》（編者注：即本書，副標題有更改），目的在於紀念先賢，繼承其抗日愛國精神，立足各自崗位，自強不息，鑄就輝煌，振興中華，為圓強國之夢，維護世界和平做出貢獻。

西元2013年歲次癸巳立秋之吉

延陵後學吳之光謹撰

時年八十又五

作者簡介：

吳之光（1928-2014）先生，原中國共產黨武進縣委黨史辦公室、武進地方志辦公室副主任，《武進縣志》總纂、常州市譜牒文化研究會副會長及執行會長。著有《瞿秋白家世》、《樸耕齋文集》；主編《無愧時代──錢伯顯先生誕辰110週年紀念文集》、《程滄波先生年譜》等。

本文曾載於常州《譜牒文化》2014年第1期，又載於吳之光著《樸耕齋續集》（南京大學出版社，2015年9月）。

序二　人生不留愧

　　每個民族或國家都有自己的文化和歷史，不論是古老的歐洲、非洲、亞洲、美洲還是太平洋島國。歷史是段冗長的時間，文化是貫穿歷史的精髓，從而論國家常問立國多少年，民族則論內涵和精神。由這方向看，民族似乎凌駕國家，但屬性不同不宜比高低，國家是政治組成的型態，民族是自然形成的結果，從歷史觀，國家可能是一時的，文化是互久的，文化不一定靠國家存在，國家卻不能沒有文化。世云，觀國家觀其文化，觀文化觀其人民，人是國家、民族、文化的主體。

　　中華民族的文化特質有其優越性和獨特性，難以受他種文化影響，不易受朝代更迭改變本質，並非在比較好壞，五千年孕育有以致之。中華文化精髓在於堅忍不拔之精神，優越性在於自古以來的民本精神，所謂民胞物與，西方所謂博愛，近代引為人權。民本見諸孔孟思想，甚至更早，民為本，社稷次之，君為輕，千百年來君王賴以為政，或藉以為政，或偶有掩飾為政。於此，民本精神亦為中華文化之獨特性，與堅毅精神二者合一，是為中華文化之特質。或謂，西方早有民主思潮，靠爭取得之，人權思想繼而興起，但民本思想在古老的中國，早已奉為國族命脈所繫。

　　但是不可諱言，朝代更迭常見文化受到摧殘，民權橫遭荼毒，理論上或可避免，實則不易免。戰亂摧殘之際，大者傷及社會，小者傷及個人，如果個人與社會互有關聯，損害更大，前、後朝代均不樂見。如何補救，降低損失，新朝應視為施政要務，舊朝當盡言責，用以恢復文化元氣，消弭社會不安，平反個人損失。這道理與現象，筆者可以見證，因為發生在自己家庭。

　　1949年我們一家人辛苦地從南京到上海，坐船去臺灣，理由簡單，逃避戰禍。家父與黨政軍商毫無關聯，靠朋友幫忙弄到三張船票，全家少了一張，只好自己留下不走，先送走妻兒，約定日後臺灣相會。這約定很快破滅，不到半年，我們與父親音訊全失。母親沒帶家產，我們在臺生活艱困可知。40年後我從工作的澳大利亞前往大陸尋父，毫無結果，回來後寫了個真實短篇〈鏡中爹〉，得到世界華文寫作首獎。篇名的意思是，靠著母親告訴我長得像父親，從而養成我照鏡子揣摩父親容貌的習慣，父親在我這年紀是什麼容貌，一照鏡

子便知，他就在眼前。

　　雖然是陳年往事，岳母林海音女士積極鼓勵我尋父，妻夏祖麗在大陸的親戚設法找出，父親當年被迫回到大學讀書，親筆寫的個人資料。那大學是短期存在的華東人民革命大學，那親戚就是馬光忠先生與秦萼芬女士，亦即《無愧人生》的傳主馬元放先生的兒與兒媳。以後五年出現極為戲劇性的發展，我和祖麗攜手找出父親於解放後30年的大江南北掙扎過程，發現老人家早在1980年於上海吐血去世，集體掩埋。去世前他連寫四封家書，尋找臺灣妻兒，但是「信一封封的發出去，都沒有回音，不知是信到了臺灣，投遞無門，還是信進了郵筒，沒有離開大陸。」我獲得父親私藏的數本親筆記載，回到墨爾本閉戶研讀，從中了解父親數十年求生的心態。臺灣三民書局發行人故劉振強先生要我寫出完整經過，書名就叫《鏡中爹》，該書翌年入圍金鼎獎。北京三聯出版社前總編輯李昕先生要我增寫，一個失去父親，沒有家產和社會關係的孩子如何在臺灣生存，書名仍沿用《鏡中爹》，這本書是當年北京三聯暢銷書。

　　澳洲國立大學ANU英譯〈鏡中爹〉短篇，舉行三口研討會，作為華人文化遷徙演變主題資料之一，我和祖麗在會中發表心得。兩年後我們於墨爾本舉辦「中華文化與移民文化國際研討會」，我擔任主席，祖麗主持議程，參與會議發表論述的澳紐美中港臺漢學者和作家有27人，會後我們出版中英雙語論文集，送世界大學漢學所。論文集中文名為「文化跨越……中華文化與移民文化國際研討會文集」，*Chinese Cultures in the Diaspora……Emerging Global Perspectives on the Centre and Periphery*。英聯邦作家獎得主艾列克斯·米勒（Alex Miller）提出問題：「人的歸屬和本質在哪兒？移民社會裡，家的真義在哪兒？」我回答：「對移民來說，人的本質是文化。在移民社會裡，家的真義是四海。」

　　把這段私事寫入《無愧人生》的序篇，不為別的，不僅為了馬元放的兒媳孫馬光忠、秦萼芬、馬寧一家人，也為我與祖麗移居的西方社會。父親和我的苦難事屬個人，但是誠如前面所說，朝代更迭造成的損害均非新、舊朝代所樂見，如今誌之以為殷鑑。為出版《鏡中爹》在上海舉行的演講會中，記者問我從小失去父親是否心懷憎恨？我回答內心當然不快樂，但是能找到下落卻心存感激，因為幫助我的多是在大陸的人。記者又問，找到父親下落的一剎那有什麼感受？我回憶尋找過程中，有一天來到父親做工人時的上海工廠，走在破舊樓梯間，想到當時父親已七十來歲，猶自孤獨奮鬥人生，而那留著父親最後腳

印的工廠，在我離開後就要拆除改建，今後一切都煙消雲散，秩序重建了。我便引用《鏡中爹》中的一句話，回答記者的問題：「那段歷史已經結束」。

但是馬元放的歷史沒有結束，因為七十年來家人一直背負著父親被槍決；因為馬元放被兩岸認為是貢獻卓著的教育家，只是他碰巧是國民黨時期首都南京副市長；因為馬元放成功教育下的後代，已在各地發光。如今離開馬元放不幸的宿命已經七十年，當年出生的人現在都已垂老，由當年還沒出生的現代人來審定兩代前的錯誤，有多困難——時代的困難，以及權責考證的困難。光忠、萼芬兄嫂鍥而不捨數十年，在兩岸搜尋資料，體力日衰，由其子馬寧接棒，海內外奔波為祖父出書。歷史不就是這樣記錄，人們不就是這樣寫歷史？筆者前受光忠、萼芬兄嫂之協助，奔走人海搜尋家父，一位不在人世的老人，繼而反過來與光忠二老研商，如何在70年後平反化解二老父親的遺恨，豈僅一句恩恩相報？《鏡中爹》不過是追尋滄海一粟，「人生無愧」則是啟迪，也啟底文化遺誤，昭然世間遺憾。我們兩家兩代，人逢四老，話說三兩句，時跨兩世紀，站在南京下關揚子江畔，兩個家庭的個別幽怨，可隨滔滔江水清洗？

近代網路興起，出版業式微，幸賴臺灣出版家蔡登山先生協助出版《無愧人生》，即將發行兩岸，至此樂見歷史和文化的交集，綻放馬元放先生貢獻教育，凌駕個人榮辱的先賢典範。中華文化固然漂流四海，馬家、張家則因文化而凝固，想到這裡，馬元放先生庶幾瞑目於九泉矣。

張至璋
2021年7月於加州聖荷西，時年81

作者簡介：
張至璋，早年為臺灣的電視新聞主播、主編、新聞評論。1986年應聘澳大利亞聯邦媒體，擔任新聞主編。業餘寫作以專欄、評論、小說、翻譯為主，獲1995年澳洲聯邦文學全額獎等獎項。人們嘗謂其學習法律，從事新聞工作數十年，下筆條理分明，具可讀性與真實性。曾任澳洲華文作家協會會長、大洋洲華文作家協會創會長。退休後旅居美、臺、澳。

前言

　　我的祖父馬元放，在20世紀全民族抗日戰爭時期，曾擔任江蘇省教育廳長、國民黨江蘇省黨部主任委員，1945年5月當選為中國國民黨第六屆中央執行委員會委員。抗戰勝利後，擔任過民國首都南京市副市長兼教育局局長等職。1948年底辭官為民，移居上海。1949年社會更替之際，他放棄赴臺。然而，在1952年，由於他曾經的國民黨官員身份而遭受指控，不幸離世。

　　筆者生於1959年的南京，與祖父從未謀面。1966年我進入小學，1976年高中畢業，這十年正是中國「文化大革命」的十年。在那個「血統論」盛行的年代，經常要填寫家庭出身調查表。我被告知在祖父身份一欄填寫「反動官僚」，這也就成了我對祖父的唯一認知。在很長一段時間裡，長輩們從未和我談起過祖父的任何情況，故我對祖父的生平一無所知。

　　然而，1989年由林默涵主編的《中國抗日戰爭時期大後方文學書系》在重慶出版，其中碧野主編的第四編「報告文學」中選編了祖父1944年所著《歸漢記》的部分章節。家父遠在四川的友人見到這套書系後，告知了這一消息。十多年後的2003年，《南京晨報》刊登了〈愛國教育家馬元放的風雨人生〉（作者金萍、王磊），以及2004年江蘇省政協主辦的《鍾山風雨》刊登了〈愛國教育家馬元放的人生之旅〉（作者王炳毅），這些消息大大震動了我們家人。由此，我們從尋找《歸漢記》開始，十多年來一直在致力於尋找祖父的相關史料，希望能全面瞭解自己的先輩，還原馬元放的真實形象。

　　為了搜集史料，我們不僅去了中國第二歷史檔案館、江蘇省檔案館、南京市檔案館、南京圖書館、金陵圖書館、江蘇省社科院和上海圖書館等處，而且在2013年父母年老體衰的情況下還遠赴臺北，走訪了在臺北的中央研究院近代史研究所、國史館、中國國民黨中央文化傳播委員會黨史館、圖書館，以及武進同鄉會，得到了諸多熱心人士的幫助[1]。這些年來，家父還拜訪了多位先輩：有曾在祖父身邊工作過的人士，有曾在南京教育系統工作過並認識祖父的人士，有祖父的同鄉，以及瞭解祖父過去情況的先輩；也拜訪了多位研究近代

---

[1] 本書中提及臺北的中央研究院、國史館、中國國民黨黨史館、圖書館等，僅是文獻史料保管單位的名稱表記，不具其他含義。

史及從事史志編撰的專家和學者，以及當年在南京的共產黨地下工作人員，等等。通過查閱史料和走訪相關人員，從而瞭解祖父的生平以及當年南京發生過的相關歷史事件等，以求實存真的態度和從歷史研究的角度，去認識祖父馬元放的生平。

我們逐步發現，在大量的史料中，有諸多傳記、辭典、志書等文獻中錄有「馬元放」詞條，上百冊書刊中有提及馬元放的內容。當年的《中央日報》和多種地方報刊對馬元放也有百條以上的報導。近年來，大陸主要史志、文獻、媒體等也有不少宣傳和紀念馬元放的文章。通過整理大量的瑣碎史料、點點滴滴的歷史紀錄，我們逐漸還原出馬元放的真實形象。從搜集到的史料中可以看出，諸多傳記、辭典、志書等文獻對馬元放的記載有詳有簡；有少數文獻沿襲原案指控，以至於以訛傳訛，指其負有罪責；更有某些小說無中生有歪曲真相，杜撰有關馬元放的離奇情節。但20世紀改革開放以來，愈來愈多的史志、文獻尊重歷史事實，對指控馬元放的不實之詞做了糾正。

總而言之，人各有志，追求也各有不同。即使是具有不同的信仰和處於不同的政治立場，但對國家、對民族同樣具有深厚的情感和寄託。馬元放信仰三民主義，身為國民黨黨員，在短暫的一生中，為國家、為人民，做了大量好事，無愧人生。馬元放既得到當年國民黨政府的嘉獎和表彰，也得到現今史學家的高度評價和民眾的懷念。我們家人也為馬元放感到驕傲和自豪，永遠懷念他。

本書的編寫，完全是對所見所聞之相關歷史資訊進行整理，追尋馬元放的足跡，以還原出他的歷史真相。書中以時間為主軸，串聯一系列歷史點滴，系統地勾畫出他一生的經歷。編寫本書的目的是為了讓家族後代瞭解先人馬元放；也是為了使社會和民眾得以重新認識歷史人物馬元放；同時更是紀念他為國家和民族做出的貢獻，為家鄉族人爭得的榮譽。本書既是馬元放的個人傳記，又在一定程度上展現了民國建都初期南京的部分歷史片段、江蘇省抗戰史的部分片段，以及抗戰勝利後南京教育史的部分片段。

本書是挖掘歷史碎片「研究」歷史人物，書中內容均以史料或相關人士口述為依據，時間、地點、事件的記載均有據可查。筆者為工程技術人員，缺乏文學功底，因而文章在編寫、行文上猶如技術報告，難免會讓讀者有枯燥之感，為此深表歉意。同時，書中如有不當之處，也請讀者批評指正。

為本書作序的吳之光老先生是筆者家鄉先賢，張至璋先生是筆者家親，他

們自始至終支持筆者編寫本書。筆者受到他們的鼓勵，終於完成了此書，非常感謝他們。但是深感遺憾的是，吳之光先生已駕鶴西去，未能親眼看到本書的出版。我們深切懷念吳老先生，願他在天堂一切順安。

馬元放被日偽囚禁三年餘，獲國民黨中央營救後，曾撰寫《歸漢記》一書於1944年在重慶出版。鑑於《歸漢記》一書不僅是馬元放個人的歷史片段，也是當年國家和民族抗日鬥爭的片段記錄，有一定的愛國主義教育意義，並且也曾獲得社會好評，特請南京師範大學徐克謙教授作了注釋後編入本書，以利讀者閱讀時加深理解。

馬元放之孫馬寧

2020年1月

目次

第二編：歸漢記

第一編

第一章 馬元放的家世與學歷
（1902年7月5日-1922年）

1.1 家世[1]

　　1902年7月5日（清光緒二十八年壬寅六月初一），馬元放生於江蘇省武進縣湖塘橋馬家巷馬家村，今常州市武進區湖塘鎮蔣公岸社區馬家村。取名飲冰，字景逸、孟進，乳名文耿。馬元放友人在一篇追憶文[2]中稱，馬飲冰參加工作後，因得知徐州有一與己同姓同名者，故於1927年呈請改名元放。從史料中可見，1927至1931年間「飲冰」、「元放」皆有出現，在1932年後僅使用元放。

　　馬元放生父培生公（又名佩生），生於清同治六年（1867）十一月二十四日，卒於光緒三十四年（1908）八月二十二日，享年四十二歲；生母金太夫人生於清同治九年（1870）五月十三日，卒於宣統元年（1909）十月十七日，享年四十歲。

　　祖父忠烈公，字盤孝，生於道光十年（1830）十一月十七日，卒於宣統二年（1910）八月二十三日，享年八十一歲；祖母袁氏，生於道光十年（1830）正月十三日，卒失考，未育；續弦祖母戚氏，生於道光十二年（1832）九月十六日，卒於光緒三十年（1904）二月二十一日，享年七十三歲。

　　曾祖父產南公，生於嘉慶十年（1805）八月十一日，卒於道光二十一年（1841）十二月二十六日，享年三十七歲；曾祖母戚氏，生於嘉慶九年（1804）三月二十三日，卒於咸豐八年（1858）八月二十九日，享年五十五歲。

　　馬元放祖輩業農，全家僅有薄田四畝八分，自行耕食。家中還有胞弟元超及姐妹四人。他七歲那年父親病逝，八歲時又痛失母親，從小就飽嘗了生活的艱辛。雙親離世後，賴舅家（金姓，家住聚湖橋）憐愛，收養照料，並得到家鄉眾多父老的愛護。

---

[1] 馬元放出生和家庭情況等均根據馬元放自撰〈三代〉及〈自述〉（1951年）。
[2] 童致祥：〈馬元放先生年少零丁〉，臺北：《武進鄉訊》第37期（1971年9月15日），第4版。

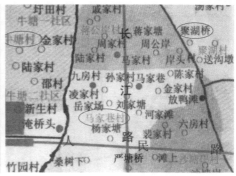

馬元放出生地馬家巷馬家村（今屬馬家巷村）、舅家聚湖橋，以及讀書地（小學）牛塘村（圖片摘自2014年《聚湖馬氏宗譜》）

馬元放在牛塘村讀小學。他尊師勤學，聰慧伶俐，深得王孔誠老師的鍾愛。當時王先生膝下無子，便收其為義子，視同已出，留在身邊共眠同餐，擔負其教養及一應需用[3]。數年之後，義父先後得二子，取名鑄舜、鑄禹。在王家，馬元放對義父感情深厚，與義弟情同手足。離開家鄉後，每每與義父通信，上款是「寄父大人尊前」，落款是「耿兒叩上」[4]。義父離世後，馬元放悉心培養義弟，直到他們完成學業。

馬元放胞弟元超娶義父二女瑾瑜為妻，親上加親。

義父王孔誠（號堅白）公，生於光緒九年（1883）十月一日，卒於民國18年（1929）11月21日，享年四十七歲。義母籍彩大夫人，生於光緒十三年（1887）十月二日，卒於西元1961年7月5日（陰曆五月二十三日），享年七十四歲。

1.2　故里[5]

馬元放故里江蘇省武進縣馬家村，近鄰有馬家巷東、馬家巷南、馬家巷北、淹橋村及九房村，六村統屬馬家巷村，是居住著千餘人的古村落。馬家巷村位於湖塘鎮最西首，總面積約2.1平方公里。

武進地處江蘇省南部，瀕太湖，銜滆湖，東鄰江陰、無錫，南接宜興，西

---

[3]　馬元放義弟王鑄舜先生信函（2003年10月）。
[4]　馬元放義弟王鑄舜先生信函（2004年12月14日）。
[5]　馬家村及武進概要，參考「馬家巷村」及「武進區」等詞條《百度百科》資料。

毗金壇、丹陽，北接常州天寧區、鐘樓區、新北區。

五千多年前武進地區就有人類定居，繁衍生息。淹城、寺墩出土的文物表明，在新石器時代武進已形成原始村落。隨著時代的變遷，社會發展逐漸鮮明。

1995年武進撤縣設縣級市。2002年撤銷縣級武進市，設立常州市武進區。目前，武進區總面積超一千平方公里，2018年常住人口超一百四十萬。

武進是吳文化的發源地之一，擁有五千多年的人類文明史、二千七百多年的古城建設史和二千五百多年的文字記載史。武進區先後誕生了十九位帝王、九名狀元和一千五百四十六名進士。自古代起，武進名人層出不窮。春秋時期著名的政治家、音樂鑑賞家季札封居武進；南朝齊高帝蕭道成、梁武帝蕭衍生於南蘭陵（今武進）。至清代，武進有以莊存為代表的今文經學派，以惲敬為代表的陽湖文派，以張惠言為代表的常州詞派，以惲南田為代表的常州畫派等。歷代名人趙翼、黃仲則詩作膾炙人口，洪亮吉精於史學、地理學，李寶嘉的《官場現形記》開創中國近代譴責小說之先河。民國以來，在各行各業取得成就的武進名人更是數不勝數。

1.3　族譜

2014年武進寶善堂馬氏後裔齊力續修族譜，譜名《聚湖馬氏宗譜》。

戰國時期，趙惠文王賜給大將趙奢的封號為馬服君，其子孫遂以「馬服」為姓，後改單姓「馬」。故馬氏起源可追溯至戰國時期，為戰國大將趙奢後裔，東漢伏波將軍馬援子孫。裔孫遍布各地，有聚米、寶善、扶風、馴德、體仁、銅柱、絳紗、惇遠等堂號，約三十餘分支。其中，常州武進湖塘鎮聚米、寶善兩堂同出一源，同屬當地馬氏家族艾干分支。

查續修的《宗譜》可見，自馬姓第一世趙奢（馬服君）起，馬氏後人馬昂自河北遷入江南常州一帶，生子馬龍，故馬龍為武進聚湖馬氏始祖。聚湖馬氏後裔又分為愛知公支派、濟明公支派、衛明公支派、庭光公支派、文謨公支派、文英公支派、明之公支派、仕明公支派、輔明公支派等。據《宗譜》記載，馬元放為聚湖寶善堂馬氏庭光公支派第十三世。

續修《宗譜》中馬元放及胞弟元超的祖輩族人及後代子孫世系圖可簡化如下：

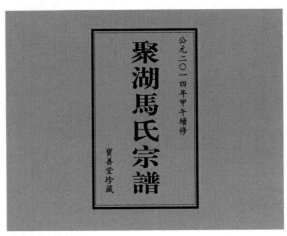

《聚湖馬氏宗譜》

　　馬龍（聚湖馬氏始祖）→印祥→庭光→邦原→悅滋→士璘→峻芥→紹良→河元→產男→忠烈→培生（又名佩生）→元放及胞弟元超。

　　馬元放有二子三女，弟元超有二子二女，都已膝下兒孫滿堂。

　　族人耆宿馬容滄老先生在《宗譜》序中說：「自古以來，國家有史，地方有志，宗族有譜，故家譜即為家族史。寫史必涉人，寫人必有史，家譜載有宗族世系及名人事蹟，史中有人，人中有史，人史融為一體，係珍貴之人文資料，亦宗族文化之精髓。」查閱族譜可見，世世代代的寶善堂馬氏族人，經歷了歷朝歷代的風風雨雨，以勤勞、善良、團結、奮鬥的精神，繁衍壯大，延續至今。

　　馬氏後人馬元放，踏踏實實做人，任勞任怨奉獻，無愧於馬氏列祖列宗。他為中華民族貢獻了一生，為聚湖馬氏家族爭得了榮譽，也是族人之光榮。2014年續修《聚湖馬氏宗譜》首卷中印有〈馬元放小傳〉和全家福照片。

　　《武進網‧網友互動》欄目曾載文〈馬家巷老譜難找，老祠堂更難覓蹤影〉[6]，文中說原先馬家巷村有馬氏祠堂，且有老譜，但祠堂在解放初就改為學校，後又地塊拆遷，現在已全無蹤影，祠堂門口匾額上的堂號也無人能記起，且老譜在「文化大革命」時期被毀。馬家巷村馬姓分成馬一房到馬九房，在馬家巷及其附近地區，有巷東、巷南、巷西、巷北等四個較為集中的馬姓居

6　　張軍：〈馬家巷老譜難找，老祠堂更難覓蹤影〉，載於2009年9月9日《武進網‧網友互動》。

住區，但由於公路修建、工業園區建設等原因，目前馬姓集中居住的只有巷南、巷東。

上文還說，馬家巷村曾有馬家祠堂，而且時任國民黨中央委員南京市副市長的馬元放曾回故里為馬氏祠堂揭過牌匾。

另有人在《武進網》上發文說，馬家祠堂未拆時，村上有人還看到國民黨元老于右任、陳立夫、孫科等名人撰寫的牌匾[7]。

1.4 學歷

馬元放父母離世後，舅父（金姓）將其收養[8]。在馬元放九歲那年，舅父將其送至牛塘一方名儒工孔誠（號堅白）先生執教的武進私立兢進學校就讀，打算初識文墨後學做裁縫，以維持生計[9]。武進私立兢進學校創辦於1906年，馬元放義父王孔誠及胞弟馬元超先後擔任過該校校長[10]。

馬元放勤學苦讀，於1917年十五歲時高小畢業。因無力循序進入中學，故留在母校補習，由於其勤奮好學，在苦讀一年之後，於十六歲時以同等學歷考入位於南京的江蘇公立法政專門學校[11]。

1922年馬元放二十歲，於江蘇公立法政專門學校畢業[12]。在校期間，因學習勤奮，備受恩師王伯秋、鍾鍾山等教授的賞識。

1923年江蘇公立法政專門學校升格改名江蘇法政大學[13]，並設研究科。馬元放隨即再度進入母校，作為首屆研究科學生就讀，於1925年畢業[14][15]。當年的法政大學在南京市建鄴路西端，原地名「紅紙廊」。

1927年江蘇法政大學併入國立第四中山大學[16]（今南京大學、東南大學等

---

[7]　〈馬家巷人的煩惱〉，載於《武進網·武進論壇》（作者、日期不詳）。
[8]　馬元放〈自述〉（1951年）。
[9]　馬元放義父王孔誠之子王鑄舜先生信函（2003年10月）。
[10]　武進牛塘中心小學校史館校史資料。
[11]　馬元放〈自述〉（1951年）。
[12]　同上。
[13]　江蘇省地方志編纂委員會編《江蘇省志·教育志（下）》（南京：江蘇古籍出版社，2000年），第457頁。
[14]　馬元放〈自述〉（1951年）。
[15]　常州市地方志編纂委員會編《常州市志·第3冊·第51卷·人物》（北京：中國社會科學出版社，1995年），第990頁。
[16]　江蘇省地方志編纂委員會編《江蘇省志·教育志（下）》（南京：江蘇古籍出版社，2000年），第

校的前身）。

關於馬元放的學歷，筆者還查閱到〈呂思勉與青雲中學〉[17]一文。該文作者在文章開始寫道：「武進區牛塘初級中學創建於1942年，初名私立青雲中學，是武進創辦最早的中學之一。七十年來，人文薈萃，薪火相傳，湧現了生物學家章振華、歷史學家黃永年、企業家許小初等一批優秀人才。歷任教師在這塊神聖的土地上辛勤耕耘，默默奉獻。一批批教師在學生成長、學校發展的偉大實踐中成就自己，走出了教育家馬元放、地理學家譚廉等一批著名學者。歷史學家呂思勉就是其中的傑出代表。」這段話提及馬元放也出自該校，但是馬元放在其〈自述〉中未提及此段學歷。不過，據武進《牛塘鎮志》[18]記載，私立青雲中學在1942年創辦時曾聘馬元放為青雲中學校董，聘呂思勉為教師。1946年，馬元放又曾擔任青雲中學董事長。可能是因此淵源，馬元放被視為從該校走出的學人。

馬元放在江蘇法政大學學習期間，承蒙鍾鍾山老師關愛，做媒將自己外甥女倪滄舲（又名倪昌齡、倪吉）許配馬元放，於1927年成婚[19]。據家父口傳，祖母畢業於南京早期成立的江蘇省立第一女子師範學校，曾短暫做過小學教師。抗戰時期祖母帶著子女逃難到四川江津時，為維持生計還曾在國立體育專科學校圖書館工作過。在我上大學期間，祖母與我有通信聯繫，記得祖母信中寫得一手好字。

據《百度百科》介紹，鍾鍾山先生（1888-1979），名泰，鍾山為其號，別號待庵。江蘇南京人。早年留學日本，畢業於日本東京大學。歸國後教書育人，先後在兩江師範學堂、安徽高等學堂、江蘇法政專門學校、江蘇法政大學、杭州之江大學、湖南藍田國立師範學院、貴陽大夏大學文學院、上海光華大學、華東師範大學執教，曾任教授、系主任、院長等職，是著名教育家、歷史學家和國學家[20]。

另據馬元放〈自述〉記載，他曾在日本東京的「日本大學」註冊，但因未能籌足學費而放棄了留學。

457頁。

[17] 成建國：〈呂思勉與青雲中學〉，《常州日報》2012年7月3日。

[18] 常州市武進區牛塘鎮地方志編委會編，白清淵主編《牛塘鎮志》（北京：方志出版社，2011年8月），第398、624頁。

[19] 同注8。

[20] 「鍾泰」詞條，《百度百科》。

第二章　早期的馬元放
（1922年-1937年）

2.1　大學畢業從教，信仰三民主義

今常州局前街小學

　　據1995年出版的《常州市志》[1]記載，1922年馬元放自江蘇法政專門學校畢業後，曾一度回到家鄉常州，在局前街小學教書。但是馬元放〈自述〉中未提及此段經歷，後人只能揣測是其任教時間短暫而被忽略。

　　據馬元放〈自述〉中稱，他1922年於江蘇法政專門學校畢業，後留校服務，初任書記，後升任教務助理。1923年母校改為江蘇法政大學後，他返回母校就讀於研究科。1925年畢業後，到江蘇省立第四師範學校任教[2]（在南京）。據2008年12月30日《南京晨報》介紹，江蘇省立第四師範學校即今南京寧海中學之前身。

---

[1]　常州市地方志編纂委員會編《常州市志・第3冊・第51卷・人物》（南京：中國社會科學出版社，1995年），第990頁。

[2]　同上。

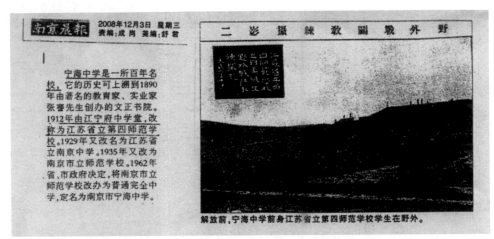

南京晨報 2008年12月3日 星期三 責編：成崗 美編：舒君

野外戰鬥教練攝影 二

宁海中学是一所百年名
校，它的历史可上溯到1890
年由著名的教育家、实业家
张謇先生创办的文正书院。
1912年由江宁府中学堂，改
称为江苏省立第四师范学
校。1929年又改名为江苏省
立南京中学。1935年又改为
南京市立师范学校。1962年
省、市政府决定，将南京市立
师范学校改办为普通完全中
学，定名为南京市宁海中学。

解放前，宁海中学前身江苏省立第四师范学校学生在野外。

寧海中學前身江蘇省立第四師範學校（摘自2006年12月3日《南京晨報》）

今南京寧海中學

　　考證以上史料可知，馬元放完成學業後的第一份職業就是從教。曾在小學、大學和師範學校工作，這段時間雖然不長，但畢竟有過涉足和感觸。現今看來，由於他擔任過小學教員，使他能親身體會到啟蒙教育和國民教育的重要。同時，也體驗到基層小學教員工作與生活的艱辛。後在母校法政大學工

作，積累了一定的教學管理經驗。大學研究科畢業後，又赴師範學校任教，從而深刻地認識到教書育人之重要。他從實踐到認知，感悟出了教師的真價及教師工作的清苦。因而能在以後的國民會議上為小學教師進言，以及撰文論述教育及師範工作的重要。這段經歷對他後來關注教育事業，並在教育行政管理方面取得顯著成績，應是大有裨益。

馬元放在大學讀書期間，就受到孫中山先生三民主義的影響。他敬仰孫中山先生，信仰三民主義。他在自己的一生中，以孫中山先生的教誨為準則，以實現三民主義為奮鬥目標。1925年3月12日，在他法政大學研究科畢業前夕，國父孫中山先生因病逝世於北京。馬元放和全國民眾一樣，悲痛萬分。

1925年3月24日，北京舉行孫中山先生公祭儀式，馬元放（時名馬飲冰）含悲撰寫輓聯〈輓中山先生〉，以示深切悼念。該輓聯被送至北京公祭儀式的靈堂展出，輓聯為：

山名中山　城名中山　園名中山　中山不朽
心繫民國　言繫民國　行繫民國　民國長存

該輓聯寫出了孫中山先生為國為民的博大情懷，也寫出了馬元放和全國民眾對孫中山先生的崇高敬仰與深切懷念。此輓聯曾發表於1925年3月24日上海《民國日報》，後又被收錄於《孫中山先生榮哀錄》[3]。數十年後，又在劉作忠選編《挽孫中山先生聯選》[4]、陳蘊茜著《崇拜與記憶——孫中山符號的建構與傳播》[5]，以及盧海鳴著《南京歷代名號》[6]等學術文獻中出現。

2016年12月12日《報刊文摘》轉載11月22日《時代週報》刊登的〈中山公園何其多〉一文（作者林文俏），該文稱當年馬元放〈輓中山先生〉之上聯，為各地中山公園、中山路、中山紀念堂等的出現，提供了注釋。

其實，除了以中山命名的公園、道路和建築物以外，還有學校、醫院、城市等以「中山」命名，如國立第一至第五中山大學（目前仍保留廣州中山大學一所）、中山醫院、中山市、中山橋、中山門等。

---

[3]　民權書局編《孫中山先生榮哀錄》（民權書局，1926年4月），第32頁。
[4]　劉作忠選編《挽孫中山先生聯選》（蘭州：蘭州大學出版社，2000年1月），第189頁。
[5]　陳蘊茜：《崇拜與記憶——孫中山符號的建構與傳播》（南京：南京大學出版社，2009年8月），第362頁。
[6]　盧海鳴：《南京歷代名號》（南京：南京出版社，2016年4月），第131頁。

中山公園何其多
全国共有 267 座，国外 5 座

"山名中山，城名中山，园名中山，中山不朽。"这是1925年3月在北京公祭孙中山仪式上出现的一副挽联中的下联，为各地的中山公园、中山路、中山纪念堂等建筑与道路的出现提供了注释。

从1925年~1949年，全国曾广泛开展中山公园的建设。据南京大学陈蕴茜教授统计，全国共建有267座中山公园，除内蒙古、西藏、黑龙江外，所有省份都有，成为世界上数量最多的同名公园，其中广东最多，有57座。目前，全球尚存75座中山公园，其中中国70座（大陆51座，台湾16座，香港2座，澳门1座），国外5座。

民族主义是孙中山思想和精神的重要内容。抗日战争爆发后，中山公园成为表达民族主义的情感空间。为消弭中国人的民族精神，抗战期间，日军曾将占领地的不少中山公园改名，并将其改造为宣扬军国主义的场所，比如曾在广东佛山和山东济南中山公园内修建"靖国神社"，供奉侵华日军的亡灵，把厦门中山公园作为阅兵场地。而民国时期众多消失的中山公园，也主要毁于日军炮火。

（摘自11月22日《时代周报》作者 林文俏）

《報刊文摘》2016年12月12日

2.2　步入南京市政府，輔佐市長推進首都市政建設

2.2.1　考察日本朝鮮市政教育，進入南京市政府

1926年4月至8月，馬元放參加了南京教育界組織的考察團，赴日本、朝鮮考察教育和市政，團長為法政大學老師王伯秋先生。考察團先後考察了日本長崎、神戶、東京、橫濱、名古屋、京都、大阪、奈良、廣島、下關，及朝鮮的釜山、京城、平壤各市。後復經大連、旅順等地回到南京[7]。

考察歸來後，馬元放整理考察所見，梳理心得，撰寫了多篇有關市政建設的論文，並開始編著《都市政策論》一書，於1928年由南京美利生印書館出版，獲得好評。

1927年4月18日，國民政府廢金陵道定都南京。6月1日，正式成立了南京市政府，6月6日，國民政府頒布《南京特別市暫行條例》，明確南京為特別市，直

---

[7]　馬元放：〈自述〉（1951年）。

接隸屬於國民政府[8][9]。南京特別市首任市長為劉紀文，不久後由何民魂接任[10][11]。

同年，由江蘇法政大學王伯秋老師介紹，馬元放進入南京市政府文事科任編輯股股員。後由編輯股主任朱養素介紹加入中國國民黨[12]。8月升任編輯股主任[13]，次年12月任社會局總務科代理科長[14]。從1929年《首都市政公報·紀事》中得知，馬元放還曾任該局公益科科長[15]。在董佳著《民國首都南京的營造政治與現代想像》[16]一書中，載有「南京特別市首屆市政府職員一覽表」，列有市府主要職員，其中就有馬元放（時名馬飲冰）。

馬元放在編輯股工作期間，與兩任市長工作接觸較多。從當年的《南京特別市

姓名	年齡	籍貫	職務	履歷
刘纪文	38	广东东莞	市长	日本法政大学政治经济科毕业英国伦敦大学经济大学及金桥大学专科研究经济，二年同时奉广东政府委派为欧美市政考察专员，历任广东全省金库建立广州市审计处处长、陆军部军需司司长、大元帅府审计局局长、大本营驻江办审处军需长、广东农工厅长国民革命军总司令部行营军需处处长、经理委员会主席审计处处长南京特别市党部执行委员。

续　表

姓名	年龄	籍贯	职务	履历
卢锐	31	江西南康	秘书	美国俄亥俄州大学硕士，国民军驻沪时河南开封银行总行经理，总司令部审计处科长，下关海埠局局长。
邵洵美	26	浙江余姚	秘书	英国剑桥大学。
钱泓	31	江苏无锡	总务科科长	广东法政大学毕业，历充广东财政厅第一科科员，第二科科员历署广州地方审判庭刑事、简易厅主任推事、民一庭推事，广州地方检察厅检察官，江苏沪海道尹公署秘书，两淮盐运使署总务主任等职。
许缙	46	江苏句容	文牍股主任	增贡生，历充上海华童公学教员，句容宜兴科员，海安、姜太、瓜洲、上海、同里五库各税所主任及文牍员，余姚沙地局总务科员等职。
马饮冰	25	江苏武进	编辑股主任	江苏法政大学毕业法学士，曾任新江苏日报编辑，江苏法政大学教务助理，江苏省立第四师范学校教员，江苏特派考察日本朝鲜市政专员。
喻公鲁	30	浙江吴兴	庶务股主任	历任北京浙江湖州中国银行会计股办事员，九江口征收出产物品运销内地税局金匮股长。
朱养素	42	广东	稽查股主任	两广师范毕业，游学荷、英、德、法、比、意、奥、那、瑞典、瑞士、丹麦、秘鲁、文利亚。

南京特別市首屆市府職員一覽表（部分）

8　「1927年4月18日·蔣介石建立南京國民政府」，《搜狐網》（載文日期：2010年4月18日）。
9　「首都」詞條，《百度百科》。
10　「劉紀文（國民政府南京市市長）」詞條，《百度百科》。
11　「南京市市長列表（1912年—）」，《360網·個人圖書館》（載文日期：2018年7月19日）。
12　馬元放：〈自述〉（1951年）。
13　〈南京特別市市政府委任令〉（中華民國16年8月31日），載於《南京市特別市市政公報·命令》（1927年），第41頁。
14　〈南京特別市市政府委任令（第15號）〉（中華民國18年2月3日），載於《首都市政公報·委令》（1929年），第1頁。
15　〈社會消息·設立合作事業指導委員會〉，載於《首都市政公報·紀事》（1929年)，第9頁。
16　董佳：《民國首都南京的營造政治與現代想像》（南京：江蘇人民出版社，2014年），第208、334頁。

市政公報・會議錄》及《首都市政公報・會議》可見，市政府每週有兩至三次市政會議，均由市長主持，記錄多由馬元放擔任。從會議紀錄中看出，在設市初期，市政會議頻繁，主要是研究省市權限劃分，以及市府各局組織條例，研究制定各項政策規章和協調全市各方面的工作。涉及財政預算、商埠管理、市政工務、文化教育、公安、衛生、民生等問題。由此，馬元放擴大了知識面，為以後的工作能力和組織能力打下了基礎。

此間，馬元放以考察日韓所學所見，全力輔佐兩任市長推進首都規劃和市政建設，與古都南京結下不解情緣。據1927年《南京特別市市政公報》[17]記載，市政研究會為擴大組織，聯合市民及其他機關有志於市政研究者參加，決議成立「首都市政研究會」，公推馬元放為籌備會（共十一人）委員之一。2003年11月30日《南京晨報》發表金萍、王磊〈愛國教育家馬元放的風雨人生〉一文，其中也提及馬元放輔佐劉紀文市長，積極參與南京市政建設等。

據《南京近代公路史》[18]記載，劉紀文於1927年4月24日宣誓就任市長，並於6月1日在宣布市政府成立的同時，發布了〈市政府宣言〉。宣言中疾呼改造南京，且強調首先從治理市內道路入手，次日即布告全市開闢新道路。隨後就收用土地、拆遷房屋、籌辦築路經費等，繼而頻頻召開市政聯席會議，不斷發布布告、政令。由此，各種錯綜複雜的矛盾也接踵而來，最為突出的是省市的權限之爭。由於局面尷尬，雄心勃勃宣誓上任的劉紀文市長僅履職數月，即借病引退了。

2.2.2　提出戶口調查建議，主張理順省市縣關係

劉紀文卸任市長後，由何民魂接任。其間，馬元放又繼續輔佐何市長，加強市政管理。

首先，馬元放提出了調查南京戶口之建議。《南京特別市市政公報・特載》刊有〈何市長在第七次　總理紀念週之報告〉[19]（民國16年10月24日）一文，其中稱：「南京人口或稱四十萬或稱五十萬，究有若干，則無確數可憑。此寧非怪事。南京首都所在，調查戶口尤為刻不容緩。本府祕書處編輯股主

---

[17]　〈祕書處第七次處務會議紀錄〉，載於《南京特別市市政公報・會議錄》（1927年），第10頁。

[18]　江蘇省南京市公路管理處史志編審委員會編《南京近代公路史》（南京：江蘇科學技術出版社，1990年），第117頁。

[19]　〈何市長在第七次總理紀念週之報告〉，載於《南京特別市市政公報・特載》（1927年），第5頁。

任馬飲冰有見及此，特提出會議請限期舉行戶口調查。業經第六次市政會議議決設立南京市社會調查委員會，會同公安局切實調查。此實一重大議案，於市政進行上至有關係。」鑑於戶口調查的重要性和緊迫性，一週後的10月31日，何市長就簽署〈南京特別市市政府公函第二七三號〉[20]，批准馬元放提出的關於南京市調查戶口之建議。

自1927年南京市政府改造南京、大搞市政建設後，由於省市矛盾造成市政建設頗為不順。對此，馬元放即發表觀點，呼籲江蘇省政府遷出南京，以利於南京市政建設。他（時名馬飲冰）在1928年2月10日的《民國日報》副刊《覺悟》上發表了〈首都建設問題〉一文。文中稱：「南京區域之大小，姑置不論，而迭次變更，實足以表示全國對於首都，無一定之認識。」「南京市與江蘇省時生權限之爭議，市與江寧縣亦時生權限之爭議，省與縣的行政機關均設在市內，省既有其轄地，縣亦有其轄地，以致南京市區頓呈豆剖瓜分之象，此寧非怪事。前雖由市政府會同江蘇省政府組織省市權限會議，但開會多次，仍一無結果。今急宜為釜底抽薪之計，……惟有請江蘇省行政機關，尊崇其自己及市政府之地位，從速遷出南京。……江蘇省會之不能設在南京，猶之其不能設之於安徽、浙江也。南京之事，江蘇不應再過問，猶之其不能過問安徽、浙江之事也。……凡市內之大學、中學等，皆由市政府接辦，不容再冠以江蘇或江寧字樣。」隨後，

《南京特別市市政公報》公函（戶口調查建議）

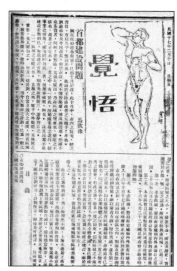

馬元放〈首都建設問題〉一文刊於1928年2月10日《民國日報》副刊《覺悟》

---

[20] 〈南京特別市市政府公函第二七三號〉，載於《南京特別市市政公報·公函》（1927年），第26頁。

《首都市政週刊》1928年第6期、《道路月刊》第23卷第1號，以及《申報》（1928年2月14日）先後轉載了〈首都建設問題〉。

除了省市關係之外，南京市與江寧縣的關係也是當年的爭議問題。歷史上江寧縣曾幾度劃入南京市區，又幾度劃出。為此，馬元放也發表意見，撰文〈市區擴大以後〉及〈江寧縣廢存問題〉，供決策部門參考。以上兩篇文章均被收錄於《首都市政公報·言論》（1928年）。

國民政府幾次修改《南京特別市暫行條例》之後，南京轄區做了修改，且在1928年7月，江蘇省政府由南京遷至鎮江。隨即，劉紀文再次就任南京特別市市長。此後南京市政建設又掀起一個新的高潮，包括新建道路在內的各項市政項目再行推進。

學者陳海懿撰文〈劉紀文與民國首都建設經費籌集研究〉[21]稱：「在中國國民黨二屆五中全會召開期間，劉紀文向大會提交了關於首都建設的五個提案，其中四個與建設經費直接相關。」關於道路建設經費的籌集方法，提議採取激勵措施，即：「規劃全市幹路二十四線，由中央與華僑及二十二省，分擔收用土地及工程物料等費，將來中央擔任之路，即名中央路；華僑擔任之路，即名華僑路；某省擔任之路，即名某省路。」

當時市政建設經費奇缺，解決經費是首要問題。馬元放在〈首都建設問題〉一文中對缺少經費難以發展而憂心忡忡，他認為：「以現實經費而論，尚不敷遠甚，遑論以供建設之用。……以中國之大，而於首都無一定建設之費，寧不騰笑友邦。南京市政府經費，現經中央核定每月十萬元，試問此區區之數，能作何用。苟長此以往，則十年、二十年以後，猶是今日之南京也，又何用特設市政府，又何所謂首都？」前述學者陳海懿的文章還說，在國民黨二屆五中全會上，「國民黨南京市黨部研究指導員馬飲冰（即馬元放——筆者注）呼籲『把首都的區域範圍確定下來，把首都的建設經費決定下來』，提出『區域不確定，建設計畫就難著手，經費無辦法，根本就談不到建設』。擴大南京的市區範圍，不僅能提升南京作為首都的地位，也能為南京的首都建設提供經費上的支援。同時，他還支持劉市長提出的以道路命名來紀念各省承擔經費的辦法」。

最終，在劉市長竭力籌措建設經費後，首都的市政建設得以大力推進，城

---

[21] 陳海懿：〈劉紀文與民國首都建設經費籌集研究〉，載於駐馬店：《天中學刊》第29卷第6期（2014年12月），第102頁。

市基礎設施初具規模，成績巨大。

時隔近一年後，馬元放提議、何市長批准的南京市戶口調查，終於在劉市長親自指揮之下，於1928年9月30日得以實施。當年南京市政府在結束戶口調查後，以〈空前之全市戶籍大調查〉記述了戶籍調查的實際情況。調查過程可歸納為：調查前市府社會處做了大量的宣傳工作，市民已澈底瞭解戶籍調查之意義，都能積極配合，且多數已將表格先期填好。調查的後勤保障也做了周密安排：工務局預備了汽車多輛，從事運輸，軍警也出動，巡查維持治安。調查組織工作也充分，有條不紊。調查分為二十一大片，明確大片調查指揮員，指揮分組調查。劉市長即依照社會處配定之調查區域，躬親調查。馬元放亦擔任南二片調查指揮員。調查工作共動員了八千餘調查員，均能勇氣百倍，尤以中央軍官學校軍官團學生，精神最為充足，赴各戶調查時，態度亦極為和藹。在各方努力之下，僅三小時即完成全市大規模調查。事後市府向各界鳴謝，首都戶籍調查至此告一段落[22]。

2.2.3 建言城市管理，參與城市合作運動

戶籍調查完成後，市府初步掌握了首都的人口規模及構成狀況。

在當時的情況下，馬元放（時名馬飲冰）又提出建議，撰文〈對於首都社會設施最低限度的建議〉發表於《申報》[23]。他指出：「都市問題就是社會問題，這一句話，凡是明白都市生活情形的人，當可以明瞭。因為都市生活最為複雜，影響於社會，也就最大。」又說：「……如果對於這個問題，沒有救濟的辦法，那就一定要妨礙公共的安寧，破壞社會的秩序，東西各國對於社會的設施，都是很注意，就是這個緣故啊！」因此，馬元放首先整理了南京市現有社會設施，繼而闡述了與民

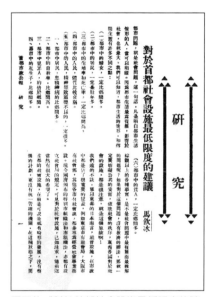

馬元放《對於首都社會設施最低限度的建議》收錄於1928年《首都市政公報研究》

22　〈空前之全市戶籍大調查〉，載於《首都市政公報‧紀事》（1928年），第1頁。

23　馬元放：〈對於首都社會設施最低限度的建議〉，上海：《申報》1928年11月12日。

生相關的各類社會基本設施，涉及慈善、救生、養老、殘疾等各個方面，據此分析了配置原則，提出了精闢的建議。最後他說：「上述各項設施，實在是最合目前的需要、亦可說是最低限度的設施，如果能夠一一做到，不僅南京一般平民，受著恩惠，我想南京的社會問題，亦就不難解決了。」市府極為重視馬元放的建議，將〈對於首都社會設施最低限度的建議〉收錄於1928年《首都市政公報‧研究》。

1929年，隨著南京市政建設的推進，南京市社會局為改善城市管理、推動城市發展，提出了合作運動，並成立合作事業指導委員會，由社會局長在職員中指派兼任及聘請富於合作學識經驗人員充任之。該委員會的任務是專為辦理合作事業之調查、研究、宣傳、設計及指導等事項。該合作事業指導委員會成立後積極開展工作，推動成立各種合作社，例如：消費合作社、生產合作社、信用合作社、農業合作社、建築合作社、印刷合作社、酒飯館合作社、洗衣店合作社、書報合作社、運輸合作社，等等。時任公益科長的馬元放被聘任合作事業指導委員會兼任委員，參加了南京市合作事業的工作[24][25]。

同年，馬元放撰文〈經營，管理，監理〉[26]，對市政管理又提出己見。他就城市公共事業指出：「監理與管理意義因廣狹有異；經營與管理意義亦自有不同；交通部於電話只負監督指導之責；市政府於公用事業乃有經營取締之權。」當年的〈首都市政公報 言論〉收錄了該文。

2.2.4　力挺定都南京，提議南京市改名「首都市」

查閱史料還發現，就國都選址問題在政府和民間曾發生過大爭論。馬元放就定都南京之事曾有獨到的見解，並被政府認可。

1927年4月18日，國民政府定都南京。雖然政府各部門均已開始辦公，但就國都選址問題，是定於北京、南京，還是華中的武漢等城市，仍然在各界爭論不休。

1928年5月少數人再次掀起遷都風波，是南京還是北京等，再次引發爭論。國民政府再三發表政府立場，表示南京作為國都最宜。當時馬元放也公

---

[24]　〈合作事業指導委員會一二兩次會議並誌〉，載於《首都市政公報‧記事》（1929年），第12頁。

[25]　〈南京市合作事業報告‧二十三年十月〉，載於南京市社會局編《合作月刊》第6卷第11、12期合刊，第96頁。

[26]　馬元放：〈經營，管理，監理〉，載於《首都市政公報‧言論》(1929年)，第1頁。

開發表自己的見解，撰文〈新都確定以後〉發表於1928年6月26日上海《申報》，力挺政府定都南京。學者許小青發表〈南京國民政府初期兩次遷都之爭〉[27]一文，歸納馬元放提出的力挺定都南京的三條理由：「一、『可以表示黨的權威』，即繼承中山遺志，他並引用蔣介石在中央軍校演說──『國都問題，不應拿來討論，總理早已確定，總理以為國都應以事實為根據，一是海都，一是陸都，海都為南京，陸都為西安或蘭州，在南京是因為工商業文化交通較好的關係，在西安或蘭州，是因為中國海軍力量太弱的關係，至於在北京，毫無理由。』二、『可以表示獨立自主精神』，針對英、日帝國主義的抵制。三、『可以表示革命精神』，革除舊都的腐敗勢力。」馬元放的意見在當時得到了各界讚許，〈新都確定以後〉被《首都市政週刊》（1928年25期）收錄，該文在當今的學術研究中也被作為定都南京的重要支持意見。從馬元放力挺定都南京之言論，也可充分看出他追隨孫中山先生的印跡。

定都南京後，1929年初馬元放就國都南京問題再發言論，提議南京市應改名為「首都市」。1929年第33期的《首都市政公報‧言論》記載了馬元放撰寫的文章〈「首都」與「南京」〉。馬元放在文章中說：「考南京二字之由來，乃始於明朝永樂。在明太祖時，南京稱京師，北京稱北平，並無所謂南京北京。迨成祖繼位，即將北平改稱北京。至永樂十九年，大舉北遷，方將北京改稱京師，京師改稱南京。換言之，即後將陪都改為首都，首都改為陪都。故『南京』二字，實為陪都性質。現北京既已改稱北平，此一國唯一國都所在地之南京，自應正名為首都或京師，方足以正全國之視聽。此應改稱者一也。」

馬元放在文中以《特別市組織法》為論據，力主改南京市為首都市。他說：「按《特別市組織法》第三條之規定，凡得建為特別市者，為（一）中華民國首都；（二）人口百萬以上之都市；（三）其他有特殊情形之都市。南京商工業並不發達，人口亦不過四五十萬，其得建為特別市，當然是根據第一項之規定。南京既係因為首都而建為特別市，則自應冠以『首都』二字，不能再沿用『南京』。此應改稱者二也。」

他還提出第三條理由：「試證之實例。以前北京之市政公所，即不稱北京而稱京都；又如日本西京之市役所，不稱西京而稱京都。更如本京之首都衛戍司令部首都建設委員會等，亦皆以首都冠首。可知『首都』二字，已為慣用

---

[27] 許小青：〈南京國民政府初期兩次遷都之爭〉，載於廣州：《暨南學報（社會科學版）》2012年第6期。

之名詞。則南京特別市政府改稱首都市政府，自屬極正當之事。此應改稱者三也。」

馬元放的呼籲有很多人支持，就其力主「改南京市為首都市案」，當時的南京市市長劉紀文連續發布的三道公文：〈函國府各委員為南京市應改為首都市情形請表贊同案由〉、〈呈國民政府再擬將南京市政府名稱改為首都市政府祈核示由〉、〈呈行政院為呈請修改南京特別市市政府改稱首都市政府祈示遵由〉，均收錄於1929年第34期《首都市政公報》。

馬元放〈「首都」與「南京」〉一文，2013年4月16日曾節錄刊於《南京日報》[28]，2014年又被丁帆收錄於還原民國南京真容的《金陵舊顏》[29]。

《百度百科》「首都」詞條記載，1929年4月16日，國民政府決定改南京特別市為首都特別市，市政府隸屬關係不變。1930年5月3日，新修訂《市組織法》頒布，廢除特別市，南京以首都所在，列為行政院直轄市。關於南京特別市改稱首都特別市一說，1986年《南京簡志》、1994年版《南京建置志》、2009年版《南京百科全書》、2016年版《南京市行政區劃史》中也都有記載。

《中華民國訓政時期約法》[30]於1931年5月12日由國民議會通過，6月1日頒布實施。其約法第一章第五條規定「中華民國國都定於南京」，由此中華民國首都正式以立法的形式定於南京。

2.3　提出「中央大學」校名，助力平息國立第四中山大學改名風波

1928年，馬元放在南京的「第四中山大學」改名風波中，建議改名為「中央大學」，被政府採納，受到學生歡迎。

歷史上，國民政府為紀念國父孫中山先生，在全國有五所以「中山」命名的大學。以命名的先後分：廣州的為國立第一中山大學（現為中山大學），武漢的為國立第二中山大學（現為武漢大學），杭州的為國立第三中山大學

---

[28] 〈南京市曾改名「首都市」〉，《南京日報》2013年4月16日。

[29] 馬元放：〈「首都」與「南京」〉，載於丁帆編《金陵舊顏》（南京：南京出版社，2014年8月），第94頁。

[30] 「中華民國訓政時期約法」詞條，《百度百科》。

（現為浙江大學），南京的為國立第四中山大學（現為南京大學和東南大學等校），開封的為國立第五中山大學（現為河南大學）。

1927年國民政府在南京建都後，隨即接管和改組南京最有影響力的東南大學，與江蘇（含上海）境內的河海工程大學、江蘇醫科大學、上海商科大學、江蘇法政大學、上海商業專門學校、南京工業專門學校、南京農業學校、蘇州工業專門學校合併改組，成為首都最高學府——「國立第四中山大學」，任命張乃燕為校長。

1927年6月國民政府通過蔡元培代表教育行政委員會提案，決定改革教育行政制度採用大學院制，並試行大學區制。隨後，國民政府決定除第一中山大學保留「中山大學」之名外，其餘四所中山大學均改為所在地之名。為此，張乃燕即呈文要求將在南京的第四中山大學校名更名為「江蘇大學」，大學院於1928年2月發布第165號訓令批准更名[31]。

1928年2月23日，張乃燕以校長布告公布改名，當即遭到該校學生強烈反對。學生召開全體大會，並組成「改定校名請願代表團」。學生們反對「江蘇大學」之名，其理由有四條：其一，「江蘇大學」之名，「既不足以冠全國中心之學府，又不足以樹首都聲教之規模」，如僅用「江蘇大學」之名，「則範圍既限於一省，規模白屬於一隅，全國學術失其中心」；其二，就學校歷史而言，該校由三江師範（1902年）而兩江師範（1905年），而南京高等師範（1915年），而東南大學（1921年），以至南京國民政府成立之後，江蘇境內九校合併為第四中山大學（1927年），雖然校名屢次變更，「要皆足以代表東南各省共有之學府」；其三，「江蘇大學」以省界來命名，乃是封建時代之名稱，不足以顯示「黨化教育」的學校；其四，江蘇教育素發達，將來設兩個大學區又何嘗不可，不能以省名自限。由此提出要求將校名改為「國立南京大學」。之所以如此，還有三點考慮：一是國際性，東西文明各國都有一所首都大學，如日本的東京大學、德國的柏林大學、法國的巴黎大學，均是用來作為國家大學的代表，現在如果想與東西各國首都大學並駕齊驅，當以「國立南京大學」為最有國際性；二是永久性，社會政治變化無常，欲使校名一成不易，與國際各國悠久大學相媲美，「國立南京大學」最有永久性；三是便利性，施行大學區制，大學區以省名來命名，大學以所在地之名來命名，亦屬兩便，並

---

31 許小青：〈南京國民政府初期中央大學區試驗及困境〉，載於北京：《近代史研究》2007年第2期。

不矛盾。可是，當局對此卻置之不理。學生們並不甘休，六次請願。1928年4月13日八百餘名激進的學生抬著「江蘇大學」校牌遊行，要求奉還政府，大學改名風波不斷擴大。與此同時，學生又致函國民黨元老吳稚暉，尋求支持。吳稚暉也認為位於首都的大學，不宜以江蘇的省名來命名，因此他向政府提出將江蘇大學改名為「國立首都大學」。此議一出，多方表示贊同[32]。

但就在此時，身為第四中山大學前身之一江蘇法政大學的校友馬元放，提出了另一個改名主張。他首次提出將「江蘇大學」改名為「中央大學」。其理由：「中央二字，一面既可表示國都之所在，一面更足顯明文化之中心。」他認為：「一國首都所在之地，允宜有一名實相符之中心學府，以江蘇大學現在之規模，在國中實不多睹。而江蘇也，南京也，首都也，舉不足以副其實，更不足以形成中心之學府。中央二字，何等冠冕，何等堂皇，故吾國人不欲造成全國之中心學府則已，否則，除該校正名為中央大學也，實別無相當之名稱。」馬元放的主張一出，即受到各方重視，最終被政府採納。1928年4月24日國民政府大學院召開大學委員會臨時會議，決議：「江蘇大學改稱中央大學，並冠以國立二字。」[33] [34] [35] 隨後，4月26日上海《民國日報》刊載了吳稚暉〈分區大學問題餘議〉一文，以及馬元放〈讀分區大學問題餘議後〉一文，以示二位作者對江蘇大學更名之建議。

1928年5月3日，改名訓令送達該校。由於「中央大學」較「南京大學」、「首都大學」等名稱似更冠冕，且更符合實際，學生欣然接受，欣喜若狂。乃起草宣言，舉行遊藝會以示慶祝，校名風波始得平息[36]。5月25日《大公報》以題〈江蘇大學改名中央大學〉向社會公告。自此，「國立中央大學」正式登上歷史舞臺，中央大學設文、理、法、教育、農、工、商、醫八個學院，學科設置之全，學校規模之大，實為全國各高校之冠。「國立中央大學」校名沿用至1949年8月。中華人民共和國成立後，由於南京不再是首都，國立中央大學更名為「國立南京大學」，1950年10月又改名為「南京大學」，1952年秋全國

[32] 許小青：〈南京國民政府初期中央大學區試驗及困境〉，載於北京：《近代史研究》2007年第2期。
[33] 許小青：〈南京國民政府初期中央大學區試驗及困境〉，載於北京：《近代史研究》2007年第2期。
[34] 程新國：《晚年蔡元培》（上海：上海文化出版社，2011年8月），第73頁。
[35] 羅福惠、許小青、袁詠紅編《長江流域學術文化的近代講演》（武漢：武漢出版社，2007年），第428頁。
[36] 江蘇省地方志編纂委員會編《江蘇省志‧教育志（下）》（南京：江蘇古籍版社，2000年），第458頁。

1、2：吳稚暉、馬元放撰文，載於
上海：《民國日報》1928
年4月26日

3：《大公報》1928年5月25日

大學進行院系調整，南京大學和金陵大學等校的相關院系合併調整為新的「南
京大學」，校址為原金陵大學校址。南京大學經多年發展，現已成為著名的綜
合性大學[37]。原國立中央大學校址現為東南大學。

---

[37] 「國立中央大學」詞條，《百度百科》。

近年「中央大學」校名的由來引起了歷史學界及中大校友們的關注。多家報刊和校友通訊發表了學者許小青、校友薛孔和高良潤追述改名事件的文章[38][39]。《中央大學、南京大學、東南大學、河海大學武漢校友聯合會校友通訊》還發表了評議如下：

> 校名對一個學校至關重要。她不僅僅是學校的一個「招牌」、一個代表符，而且概括了學校的內涵。校名取得好，就有激發師生奮力辦學和求學的動力。過去中央大學幾經更名，歷年名稱的變遷均有記載，但對於為什麼作出這些改變，並形成中央大學校名的始末、緣由則較少敘述。對此，高良潤學長以史實、文獻為根據，進行了考證。正如作者所說：「中央大學校名的由來，知之者甚少，當年定名後解決了多年的學潮，從此才平靜下來發展學校而形成當時國內學科全、水準高、師生多的著名大學。」本文可以作為文獻資料，供校史研究者存查。

「國立中央大學」的校名在大陸已成為歷史，但她的血脈存在於大陸的不少學校中，如現今的南京大學、東南大學、南京師範大學、南京農業大學、南京林業大學、南京工業大學（化工學院）、河海大學等校均與「國立中央大學」有著不可分割的關係。而在臺灣，1962年國立中央大學校友重建「中央大學」，於1979年在桃園市正式恢復了「國立中央大學」[40]。大陸、臺灣的這些學校都是血脈相連，是海峽兩岸一家親的佐證。

2.4　進入國民黨江蘇省黨部

關於國民黨在南京早期的黨務工作，筆者查到1927年中國近代史料《市政公報》（259、260、261號合刊）〈都市新聞‧本市〉中的一段記載[41]：「籌備組

[38] 薛孔：〈中央大學之校名由來〉，載於《文壇雜憶‧全編六》（上海：上海書店出版社，2015年5月），第115頁。
[39] 高良潤：〈中央大學校名的由來〉，載於《中央大學（含附中）、南京大學、東南大學、河海大學武漢校友聯合會校友通訊》2011年總第20期。同年轉載於常州：《橫山文化》2011年6月28日，後又轉載於2011年10月《中央大學南京校友會簡訊》第29期。
[40] 「臺灣中央大學」詞條，《百度百科》。
[41] 〈都市新聞‧本市〉，載於《市政公報》第259、260、261號合刊（1927年），第14頁。

織特別黨部：市政府在地位上，在人數上，均有組織特別黨部之必要。經劉市長指定祕書邵洵美、文牘股主任許縉、編輯股主任馬飲冰（即馬元放。——筆者注）、稽查股主任朱養素四人，主持籌備。曾經數次討論，決定於本月十八日下午一時，在市政府東會議廳，開第一次籌備會。到市政府、財政局、工務局、公安局、教育局、衛生局、下關商埠局、南京電燈廠、江寧鐵路局、玄武湖管理局、普育總堂等代表三十餘人，劉市長亦出席與議，公推馬飲冰為臨時主席，閔毅成為臨時書記。主席報告後，由各代表提出組織特別黨部之理由，彙齊後即行用書面與中央黨部組織部接洽云。」由此可見國民政府定都南京的早期，黨部組織並不健全，沒有建立與首都「特別市政府」相對應的「特別黨部」。

　　不過，劉紀文、馬元放等人籌備組織特別黨部之舉，在1997年出版的《南京政黨志》[42]中未有記載，卻記載了成立國民黨南京市特別黨部的另一種說法。《南京政黨志》第306頁記載，1928年3月國民黨中央決定成立國民黨南京

---

[42] 南京市地方志編纂委員會編纂《南京政黨志》（南京：河海大學出版社，1997年），第306頁。

特別市黨務指導委員會，並於1929年1月成立國民黨南京特別市黨部，直隸國民黨中央黨部。

又據《常州市志》記載，馬元放早年在南京市政府工作期間，曾任國民黨南京市黨部研究指導員[43]。這應是馬元放早期兼職的國民黨基層黨務工作。

由於馬元放在南京市政府工作，與市府祕書長張道藩相識。由張介紹，馬元放於1929年9月進入國民黨中央黨部組織部工作，任總幹事[44]。

1929年冬，國民黨中央決定解散當時的國民黨江蘇省黨部，成立國民黨江蘇省第一期黨務整理委員會，11月由中央任命以張道藩、葉秀峰等七人組成黨務整理委員會，張道藩為常務委員兼宣傳部部長，此時馬元放由中央黨部調往江蘇省黨務整理委員會，任宣傳部祕書[45]。

1930年8月至12月為國民黨江蘇省第二期黨務整理委員會。由於張道藩等人先後辭職離任，中央第102次常會決議派黃宇人、馬元放二人遞補，組成第二期黨務整理委員會[46]，且指定馬元放兼任宣傳部長[47][48][49][50][51]。

1931年1月至8月為國民黨江蘇省第三期黨務整理委員會，馬元放、曹明煥、張淵楊為常務委員[52]。

1931年7月4日，省黨務整理委員會召開第107次會議，決定於8月15日在鎮江舉行國民黨江蘇省第二次代表大會。隨後，省黨務整理委員會召開第112次會議，推定馬元放擔任大會祕書，並於省黨務整理委員會第115次會議，推定馬元放等五人擔任代表資格審查委員會委員[53]。

國民黨江蘇省第二次黨代會如期召開後，中央決定成立國民黨江蘇省第三屆省執監委員會。9月10日中央第185次常會圈定楊興勤、馬元放、曹明煥為常

[43] 常州市地方志編纂委員會編《常州市志・第3冊》（北京：中國社會科學出版社，1995年），第990頁。
[44] 馬元放：〈自述〉（1951年）。
[45] 同上。
[46] 〈記事・任免〉，載於南京：《中央黨務月刊》1930年第24期，第70頁。
[47] 〈記事・黨務工作人員之委派及調動事項〉，載於南京：《中央黨務月刊》1930年第25期，第75頁。
[48] 趙如珩：《江蘇省鑑（上冊）》（上海：上海大文印刷所，1935年7月，第1版），第7頁。
[49] 《江蘇省政府公報》第512期（1930年8月），第15、30頁。
[50] 中國第二歷史檔案館編《政治・中華民國史檔案資料彙編（第5輯）》（南京：鳳凰出版社，1994年），第252頁。
[51] 江蘇省地方志編纂委員會編《江蘇省志・國民黨志》（南京：江蘇人民出版社，2006年），第68頁。
[52] 江蘇省地方志編纂委員會編《江蘇省志・國民黨志》（南京：江蘇人民出版社，2006年），第68、97頁。
[53] 江蘇省地方志編纂委員會編《江蘇省志・國民黨志》（南京：江蘇人民出版社，2006年），第38頁。

委。這一階段的主要工作是執行第二次全省黨員代表大會決議案,募款接濟義勇軍,指導反日救國工作等。第三屆省執監委員會工作至1932年12月[54]。

1932年12月25日,國民黨江蘇省第三次代表大會召開。大會後,經中央批准成立了國民黨江蘇省第四屆執監委員會,由常委周紹成、馬元放、鈕長耀及其他委員四人組成[55]。

馬元放曾於1932年擔任江蘇省戰區救濟委員會常委。1932年4月30日《申報》刊文〈蘇戰救會推定常委〉,稱江蘇省戰區救濟委員會成立,推定史量才、朱子橋、朱吟江、穆藕初、唐蔚之、張公權、陳光甫、張仲仁、韓紫石、杜月笙、馬元放、顧祝同、趙啟騄、董修甲、舒石父、周佛海、何玉書為常委。

1934年4月起,江蘇省各區(當時有七個區)由中央指定省執委一人,任區黨務指導專員。馬元放任第一區黨務指導專員[56],下轄鎮江、丹陽、武進、無錫、吳江、吳縣及崑山七縣,辦事處設於武進。

1935年7月,江蘇監察使署聘任第一區黨務指導員馬元放為參贊[57]。

馬元放在省黨部工作期間,曾是中國國民黨第四次、第五次全國代表大會的代表,並為第五次全代會總章審議委員會委員[58]。

馬元放擔任江蘇省黨部常務執行委員工作至1936年1月。

由於馬元放1929年起,在國民黨江蘇省黨部工作並任職多年,所以諸多史料稱「馬元放為國民黨『CC』在江蘇的骨幹分子」。

然而,「CC」一說究竟為何?縱觀史料有多種說法。學者王奇生發表〈黨的派系化與派系的黨化:CC系的組織形態與政治理念(1933-1938)〉[59]一文,指出:「CC名稱的來歷緣起於1927年9月在上海成立的『中央俱樂部』(Central Club的簡稱)之說雖流傳甚廣,但除了一些口耳相傳和間接的憶述文字外,從未得到有力的直接證實。」所以,與其說「CC」是組織,不如說其僅為派別,可能更為恰當。

---

[54] 江蘇省地方志編纂委員會編《江蘇省志·國民黨志》(南京:江蘇人民出版社,2006年),第69頁。

[55] 江蘇省地方志編纂委員會編《江蘇省志·國民黨志》(南京:江蘇人民出版社,2006年),第71、98頁。

[56] 江蘇省地方志編纂委員會編《江蘇省志·國民黨志》(南京:江蘇人民出版社,2006年),第111頁。

[57] 〈蘇監使署聘參贊馬元放與彭爾康〉,1935年7月30日《中央日報》。

[58] 〈國民黨五全代會記〉,載於上海:《國聞週報》第12卷第46期(1935年)。→協助留一個感謝。

[59] 王奇生:〈黨的派系化與派系的黨化:CC系的組織形態與政治理念(1933-1938)〉,《中國社會科學院農村發展研究所官網》,發布時間:2005-9-7 14:04:07。

「CC」一詞也常被誤讀為「中統」，即中國國民黨中央執行委員會調查統計局〔簡稱為「中統（局）」〕，是最初由國民黨CC系領導人陳果夫、陳立夫所控制的特務組織。而實際上「CC」系（派）與「中統」是兩個完全不同的概念。正因為被混淆，所以有書籍或文章中把馬元放寫成「中統」人員。實際不然，至今也未發現馬元放與「中統」有過任何組織關係或參與任何中統行為的史料。

2.5　推動和發展江蘇省新聞宣傳事業

1930年8月馬元放任國民黨江蘇省黨部執行委員兼宣傳部長，在省會鎮江市工作。進入省黨部之前，馬元放曾擔任過首都《新報》報社社務委員兼總編輯[60]。

馬元放負責省黨部的宣傳工作後，首先創辦《蘇報》，親任首任社長。報社社址在鎮江市中山路46號，後遷至伯先路60號。該報於1930年（民國19年）11月1日創刊，為國民黨江蘇省黨部機關報。其為日刊、對開四版，全省發行，辦報經費來源於國民黨黨政津貼和營業收入。繼馬元放之後，擔任社長的有潘覺民、藍渭繽、王振先、陳康和、王仙舟等人[61][62]。此後，1934年馬元放再度擔任《蘇報》負責人[63]。由於《蘇報》有一定的社會影響，1936年1月出版的《報展紀念刊》中，有〈各國重要新聞紙及通訊社一覽〉一節，《蘇報》被列為當時中國的重要報紙之一[64]。

《蘇報》創刊的主旨是指導全省政治方向，主持全省輿論，擴大宣傳黨政設施之方針，把握社會輿論之中心，並以貫徹「國策」、指導全省黨政工作為基本內容。但有些報導仍為有關當局所不容。如1932年9月14日，《蘇報》因刊載了鎮江各界籌備「九一八」週年紀念的新聞，清晨發報前即遭江蘇戒嚴司令部派兵截留當天全部報紙[65]。

---

[60]　常州市地方志編纂委員會編《常州市志·第3冊》（北京：中國社會科學出版社，1995年），第990頁。
[61]　江蘇省地方志編纂委員會編《江蘇省志·報業志》（南京：江蘇古籍出版社，1999年8月），第91頁。
[62]　鎮江地方志編纂委員會編《鎮江市志》（上海：上海社科院出版社，1993年12月），第1473頁。
[63]　江蘇省地方志編纂委員會編《江蘇省志·國民黨志》（南京：江蘇人民出版社，2006年），第306頁。
[64]　〈中國重要報紙〉，載於《報展紀念刊》（1936年1月），第236頁。
[65]　江蘇省地方志編纂委員會編《江蘇省志·報業志》（南京：江蘇古籍出版社，1999年8月），第92頁。

馬元放創辦《蘇報》之後,更加關注和推動新聞宣傳事業。1931年5月14日,他參加國民會議時提出〈扶植新聞事業,以謀輿論健全案〉[66],以宣導扶植和推動新聞事業。他的提案最詳細與具體,建議國民政府從經濟、人才、交通、言論自由與國際通訊五個方面扶植新聞事業。1931年《教育雜誌》第23卷第6號(第120頁)報導了馬元放的提案內容:「辦法甲,經濟之扶植:(1)由國庫指撥的款,以發展新聞事業基金,並用資獎勵;(2)由國庫省庫每年規定經費,補助新聞機關。辦法乙,人才之培植:(1)設新聞學專科學校;(2)在大學或學院,設新聞學系。辦法內,交通之援助:(1)減輕電費;(2)減輕郵費;(3)航空運報以期普及邊遠區域。辦法丁,保障言論自由:(1)非依法律,不得檢查報紙;(2)非依法律,不得逮捕記者;(3)非依法律,不得擅封報館;(4)非依法律,不得查扣報紙;(5)抨擊官吏施政錯誤,不得認為反動。辦法戊,創設國際電訊社聯絡通訊機關:(1)設法與國際電訊社聯絡通訊;(2)由國家設立大規模之國際通訊社。」提案委員會將該提案與另兩個同類提案合併為〈促進新聞事業案〉,交國民政府酌辦。隨後,政府制定了相應的措施。

馬元放在指導新聞工作時,有強烈的民族意識,以抗日宣傳為重點,因此在新聞事業委員會工作要點中特別有一條,「要指導注重發揚民族意識、振奮禦侮精神之作品,以勵民志」[67],以此支持和加強抗日宣傳工作。

日本發動了「九一八」事變後,全國人民的抗日浪潮逐步興起。馬元放工作所在地鎮江,也不斷開展抗日宣傳活動,如抗日宣傳週、演講大會等。《新江蘇報》、《江聲日報》、《蘇報》在宣傳週內,均連續編印反日特刊;戲劇界演出抗日話劇、評劇;說書藝人編演小曲、彈詞;民眾教育館舉辦「日本侵略中國展覽」;六所小學聯辦反日書畫展;商界抵制日貨;懲辦漢奸⋯⋯。在此抗日聲浪中,發生了「劉煜生事件」。劉是鎮江《江聲日報》創辦人。該報積極宣傳抗日,抨擊社會上的黑暗面,要「犁盡天下不平事」,揭露了省民政廳長趙啟騄吸食鴉片的醜聞,以及江蘇省政府公賣鴉片的消息,觸犯了當局。1932年省政府以《江聲日報》副刊《鐵犁》宣傳赤化、鼓動階級鬥爭的罪名,逮捕劉煜生,封閉報社。1933年竟悍然將劉槍殺,震驚全國。為此,國民黨江

---

[66] 史全生等編《政治:南京國民政府的建立》(鄭州:河南人民出版社,1987年),第253頁。

[67] 江蘇省地方志編纂委員會編《江蘇省志·報業志》(南京:江蘇古籍出版社,1999年8月),第438頁。

蘇省黨部曾通過決議，不承認省政府所加《江聲日報》的罪名。為此，國民政府監察院也派員到鎮江查案，並對江蘇省政府主席顧祝同、民政廳長趙啟騄提出彈劾。宋慶齡、魯迅等主持的中國民權保障大同盟和上海新聞界人士，也開會抗議這一違反人權的事件。蔡元培在會上宣讀了譴責江蘇省政府顧祝同、趙啟騄踐踏人權的宣言[68]。馬元放當時為省黨部三名常委之一，主管宣傳，支持抗日宣傳活動。

馬元放還積極推動江蘇省內新聞機構的創辦和發展。1933年3月，國民黨江蘇省黨部在鎮江主持召開了江蘇省新聞事業委員會成立大會。由中央指定省執行委員馬元放為該委員會的主任委員，省執行委員會候補委員祁述祖為副主任委員。其餘委員由省黨部聘任，計有黃樂民、王振先、陳斯白、程滄波等三十餘人。委員中大都是從事新聞事業，且有豐富新聞學識及經驗，並有一定社會聲望的新聞界人士，以及省執委會委員等。該會的任務是具體負責全省新聞事業之規劃設計、指導、調查、聯絡交流等事項。該委員會的成立，極大地推動了江蘇新聞事業的發展，進入一個新的高潮時期[69][70][71]。

江蘇省新聞事業委員會成立後，國民黨江蘇省執行委員會決定，將原由省執委會宣傳部主辦的江蘇新聞通訊社移交新聞事業委員會主辦，並由該委員會主任委員馬元放暫兼通訊社主任。1933年4月1日辦理交接後，江蘇新聞通訊社積極改進工作，調整編輯方針，以服務江蘇民眾利益，適應全省報社之需要為目的。除著重喚起民眾的宣傳外，還注重本省政治新聞、各縣新聞、社會新聞。從此，該社逐漸發展成為全國重要通訊社之一。後因馬元放工作繁雜不克兼顧，故通訊社主任改由黃樂民擔任[72]。

國民黨江蘇省執行委員會對新聞事業的扶植有目共睹。《新聞春秋》2014年01期刊載〈抗戰前十年國民黨對新聞事業的津貼與扶植〉（作者虞文俊、黃萃），文中稱：「1933年8月5日，中國國民黨江蘇省執行委員會，以『各地方政府特未能克盡愛護之責，甚且突出法律保護，而肆意摧毀者，如劉煜生案、

---

[68] 鎮江地方志編纂委員會編《鎮江市志》（上海：上海社科院出版社，1993年12月），第1473頁。

[69] 趙如珩：《江蘇省鑑（上冊）》（上海：上海大文印刷所，1935年7月，第1版），第24頁。

[70] 江蘇省地方志編纂委員會編《江蘇省志·報業志》（南京：江蘇古籍出版社，1999年8月），第437頁。

[71] 江蘇省地方志編纂委員會編《江蘇省志·國民黨志》（南京：江蘇人民出版社，2006年），第256頁。

[72] 江蘇省地方志編纂委員會編《江蘇省志·國民黨志》（南京：江蘇人民出版社，2006年），第305頁。

王慰三案,其尤著者也。以故有志新聞事業之士,多視新聞界為危途,輿論消沉,其影響於社會人群,至鉅且深,不僅新聞事業本身已』為由,江蘇省新聞事業委員會第一次會議決議:『呈請中央轉請國府通令各級政府及軍隊,對新聞事業人員切實保護。』8月31日,國民黨中央執行委員會准覆稱:『此案應由內政部通行各省市政府,軍政部通令各軍隊或軍事機關,對於新聞事業人員一體切實保護。』9月1日,國民政府主席林森諭『交行政院』。行政院第三九二一號訓令內政、軍政兩部:『准查人民非依法律不得逮捕拘禁審問處罰,與人民有發表言論及刊行著作之自由,非依法律不得停止或限制之,訓政時期約法第八條及第十五條已經明白規定。茲准前由,察核該省黨部以各地方對於新聞事業人員常多不知愛護,甚且有任意摧毀情事,特謂通令保護,尚屬可行,應由內政部通行各省市政府,軍政部通令各軍隊,或軍事機關,對於新聞事業人員一體切實保護。』是日,杭州記者公會向全國新聞界建議定『九月一日』為『記者節』,各地紛紛表示贊成。」由此可見,馬元放擔任國民黨江蘇省黨部執行委員和江蘇新聞事業委員會主任委員期間,對新聞事業極為重視並大力扶植。

1933年3月,江蘇新聞事業委員會成立後,已成立的各縣新聞記者公會聯合上報,請求成立江蘇省新聞記者公會,以便相互聯絡、交流研究,促進新聞事業的發展。報告得到國民黨省黨部的支持,但當時中央以「報社為商業之一種,同業公會應屬商會」,未予批准。江蘇省黨部以報社同時為文化事業,請求改列文化團體,重新申報,亦未得中央同意。在此情況下,江蘇省新聞事業委員會認為很有必要將全省新聞界聯合起來,建立一如「中國科學社」、「經濟學社」那樣的學術團體。因此於9月以私人的名義發起,公推馬元放、王振先等九人為籌備委員,組成江蘇新聞學社籌備委員會,於11月舉行籌備會議,推馬元放為籌備委員會主席,會議通過《江蘇新聞學社社章草案》。又於12月舉行了第2次會議,且在全省徵求會員。經省黨部批准,1934年3月召開成立大會,經大會選舉,馬元放等九名籌備委員當選江蘇新聞學社正式委員,且大會通過《江蘇新聞學社社章》。該學社的宗旨是以研究新聞學術,發展新聞事業為職志,進行新聞研究調查,聯絡人才,介紹新聞報刊之出版等各項事業[73]。

---

[73] 江蘇省地方志編纂委員會編《江蘇省志·國民黨志》(南京:江蘇人民出版社,2006年),第257頁。

1933年11月，江蘇省新聞事業委員會機關刊物《江蘇月報》創刊，由馬元放擔任主編。《江蘇月報》的宗旨是「理論與實際並重」，「以研究江蘇問題，促進江蘇建設」。該月報既有理論文章，又有各種調查報告，還有「江蘇紀事」、「評論選輯」、「實驗辦法」、「規程」、「實行細則」等附錄文章。內容涉及經濟、社會、軍事、新聞等各個方面。1934年還出過《江蘇新聞事業專號》、《江蘇建設專號》、《江蘇禁煙專號》、《江蘇物品展覽專號》等。該刊發行後曾經風行一時，產生較大影響，然而於1936年12月停刊[74]。

《江蘇月報》封面

隨著江蘇省新聞宣傳管理機構的陸續建成和完善，江蘇省形成了空前的報刊通訊發展高潮。馬元放曾著文〈江蘇新聞事業鳥瞰〉，發表於《江蘇月報》1933年創刊號。該文被《江蘇省志·社會科學志》列為「新聞學重要書目」[75]，以及被《南京報業志》列為「新聞著作」[76]，且被《中國新聞事業通史·第3卷》列入「中國新聞事業史論文」[77]。

馬元放特別要求新聞出版業有起碼的道德原則，要發揮宣傳教育的作用，要為社會服務。他曾在《報學季刊》1935年第1卷第2期發表《改善地方報紙之意見》，摘錄其主要論述如下：

一、大報和地方報之區別。（略）
二、地方報發展之困難：
　　（一）須政治修明，言論得以自由；
　　（二）須教育普及，人人感覺有閱報之需要；
　　（三）須商業繁盛，增進廣告的來源；
　　（四）須交通便利，增進消息及運輸的敏捷。

---

[74] 鎮江地方志編纂委員會編《鎮江市志》（上海：上海社科院出版社，1993年12月），第1483頁。
[75] 江蘇省地方志編纂委員會編《江蘇省志·社會科學志》（南京：江蘇古籍出版社，1999年8月），第216頁。
[76] 南京地方志編纂委員會編《南京報業志》（上海：學林出版社，2001年6月），第359頁。
[77] 方漢奇編《中國新聞事業通史·第3卷》（北京：中國人民大學出版社，1999年2月），第769頁。

三、改善地方報紙的意見：

（一）應有一定之基金立基礎。不能無本求利，不擇手段，唯利是圖，失去報譽。

（二）應有嚴密之組織。現有一般報社內部組織非常紛歧，以致名目繁多，因人立名，一個小小報社用人很多很多，管理不善。應由政府規定一般組織辦法，務使組織嚴密，運用靈敏。

（三）篇幅要力求縮小。地方報是應一個地方的需要，篇幅不必求其多，以節約經濟與時間，在內容上競爭，才是正當的途徑。

（四）編輯印刷應力求注意：報紙的編輯與印刷都好，才能受人歡迎，見信於人。

（五）業務要力求推廣。報紙的生命線在業務，業務中以廣告最重要，其次是發行。一面當求報紙辦得完善，一面在業務上力求推廣，方可賴此維持和發展。

（六）報格要注意保全。報有報格，要清清白白，不受外污沾染。要格外注意留心，保全報格，為社會服務，為社會盡忠。

從以上摘錄的內容可以看到，馬元放對改善地方報紙之意見，對辦好地方報紙具有非常具體和鮮明的指導意義。

1936年初，馬元放離開國民黨江蘇省黨部。調往中央黨部工作後，他仍然心繫江蘇的新聞出版事業。1936年5月（也有資料稱1935年10月），他會同幾位志同道合的友人發起集資，組成董事會，創辦了《江蘇日報》，聘前任《蘇報》社長王振先為社長[78] [79]。

《臺灣大陸同鄉會文獻數據庫·江蘇文獻》在第12、13兩期中曾刊載包明叔〈抗戰前後江蘇省會的報業概況〉以及鈕長耀〈江蘇省會報業概況補充報告〉兩文，概括了江蘇省會於抗戰前後的報業情況，是江蘇省報業史之極寶貴的資料。隨後，《中央日報》國際航空版主編邢頌文撰文〈江蘇省會報業概況又一補充報告〉發表於（臺灣）《江蘇文獻》第1卷第14期，作為補充追記《江蘇日報》出版及休刊經過。邢頌文的文章，介紹了當時的歷史背景，同時

---

[78] 邢頌文：〈江蘇省會報業概況又一補充報告〉，載於《臺灣大陸同鄉會文獻數據庫·江蘇文獻》第1卷第14期（1964年2月25日）。

[79] 〈鎮江民國報業一瞥〉，《金山網》2013年7月2日。

也補充報告了馬元放任中央宣傳部主任祕書期間仍然繼續關心江蘇省的新聞宣傳事業，稱是馬元放的又一貢獻。

摘錄邢頌文先生文章的部分內容如下：

《江蘇日報》創刊於民國廿五年五月，由當時中央宣傳部主任祕書馬元放先生會同汪寶瑄、王公璵、劉季鴻、鈕長耀諸先生所發起集資創辦，組織董事會，聘前任《蘇報》社長王振先先生為社長，自設印刷工廠，社址設於寶塔路，地處城角與商埠交通之中心。其時頌文主編《蘇報》國內外要聞，經邀規劃版面及負責言論（均係義務職，不支薪）。出版之初，為四開兩張，在鎮江首先排用六號字，報頭以紅色套印，社論改用語體文，加新式標點，以求顯明暢達（當時各報社論均係文言文），由汪寶瑄、王振先兩先生及頌文輪流執筆。至廿五年年底，經董事會決定，專任頌文為經理兼總編輯，報紙亦改版為對開兩張，同《蘇報》、《新江蘇報》、《江蘇省報》出版之篇幅，躋於江蘇省會四大報之殿，發行數曾超過《江蘇省報》而位居第三，廿六年對日抗戰以後，迨鎮江陷敵停刊，為時僅有一年半之歷史。

《江蘇日報》之籌辦，原發起人汪寶瑄、王公璵、鈕長耀、劉季鴻及王振先諸先生現均在臺，可以徵詢。汪先生撰述專論，王先生主持社務，在《江蘇日報》出版期內，絞腦汁，費心血，培育成長，實深崇仰，不幸夭折，殊堪惋惜。

為補充江蘇省報業史之資料，追述《江蘇日報》創辦與停刊之經過，不能不悼念馬元放先生。《江蘇日報》由《江蘇月報》所擴展，馬先生以「研究江蘇，建設江蘇」為主旨，出版《江蘇月報》，成為江蘇全省性之權威刊物，一時仿效而起者有陸養浩之《江蘇研究》月刊，及另一之《江蘇評論》。馬先生在江蘇，曾主持江蘇省新聞事業委員會，發起組織江蘇新聞學社，在江蘇省黨部宣傳部長任內，規劃八大黨報區（蘇報、徐報、海報、淮報、揚報、通報、吳報、松報），並輔導民營報紙之設立及發展。首任《蘇報》社長及發起創辦《江蘇日報》，即根據上兩原則，以發揚輿論。馬先生生前嘗謂「新聞、商業與科學，為現世之三大勢力」，因此畢生擘畫新聞事業之開創，厥功至偉。

由追述《江蘇日報》，而憶念馬元放先生，可否請於《江蘇文

獻》上留一紀錄，以作他日修輯史料之參考。

邢頌文一文披露了《江蘇日報》的重要史實，是江蘇報業史的又一重要史料。同時也可見，他對馬元放在江蘇新聞事業上的功績評價甚高。

有史料[80]顯示，邢頌文以辦報為終身職業，歷四十五年如一日。在王振先主持《蘇報》時期，應邀擔任主編，並兼《江蘇日報》編務。抗戰爆發後，他隨省政府遷至湖南長沙，出任《國民日報》編輯。後應馬元放邀請，擬赴上海一同從事敵後工作。東返途中經過屯溪，時第三戰區政治部為加強宣傳，正籌辦《前線日報》。苦於缺少主編人才，恰邢頌文到達，便強加挽留。委邢以少校軍銜，報社總經理、總編輯及副社長等職。邢頌文1949年赴臺後，曾任《中央日報》海外航空版主編。

2.6 當選國民會議代表，提出多項議案

1931年5月5日至17日，國民政府在首都南京召開國民會議，會議代表四百四十七人，會議通過了《訓政時期約法》，以國家「根本大法」的形式，確立了國民黨治理國家的政治體制[81]。

據史料[82]記載：「江蘇選民人數，大約工會商會自由職業團體約二十餘萬，農會約有六十餘萬。共計約有八十餘萬。分兩期選舉，第一期工會，商會及實業團體於四月十日左右選舉完畢；第二期為農會、教育會，大學及自由職業團體，在二十日左右投票選舉。按蘇省黨員選舉出席國議代表，以鈕永健、葉秀峰、馬飲冰、祁錫勇等票數發現最多，最有希望。」選舉結果，馬元放（時名馬飲冰）當選為國民會議江蘇省代表（江蘇代表共二十九名）[83]，並被主席團指定為法制審查委員會委員（共五十七人，丁維汾為召集人）[84][85]。

80　杜元載主編《革命人物志·第12集》（臺北：中國國民黨中央委員會黨史委員會，1973年12月），第189頁。
81　「國民會議」詞條，《百度百科》。
82　陳登嶼：〈國民會議開幕前夕〉，《專文》（1932年）。
83　江蘇省地方志編纂委員會編《江蘇省志·會議、人民代表大會志》（南京：江蘇人民出版社，1999年7月），第85頁。
84　朱匯森主編《中華民國史事紀要（初稿）·中華民國二十年（1931）四至六月》，1986年6月出版，第683頁。
85　「國民會議法制審查委員會委員名單」，中國第二歷史檔案館館藏，《1931年國民會議》檔案。

國民會議從5月5日起，共開會八次，收到提案四百餘件，大會通過的有二十餘件[86]。從搜集到的史料及文獻中發現，馬元放當年在國民會議上提出多項重要提案。

1.〈提高小學教員待遇以增進教育效率案〉[87]

　　1931年5月17日，在國民會議第8次會議上馬元放與黃宇人、高柏楨等五十五名代表共同提出〈提高小學教員待遇以增進教育效率案〉，提案說：「夫小學教員以終年矻矻所得之資，仰不足以事，俯不足以蓄，甚且不能維持個人之生活，天下不平事莫甚於此。」提議「按目前社會生活程度，提高小學教員待遇」，「實行年功加俸」。馬元放等人為提高小學教師待遇大聲疾呼，經教育審查委員會審查認為：「提高小學教員待遇以增進教育效率案理由極為充分。值此政府注重國民教育之際，允宜提高小學教員之待遇，本案應請提出大會討論。」當時教育審查委員會召集人為蔡元培，該提案被國民會議審議通過並予以實施。時隔一月後，6月19日教育部訓令各省市制定提高小學教員待遇之辦法，其中包含年功加俸等辦法。此舉被列入「中國教育百年大事」[88]。

　　安樹芬、彭詩琅主編《中華教育歷程・第23卷》第五編《中國近代時期》（呼和浩特：遠方出版社，2006年）亦報導了此提案；以及李濤著《浙江近代鄉村教育史》（杭州出版社，2009年）等諸多文獻，對此案也有記載。

　　馬元放等人此舉當是在1930年代教師工資制度中開「年功加俸」之先河，對1940年代小學教員待遇的制定也起到了指導作用。1940年5月18日國民政府教育部公布了《小學教員待遇規程》，根據《規程》：「小學教員薪給每年以十二個月計算，按月實足發給；婚、喪、生育假仍領原薪；鄉村小學教員得接受兒童家庭供給食宿；子女入學免費；年功加俸等。」7月6日教育部又公布根據該《規程》制定的《小學教員年功加俸辦法》、《小學教員子女入學免費辦法》等。1946年馬元放兼任南京市教育局局長時，對小學教員工資亦實行了年功加俸之辦法[89]。

---

[86]　張雪：〈1931年國民會議論述〉，（吉林：《吉林大學》2014年博士論文，分類號：D693;K264）
[87]　《教育審查委員會審查報告（第二號）》，中國第二歷史檔案館館藏，《1931年國民會議》檔案。
[88]　「中國教育百年大事（1901-2008）」詞條，《百度文庫》發布時間：2015-08-26。
[89]　南京市地方志編纂委員會編《南京教育志》（北京：方志出版社，1998年），第1439頁。

2.〈接受孫中山遺教案〉[90]

1931年5月13日國民會議第5次會議討論通過了〈國民會議全體代表代表全國國民敬謹接受中國國民黨　總理遺教案〉[91]。此案由兩提案組成:

其一是馬元放等一百一十一人提請大會議決〈接受　總理全部遺教並發表宣言昭告全國民眾一致誠信接受努力實行案〉。其二是曾濟寬等七十四人提請國民會議全體代表〈代表全國國民謹以至誠接受中國國民黨　總理全部遺教案〉。

張憲文、方慶秋、黃美真主編的《中華民國史大辭典》(江蘇古籍出版社,2002年8月)第1174頁有如下記載:

> 國民會議接受孫中山遺教案,1931年5月13日在國民會議第五次會議上通過。它是由馬飲冰等一百一十一人的提案和曾濟寬等七十四人的臨時動議合併討論的。認為中山先生遺教主要包括三民主義、建國方略、建國大綱等部分。三民主義是國家的最高原則,建國方略、建國大綱揭示了實現三民主義的切實可行的方法、步驟。所以國民會議代表國民接受中山先生全部遺教,以全力促其實現。

馬元放等人的上述提案[92]文字如下:

> (理由)按本黨　總理孫中山先生致力革命凡四十年。在此四十年中,不但推倒數千年專制政體與建設現在之共和國家,即對於中國欲達到自由平等之途徑,亦以四十年之經驗,規定其程序與步驟。民國成立至今已有二十年,而中國尚未達到自由平等之目的者,其最大原因即在　總理之主張雖係救國良藥,而國民之程度尚未能澈底明瞭與贊助。故　總理於北上宣言中,尚以開國民會議使國民澈底明瞭與贊助本黨主張為言。現在國民會議業已實現,對於　總理遺教,當然認為確係救濟中國

---

[90]　《國民會議第五次議事日程·討論事項》,中國第二歷史檔案館館藏,《1931年國民會議》檔案。

[91]　朱匯森主編《中華民國史事紀要(初稿)·中華民國二十年(1931)四至六月》,1986年6月出版,第720頁。

[92]　〈擬請大會決議接受　總理全部遺教並發表宣言昭告全國民眾一致誠信接受努力實行案〉,中國第二歷史檔案館館藏,《1931年國民會議》檔案。

之良藥，自應明白宣言，表示一致接受。庶幾全國民眾能在同一目標之
下，共同努力。是否有當？敬祈　公決。

（辦法）用本會議名義發表接受　總理全部遺教宣言。昭告全國民眾。
一致誠信接受，努力實行。

3.〈保言論自由案〉

據方蒙主編《《大公報》與現代中國——1926-1949大事紀實錄》（重慶
出版社，1993年12月）第128頁記載，在國民會議第二次大會，馬元放等人提
〈保言論自由〉案。

同上《大事紀實錄》第128頁還摘錄1931年5月12日《大公報》社評〈國民
會議與言論自由〉如下：

就國民會議有兩位代表提出有關言論自由之議案並要求廢止出版法主張
「維持出版法之存在」而加以修正。同時指出各省當局有法不依，業新
聞者動輒得咎，「完全為奴隸的，被征服的，毫無法律保障，遑論言論
自由」。

當時馬元放提倡保障言論自由，並批評各省當局有法不依，可見其思想進
步，難能可貴。

4.〈扶植新聞事業，以謀輿論健全案〉[93]

1931年5月14日，在國民會議第6次會議上，有三個提案與新聞事業直接相
關。它們分別是馬元放等提〈扶植新聞事業，以謀輿論健全案〉、陳介石等提
〈解除新聞事業各種束縛助其發展案〉，趙雨時提〈宣揚黨義，輔助訓政，開
放民智，啟迪文化，政府應切實獎進新聞事業案〉。其中馬元放提議國民政府
從經濟、人才、交通、言論自由與國際通訊五方面扶植新聞事業，並擬出詳細
辦法[94]。

---

[93]　〈主席團擬辦案·（二）促進新聞事業案〉，中國第二歷史檔案館館藏，《1931年國民會議》檔案。
[94]　〈教育消息〉，載於上海：《教育雜誌》第23卷第6號（1931年），第120頁。

5月16日，國民會議將上述三案合併為〈促進新聞事業案〉，「擬交國民政府酌辦」。7月14日，內政、外交、財政、交通、鐵道、實業、教育部七部討論提案，並商議辦法。隨後，行政院各部門積極討論促進新聞事業的具體做法，出臺了相關優惠政策[95]。

5.〈變更省縣行政組織以增進行政效率案〉[96]

在國民會議上馬元放等提出改革省制建議之〈變更省縣行政組織以增進行政效率案〉。

中國20世紀30年代前後，關於省級地方政府的體制問題討論很多，分歧亦多。陳之邁在文章〈省長制問題〉[97]中稱：「民國二十年五月馬飲冰在國民會議的提案，他主張『修正省政府組織法，改委員制為省長制並取消各廳改為處或司，以整個省政府對外』。」尚靜波在〈我國地方行政動向論〉[98]一文中也稱：「自民國十七年以來，對省制即有倡議改革者，歷次政府集會中，改革方案亦經屢提，舉其著者。如民國十七年宋淵源曾倡縮小省區之議。十九年國民黨第三屆四中全會上，陳銘樞提改定省行政區原則案，伍朝樞提縮小省區案。二十年國民會議時馬飲冰等提變更省縣行政組織，以增進行政效率案。二十一年全國內政會議，軍委會蔣委員長提出修改地方行政組織案，內政部亦提縣政改革案。二十一年四屆三中全會石瑛等提取消省府委員制，改為省長制以利行政案。二十三年四屆四中全會，黃紹竑等復提地方行政制度改革案。二十四年德國專家晏納克提出〈地方政制改革意見書〉。本年三、四月間，七月間復有人提出建議，私人著作之倡議改革者更不勝枚舉，當年地方制度組織之需要改革，為有識者所共見，年末朝野間已形成一種運動。」

由上述可見，當時出現了各種改革意見，馬元放的提案具有一定的代表性。

---

[95] 〈內、外、財等七部討論新聞事業各案〉，上海：《申報》1931年7月15日。

[96] 南京：《時論》半月刊1931年第45號，第16頁。

[97] 陳之邁：《民國叢書·第三編·20政治、法律、軍事類·中國政府·第3冊》（上海：上海書店出版社，1989年），第37頁。

[98] 尚靜波：〈我國地方行政動向論〉，載於上海：《民族雜誌》（1936年）。

6.參與提出其他議案

馬元放還參加了其他人提出的議案，如：〈催促國府克日施行新鹽法並限期成立鹽政改革委員會案〉[99]、〈請政府公布新鹽法以利民食案〉[100]、〈請設立編譯館以促進科學教育案〉[101]等。

2.7　參加中華民國法學會工作

1935年9月，國民政府在南京召開司法會議[102]。經參會代表提議並一致贊同，9月20日中華民國法學會在南京正式成立[103]。法學會的成立為法學界人士提供了一個交流平臺，以研究法學、改良司法現狀、改進國家法律工作。

中華民國法學會成立後，大家公推居正為理事長，覃振、戴傳賢為副理事長。葉楚傖、孫科、王用賓、陳立夫、茅祖權、焦易堂、張知本等為常務理事，洪蘭友為書記長[104]。

1936年3月，中華民國法學會的重要下設機構——專門委員會和編輯委員會成立[105]。專門委員會分法制、政治、經濟三類，各專門委員會聚集了國內本學科的專門人才，圍繞總會綱領，開展學術研究、實地調查、徵集資料等活動。

馬元放於江蘇法政大學首屆研究科畢業，是國內著名法政專業學府的畢業生，具有專業學識和工作經歷，被選為法制專門委員會委員和編輯委員會委員。下表是各委員會的人員構成。從這份名單可知，組成人員有司法長官，專家、名流等法學界的精英，代表了法學界高水準的陣容。

---

[99] 景學鈴編《鹽政叢刊‧二集》（北平：鹽政雜誌社，1932年10月），第741頁。

[100] 景學鈴編《鹽政叢刊‧二集》（北平：鹽政雜誌社1932年10月），第743頁。

[101] 〈請設立編譯館以促進科學教育案〉，中國第二歷史檔案館館藏，《1931年國民會議》檔案。

[102] 「中華民國法學會」詞條，《百度百科》。

[103] 裴豔：《留學生與中國法學》（天津：南開大學出版社，2009年5月），第216頁。

[104] 裴豔：《留學生與中國法學》（天津：南開大學出版社，2009年5月），第217頁。

[105] 裴豔：《留學生與中國法學》（天津：南開大學出版社，2009年5月），第227頁。

　　《中華法學雜誌》始創於1930年9月。中華民國法學會成立後，《中華法學雜誌》升格為中華民國法學會會刊。編輯委員會成立後，《中華法學雜誌》改由編輯委員會編撰。作為法學會會刊，該雜誌被視為學會「同人貢獻心得及研討之樞紐，並藉以與會外交換意見之媒介」。其編輯思想體現了法學會綱領之精神，除確立「培養國人法律觀念」、「充實法制」、「作法學之深邃研究」、「謀法治精神之奠定」的宗旨外，尤其強調「研究三民主義之法學原理」、「樹立中華民國之新法系」的根本立場[107]。

　　據統計，從清末到1949年，中國陸續創辦的法政雜誌大約有一百五十種[108]。在品目眾多的法律期刊中，《中華法學雜誌》最有影響，在期刊發展史中占有重要的地位。裴豔發表〈《中華法學雜誌》研究——兼談民國後期法學民族主義話語〉一文，總結出理由有三：「其一，法律期刊在近代發展很不穩定，呈迅起暴跌態勢。而《中華法學雜誌》是少數幾個具有旺盛生命力，具有十年以上辦刊歷史的雜誌。其二，《中華法學雜誌》的編輯和作者群囊括了國內法學各領域的權威人士，代表法學研究的最高水準。其三，《中華法學雜誌》在1936年升格為中華民國法學會會刊，該學會以三民主義為法學最高原

---

[106] 〈會務消息報告〉，載於上海：《中華法學雜誌》新編1卷1期（1936年9月）。

[107] 洪蘭友：〈本刊之使命〉，載於上海：《中華法學雜誌》新編1卷1期（1936年9月）。

[108] 程燎原：〈中國近代法政雜誌的興盛與宏旨〉，載於北京：《政法論壇》2006年第4期。

理，以弘揚民族文化精神、研究法學、改進法制為宗旨，是國民政府推行『法制注意化』的產物。相應地，《中華法學雜誌》也具有了主流意識形態背景，在眾多法學期刊中獲得權威地位。」[109]

1937年抗戰爆發，《中華法學雜誌》在出滿十期後暫時停刊。後遷往重慶，1938年復刊。馬元放因1938年起在江蘇淪陷區堅持敵後抗戰，便脫離了中華民國法學會的活動。

2.8　重返國民黨中央黨部

馬元放在1929年秋曾在國民黨中央黨部短暫工作。後被中央派往江蘇省黨部工作，於1936年初重返國民黨中央黨部。

1936年3月，中國國民黨中央執行委員會文化事業計畫委員會成立，設於中央黨部內。主任委員：陳果夫。副主任委員：張道藩、褚民誼。委員：潘公展、焦易堂、王琪、何思源、吳保豐、陳布雷、張沖、傅侗。祕書：馬元放。委員會下設美術研究會、戲劇研究會等[110]。

同年10月，國民黨中央文化事業計畫委員會成立新聞事業研究會，以加強文化領域的指導工作。研究會聘請的專門委員有：《大美晚報》主筆米星如、《神州日報》主筆朱應鵬、《東南日報》社長胡建中、中央文化事業計畫委員會祕書馬元放、中央政治學校新聞系主任黃懺華、中央宣傳處處長彭革陳、《中央日報》社長程中行、前《世代公論》主筆楊公達，以及復旦大學新聞系主任謝六逸。彭革陳為主任[111]。

同年10月8日，國民黨中執會常務委員會第22次會議舉行，會議審議了若干中央宣傳工作指導文件，並任命馬元放為中國國民黨中央宣傳部主任祕書[112]。1936年10月9日《申報》報導了此任命。

1937年3月，因國民黨中央組織部組織委員洪蘭友辭職，經中央常務委員會第40次會議通過，委派馬元放為中央組織部組織委員[113]。

---

[109] 裴艷：〈《中華法學雜誌》研究——兼談民國後期法學民族主義話語〉，載於北京：《中國政法大學學報》2011年第1期。

[110] 徐耀新編《南京文化志·下冊》（北京：中國書籍出版社，2003年8月），第797頁。

[111] 方漢奇主編《中國新聞事業編年史（中冊）》（福州：福建人民出版社，2000年9月），第1340頁。

[112] 陳興唐：《中國國民黨大事典》（北京：中國華僑出版社，1993年12月），第487頁。

[113] 「會務」，載於《中央黨務月刊》1937年第105期〈記事〉，第341頁。

馬元放在國民黨中央黨部工作時間雖然不長，但是除了處理黨務工作外，還有機會參加了中央黨部的各種重要活動。在史料中尋得兩則消息：

　　其一，紀念已故總理的活動。根據《中華民國史事紀要（初稿）•中華民國二十五年（1936）10-12月》中所述，1936年11月12日，國民黨中央黨部及國民政府合併舉行總理誕辰紀念典禮。由國府主席林森主持，中央委員馮玉祥、葉楚傖、何應欽、朱培德、陳立夫、朱家驊、吳敬恆、蔣作賓、賀耀祖、賀衷寒、周佛海、洪蘭友、張道藩等國府委員、中央黨務工作人員總幹事以上、中央各機關文官簡任以上、武官上校以上數百人參加。馬元放以中宣部主任祕書身份出席了典禮[114]。

　　其二，《中央黨務月刊》第102期記載，1937年元旦上午8時，全體中央委員均齊集總理陵園，舉行謁陵禮。由林森主席領導行禮，禮畢，於9時在中央黨部大禮堂，舉行中華民國26年元旦慶祝大會。到會中央委員有林森、丁惟汾、馮玉祥、葉楚傖、居正、鄒魯、陳立夫、張繼、于右任、戴傳賢、邵力子、何應欽、馬超俊、谷正綱、劉紀文等，及中央各部會工作人員共約七百餘人，馬元放亦出席[115]。最後由于右任主席領導行禮如儀，並即席致祝詞，詞畢，即奏樂禮，後散會。

　　1937年4月，馬元放奉中央派遣赴日本考察社會事業。1937年4月28日《申報》以〈鈕長耀、馬元放東渡考察〉為題，報導了這一消息。

---

[114] 中華民國史事紀要編輯委員會編《中華民國史事紀要（初稿）•中華民國二十五年（1936）10-12月》（臺北：中華民國史料研究中心，1980年），第941頁。
[115] 〈記事〉，載於《中央黨務月刊》1937年第102期，第26頁。

第三章　抗日戰爭時期的馬元放
（1937年-1945年）

3.1 就任江蘇省淮陰區行政督察專員兼保安司令，組織地方民眾奮力抗日

1937年4月，馬元放與鈕長耀奉派在日本考察社會事業，由於7月7日本發動盧溝橋事變[1]，便緊急回國。

中國國民黨軍事委員會委員長蔣介石於7月17日在盧山發表〈對盧溝橋事件之嚴正聲明〉[2]，動員全國軍民進行抗戰。8月13日，淞滬會戰打響。上海部分淪陷後，日軍又向蘇南、南京進攻。隨即全國軍民掀起了抵抗日本帝國主義侵略的高潮，馬元放也全身心地投入抗日鬥爭第一線。

9月，馬元放奉派為國民政府軍事委員會第六部視察員[3]。軍委會第六部（部長陳立夫）負責民眾組訓，推進全民抗日。馬元放即奉第六部之命，前往安徽安慶、桐城、合肥、六安、壽縣、蕪湖、宣城、休寧、屯溪、貴池等地，視察民眾組織及訓練活動的情況，11月返回南京。其時，江蘇省軍事情況嚴峻，戰時指揮中心已遷至武漢三鎮，他隨即趕往漢口彙報視察經過。半個月後，蘇南已淪落日軍之手，戰火逼近南京[4][5]。

國民黨中央為在淪陷區堅持抗日活動，擬加強淪陷區的黨務指導。1938年1月6日，國民黨第五屆中央執行委員會常務委員會第63次會議，通過軍事委員會第六部提議改組國民黨江蘇省黨部的議案，重組江蘇省黨部，派韓德勤、馬元放、周厚鈞、曾明煥、李守維、張公任、張北生為江蘇省黨務特派員，並指定韓德勤、馬元放、周厚鈞三人為常務委員[6]。

---

[1]　「七七事變」詞條，《百度百科》。

[2]　「蔣介石盧山抗戰聲明」詞條，《百度百科》。

[3]　馬元放：〈自述〉（1951年）。

[4]　同上。

[5]　金萍、王磊：〈愛國教育家馬元放的風雨人生〉，《南京晨報》2003年11月30日。

[6]　《中國國民黨第五屆中央執行委員會常務委員會第六十三次會議紀錄》，1938年1月6日。

馬元放受命於危難之際，顧不上與家人告別，便匆匆離開漢口，奔赴江蘇。此時日軍已侵占蘇南，江北也有多縣不守，國民黨江蘇省黨部機關已遷至蘇北淮陰。當時中央與蘇北的交通全靠隴海線，徐州不斷遭到敵機轟炸，十分危急。他經平漢線到了鄭州，再轉隴海線到徐州，直奔淮陰，一路上備受敵機威脅。終於在1938年1月下旬，馬元放抵達國民黨江蘇省黨部機關所在地蘇北淮陰，隨即開展工作。這個時期的黨務工作，完全著重於推動各縣黨務，組織與訓練民眾，以期配合軍政，增強抗戰力量[7]。

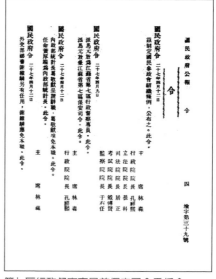

第七區行政督察專員兼保安司令委任令

4月9日，〈國民政府渝字第三十九號令〉，派馬元放為江蘇省第七區（淮陰專區）行政督察專員兼保安司令[8]。第七區轄淮陰、淮安、泗陽、宿遷、寶應、漣水六縣。馬元放身為督察專員兼保安司令，負責督導所轄各縣執行省政府命令及指示，管轄指揮區內所有保安團、水陸警察隊及一切自衛武裝[9]。當時蘇北局勢已非常緊張，敵人常常蠢動。馬元放周歷區內各縣，宣傳抗日主張，策動民眾自衛抗日[10]。

武進人士承紀雲撰寫武進文史資料，提及當年馬元放就任淮陰區保安司令一職時，因自忖不諳軍事，在敵後編組保安武裝、抗日救國，恐力有不逮，故中央有意選派一文武兼資的幹部為助。為此，馬元放曾屬意承氏令尊為最好。因其令尊在十餘年前曾主持過南通警政，又主持過江蘇省警官學校，門牆桃李遍歷江蘇各縣。若能響應號召，一支抗敵隊伍即可組成。如其令尊應允，馬元放當向中央舉薦，云云[11]。

7　馬元放：〈一、重返江蘇〉，《歸漢記》（重慶：大光出版社，1942年）。
8　〈國民政府渝字第二十九號令〉，載於《中華民國國民政府公報第132號》（臺北：成文出版社重刊，1972年），第230頁。
9　荀德麟：《淮陰市志（中、下冊）》（上海：上海社科院出版社，1995年6月），第1426頁。
10　馬元放：〈一、重返江蘇〉，《歸漢記》，（重慶：大光出版社，1942年）。
11　承紀雲：〈武進縣第一期抗戰救國公債去向之謎〉，載於中國人民政治協商會議江蘇省武進縣委員

馬元放擔任專員數月後，自以半載以來毫無成績為由，堅決辭去了專員職務[12]。隨後，他自認是江南人，熟悉江南情形，便於到江南淪陷區策動民眾對敵游擊。據此，他於8月3日離開淮陰去了上海[13]。

在上海，馬元放與江蘇法政大學同學掌牧民組織了「抗戰建國協會」，並邀江蘇省第四區行政督察專員葛覃、江蘇省農民銀行上海分行經理吳任滄、江蘇省黨部委員石順淵、崔步武及上海各大學教授、學生加入，共計一百餘人。推掌牧民為會長，暨南大學商學院長陳瑞霖為祕書長（陳赴閩北任教後由江蘇省儀徵縣長葛克信繼任）。為躲避汪偽特工總部（即極司菲爾路76號）的抓捕殘害，抗建協會並無固定會址，僅在法租界大馬路中匯銀行大樓303號設有元大商行，以做生意為掩護，作為通訊聯絡之處。抗建協會行動極為保密，平時如有集會皆臨時電話聯繫，約定不同地點會面商量[14]。

曾經追隨掌牧民和馬元放，並參與其事的朱彬先生回憶說，當年因受限於當時的敵後條件，上海抗建協會在成立的早期，無法與中央取得聯繫，也無經費來源，只能在上海孤島自行克服困難。會員們傾家紓難，積極支援抗日游擊活動。抗建協會成立後，抗日游擊隊孤島孤軍，開展敵後游擊，聲勢浩大，此皆為掌牧民、馬元放所策畫。後由於馬元放、掌牧民等被敵偽逮捕，以及江蘇農民銀行同仁集體被殺等原因，造成抗建協會無形中解散。隨著時光飛逝，上海抗建協會的事蹟已不為外界所知，但畢竟是抗戰史話的一頁[15]。

3.2 轉任江蘇省政府教育廳廳長，主持抗戰教育

因江蘇省政府委員兼教育廳長周佛海另有任用，1938年8月12日國民政府行政院發公函（渝字第六四四二號）致國民政府文官處，函請任命馬元放為江蘇省政府委員兼教育廳長。8月13日國民政府文官處文官長批示「擬轉呈照發表並報告國防最高會議請追認」，同日以國民政府第六五〇號令做出上述任命[16]。

會文史資料研究委員會編《武進文史資料·第15輯》（1993年12月印）。
[12] 馬元放：〈一、重返江蘇〉，《歸漢記》（重慶：大光出版社，1942年）。
[13] 同上。
[14] 朱彬：〈孤島孤軍血淚流——掌牧民馬元放與上海抗建協會〉，載於臺北：《中外雜誌》第32卷第3期（1982年9月號），第117-120頁。
[15] 同上。
[16] 〈江蘇省政府官員任免（七）〉，臺北：國史館館藏檔案：數位典藏號001-032220-0134。

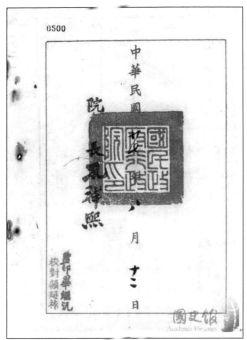

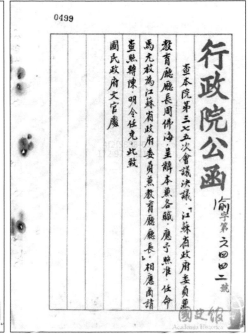

行政院公函（國史館史料）

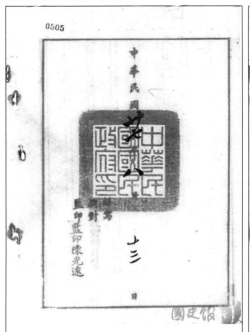

國民政府令（國史館史料）

馬元放在上海受命，後隨即自滬入川，到達陪都重慶向教育部請示今後的工作方針。當時教育部部長為陳立夫，政務次長為顧毓琇，張道藩為常務次長。陳、張曾經是馬元放的老上級。

1938年10月初，馬元放再度返回江蘇省政府所在地淮陰，部署展開工作[17]。到任後，蘇南大片城鎮已相繼淪陷，各地中、小學校舍不少被毀或被敵軍占領。蘇南及蘇北沿江地帶的許多公私立中學紛紛遷到上海租界區復課。當時省教育廳的工作有三大塊，蘇北國統區、上海租界區以及江南淪陷區（含部分江北及沿江地區）都要管理。他不顧險阻和艱難的戰時條件，勉力維持教育廳日常工作，積極開創戰時教育的新局面。

1938年《教育雜誌》第28卷第12號載文〈教育文化史的新頁〉，其中「（二）戰後江蘇教育」一節中，記載了馬元放就任江蘇省教育廳長時的江蘇省教育實況，可讓現今讀者一睹當年的慘痛景象。摘錄如下：

> 素稱完善發達的江蘇中等教育，一年來卻遭了空前的厄運，受了極大的打擊，但是它何嘗不在和環境奮鬥，維持著過去光榮的業績呢？
>
> 回溯一年以前，所有中等學校，除鄰近戰區的暫告停頓外，大部分仍照常開學，並容納戰區借讀學生。直到十一月中旬，江南戰區轉移，蘇省首當其衝。當局為了安全起見，不得不令全省中等學校一律解散，幾十萬的青年，頓時淪為失學者，但是每個人的心頭，都很明白而且牢記：是甚麼人叫我們受的苦痛。
>
> 從這時起，一直到今年三月，是最混亂的消沉的時期，四個月中，所有學校，和其他教育機關，完全停頓，直至四月下旬，蘇省行政當局，集合在江北的學生，設立第一聯合中學於漣水，第二聯合中學於鹽城。一時侷處在苦悶中的許多青年，都得到一個學習訓練的機會，欣喜和熱望比平時更高漲。
>
> 在戰亂中的各種事業，總不免受戰局的影響，但也不是沒有益處的，多一次經驗，多一番教訓，確也能增加更多的勇氣，和更大的決心啊。
>
> 一、二兩聯中開學不到二日，就受日軍攻略鹽城阜寧的影響，而

---

[17] 〈新任教育廳長馬元放於月內就職〉，上海：《申報》1938年10月13。

義告解散了。這一次，卻比從前進步，當局不願中等教育的停頓，立刻命令各教師，在各縣設立中學生自修補習社，課程悉依標準，學級隨需要而增減，繳費和成績則以月計，每月學生繳費五元，至學期結束時，呈報教育廳考核，這確是一個因地制宜的辦法，學生較聯中時，大見增加。

馬元放就是在上述的這種殘破局面下迅速開展了搶救工作，僅用兩個月的時間就扭轉了江蘇省的教育局面。上述《教育雜誌・教育文化史的新頁》轉引1938年10月28日上海《文匯報》的報導：

> 自新任教育廳廳長馬元放就任以來，對中等教育力謀改進，以期漸復舊觀，預備設立中學及師範若干所，地點如下：在漣水之石湖、泗陽之樹強、東臺之溱潼、興化之中堡，各設高級中學一所；在淮陰之龍爪樹、泰縣之吳家堡，各設師範一所；在淮安之崔堡，設簡鄉師一所。因為自修補習社既成立於前，且過去曠課過多，末屆學期結束之期，所以不能照學歷如期上課，一俟上學年課程結束，即可開學。蘇省的中等教育，過去曾有光榮的聲譽，現在雖處境困難，但仍舊努力改善。在抗戰救國的偉業中，表現出更大的效果。

1939年，全面抗戰進入第三年，日軍更為兇殘，環境更加艱苦。為了做好上海租界區的教育管理工作，馬元放在上海設立了江蘇省教育廳駐滬辦事處，由教育廳祕書高柏楨兼任主任[18]。關於該項工作，據馬元放著《歸漢記》〈一、重返江蘇〉一節中自述：「自江南全部淪陷以後，所有原有各中等學校，都紛紛遷到上海復課，學校單位有五十多個，教職員和學生有二萬多人。在最初一個時期，因為各自為政，情形相當紛亂。教育廳方面，對於這許多的學校，很費一番整理功夫，才漸上軌道。我自己也曾到過上海幾次，一般教職同人，認識都很清楚，信念也很堅決。所以不久，就同在教育救國的一致目標下，齊一步驟，而收到很多效果，這是值得一書的一件事。」

馬元放著《歸漢記・附錄三・追懷高柏楨同志》記述說：「1939年秋，汪

---

[18] 馬元放：〈附錄三・追懷高柏楨同志〉，《歸漢記》（重慶：大光出版社，1944年）。

逆精衛在上海發起『和平運動』，一般漢奸都想在上海摧毀國家教育，威脅利誘，無所不用其極。一時形勢又幾趨於紊亂，辦事處奉令查處。要把態度猶移的使其堅定，已經變節的使其回頭，環境困難的為其解除，執迷不悟的予以制裁，好不容易才把局勢穩定下來。」

1939年3月1日至3月9日，在陪都重慶召開了第3次全國教育會議。教育部部長陳立夫指出會議的目的有二：一是最大限度地將全國的教育力量動員起來以進行抗戰；二是教育界在抗戰期間能為戰後建設做準備[19]。會議還討論了各項提案。馬元放因戰時交通阻滯未能出席會議，由就近在渝之鈕長耀代表出席[20]。

為了貫徹落實第三次全國教育會議的精神，並結合江蘇省的實際情況，江蘇省教育廳於9月8日在蘇北召開了「江蘇省教育會議」，馬元放在開幕式上發表題為〈召開江蘇省教育會議之意義〉[21]的開幕詞。他說：「年來本省教育方針，即在一面健全行政之機構，以能適應游擊期間便於指揮及領導教育事業之進行；一面盡可能範圍內，設法恢復原有教育事業，並整頓教育經費，以求本省教育事業之進展。」他對落實上述方針做了詳細的說明。具體包括：改進完整區域的教育行政機構，建立淪陷區的教育機構；建立教育廳在各地的臨時機構如江南行署教育組、徐海行署教育組、省廳駐上海辦事處；還有高等教育之維護；中等及初等教育之整頓；淪陷區教育之恢復；社會教育之推進以及教育經費之整理等等。

馬元放在開幕詞中號召各位同人堅持「抗戰必勝，建國必成，教育救國」的信念。高度讚揚江蘇遷滬復課各校同人，在極艱苦的條件下，不為威脅，不為利誘。各校校長聯合發表正義宣言，充分表示了守正不阿的精神，粉碎了汪逆精衛和其黨羽周佛海等進行的逆謀。這種氣壯山河，志吞胡虜的忠貞之節，可以動天地而泣鬼神。

在江蘇省教育會議會上，大會發表了〈江蘇省教育會議宣言〉[22]。宣言開頭指出：「立國大本，繫於教育，當茲暴敵憑陵國勢阽危之際，首應喚起民

---

[19] 高鶱：《第三次全國教育會議研究》（武漢：華中師範大學歷史文化學院碩士學位論文，2018年5月）。

[20] 〈第三次全國教育會議報告〉，載於張建中、羅玲、吳波主編《中國戰時首都檔案文獻・戰時教育》（重慶：西南師範大學出版社，2017年6月），第111頁。

[21] 《江蘇省教育會議專號》，載於《江蘇教育通訊》第4期（1939年9月15日），第3頁。

[22] 《江蘇省教育會議專號》，載於《江蘇教育通訊》第4期（1939年9月15日），第1頁。

眾，團結民心，庶可抗戰必勝建國必成。此均有賴於教育方面之努力，故教育又為抗戰之武器，建國之基石。本會集會於蘇北，即在覺察本身之使命重大，責任艱巨，謀所以齊一步調，完成其使命，盡瘁於責任也。」宣言中宣布了江蘇省抗戰教育的方針、計畫和目標等。

此次大會還發出了〈聲討汪精衛、周佛海等逆叛國降敵通電〉及〈電慰滬校及淪陷區教育同仁〉[23]。

最後，馬元放致閉幕詞〈這次省教育會議之收穫和對於同人今後之希望〉[24]。

為鼓舞鬥志、堅持抗戰教育，據1939年9月發刊的《江蘇教育通訊》第5期第11頁記載，馬元放刊登〈敬告江蘇教育同人〉一文，筆者歸納了馬元放提出的五點意見：

1. 敵人（日寇）侵略我國之目的，不僅為占我土地，屠我人民，尤在滅我文化，消滅我三民主義與革命精神，凡我教育者要針鋒相對。

2. 轉移風氣，改造社會，吾人益當發揚富貴不能淫、貧賤不能移、威武不能屈之精神，保持吾民族之正氣，以消滅抗戰前途之隱憂。

3. 從教育工作的角度促進抗戰建國：如協助促進推行兵役、開發經濟，調協宣導軍民合作、戰地服務，從事宣傳抗戰、組訓民眾精神動員等等。

4. 作育人才，德、智、體三育並進：培養學生獨立自尊之精神，確立愛國家愛民族之觀念，特別注重科學之研究，滿足機械之使用、經濟之開發、實業交通各方面之需要，體育方面在鍛鍊體魄之外，尤應注重軍事之訓練，務使學生有自衛衛國之能力，進而能服國家之兵役。

5. 學校行政及地方教育行政之處理：應力謀適應戰時之環境，務求內能便於校務之迅速處理，外能便於與社會事業相配合，而尤應注意於非常事變來臨時有適宜之處置及準備。馬元放的文章呼籲：教育界同仁共盡最大之努力，俾成抗戰建國之全功。

此外，馬元放在教育部主辦的《教育通訊》1939年第16至19期上發表了〈最近之江蘇教育〉（一）（二）（三）（續完），彙報了江蘇省推行抗戰教

---

[23]　《江蘇省教育會議專號》，載於《江蘇教育通訊》第4期（1939年9月15日），第3、4頁。
[24]　《江蘇省教育會議專號》，《江蘇教育通訊》第4期（1939年9月15日），第9頁。

育之情況。

對馬元放任江蘇省教育廳廳長時的工作，1999年出版的《江蘇省志‧教育志（下）》[25]有如下記載：

> 民國27年（1938年）11月，省教育廳遷至淮陰，馬元放任教育廳長。廳內機構設置基本如前。翌年1月，增督學、編審兩室，設駐滬辦事處，督導遷滬復課之公私立學校。3月，兩淮淪陷，省教育廳遷泰縣。5月遷興化，並先後派人參加江南行署、徐海行署，協辦教育工作。
>
> 11月蘇南淪陷，省政府遷興化。省教育廳公布《江蘇省戰時社會教育實施方案》，要求各地社會教育機構實施抗戰宣傳；發動民眾組織協助政府清查戶口；指導民眾修橋築路及改良風俗等。
>
> 同年江蘇省教育廳為恢復淪陷區域教育事業，特將淪陷區各縣教育行政機構重新建立，於各行政區設督導員，負視察考核輔導、督促各該區教育之責。
>
> 同年國民政府先後設立一批臨時中學有：在皖南瑤溪設省立江蘇臨時中學；在東臺縣設省立第一臨時中學；在寶應設省立第二臨時中學；在泰縣設省立第三臨時中學；在泰縣薑堰設省立第四臨時中學；在皖南績溪設省立第五臨時中學；在宜興設省立第六臨時中學；在宜興丁蜀設省立第七臨時中學；在皖北阜陽縣設省立第八臨時中學及旅川臨時中學等。

對民國28年（1939年）省教育廳的主要工作情況也有記載：

> 5月省教育廳又公布《辦理戰時民眾學校暫行辦法》，規定民眾學校6項任務：（1）舉行抗戰宣傳；（2）參加地方自衛；（3）協助編組保甲及訓練壯丁；（4）舉行慰勞募捐；（5）宣導新生活勞動服務；（6）其他地方建設事宜。
>
> 12月，經教育部核定在滬復課的中學有：上海中學、蘇州中學、常州中學、鎮江中學、揚州中學、南通中學、松江女中、蘇州女師、太

---

[25] 江蘇省地方志編纂委員會編《江蘇省志‧教育志（下）》（南京：江蘇古籍版社，2000年），第1058、1207、1208頁。

倉師範、淮陰師範、鎮江師範、松江職業學校、蘇州工業學校、蘇州女子蠶桑學校等，還有一些私立學校。

同年根據國民政府關於「縣各級組織綱要」的規定，江蘇省各縣原設有教育局的，均改為教育科。科除設縣督學外，另設總務、學校教育、社會教育3股。

同年江蘇省教育廳設駐滬辦事處，督導遷滬復課之公私立學校。設駐渝辦事處，辦理後方聯絡事宜。並先後派人參加江南行署、徐海行署協辦教育工作。

從省志的記載可以看出，當年在艱苦抗日的環境中，馬元放不畏艱難，採取多種措施，主持江蘇省的抗戰教育。

此外，當時教育部（部長陳立夫）鑑於戰區教育的重要，組織了蘇浙戰區巡迴教學團，在江浙各地巡迴教學，並開展對敵鬥爭。例如抗日宣傳，編印抗日教材，張貼抗日標語，印發抗日小報，搜集抗口情報，甚至處置漢奸、鼓勵適齡青年從軍報國，等等，起了很好的作用。馬元放積極地配合了這方面的工作。

2010年出版的《無愧時代——錢伯顯先生誕辰一百一十週年紀念文集》中，有江蘇武進人士錢伯顯撰〈蘇浙戰區巡迴教學團情況〉一文，另有蔣鍔初在《常州網・龍城博客》上發表〈陌生的代課老師〉一文，均稱當時蘇浙戰區巡迴教學團團部設在上海，和江蘇省教育廳駐滬辦事處常有工作聯繫。因教育部及江蘇教育廳（地下）的領導者李煥之、馬元放、高柏楨都是武進人士，又都很熟悉，所以錢伯顯先生成為武進、無錫等八個縣的巡教團負責人。馬元放在自著《歸漢記》中也回憶，自己對該工作也很配合與支持，派教育廳祕書駐滬辦事處主任高柏楨兼任該團副主任。不幸的是，高氏乘船去滬赴任時正遇天氣十分惡劣，在黃浦江口覆舟而因公殉職，同志們無不深感悲痛。

從上述史料可知，當年在大江南北的淪陷地區不僅存在共產黨新四軍的抗日鬥爭，還確有重慶政府及其文教系統抗日力量的存在。

1939年10月13日《申報》載文〈江蘇省動員會籌組不給敵人當兵會務使壯丁不為日軍徵調〉，報導了江蘇省籌組「江蘇民眾不給敵人當兵同盟會」，教育廳長馬元放為委員之一。

1939年9月25日，蔣介石批示江蘇省黨部主委韓德勤請辭職以馬元放接充

一案[26]，10月9日〈國民政府渝字第一九五號令〉免去馬元放省政府委員及教育廳廳長本兼各職[27]。12月，馬元放出任國民黨江蘇省黨部主任委員[28]。

3.3 升任國民黨江蘇省黨部主任委員，領導抗日遭日偽逮捕

1939年12月馬元放任國民黨江蘇省黨部主任委員後，負責領導國民黨黨務系統在江蘇全省的抗日反汪工作[29][30]。那時淮陰及其附近各縣亦已淪陷，省黨部遷至興化。蘇北局勢和以前更不相同，工作環境格外艱困。

上任伊始，1940年1月11日馬元放即收到國民黨中央密電。當時汪偽政府正在上海舉辦軍官學校，訓練組織「和平救國軍」。中央電令上海市黨部主委吳紹澍和江蘇省黨部主委馬元放，由滬蘇兩黨部設法阻止青年前往參加，並密派學生為內線，搜集該校的活動情況，隨時呈報中央[31]。

自抗戰開始，馬元放先後在蘇北淮陰任國民黨江蘇省黨部特派員、江蘇省第七區（淮陰區）行政督察專員兼保安司令、江蘇省教育廳長，直到擔任國民黨江蘇省黨部主任委員，展開了一系列抗日反汪的救國活動。他在敵占區有一定的影響，被敵偽定為「危害民國要犯」，受到日偽的重點注意，成為日偽監控的重要對象。

1940年，馬元放為了實際推動各縣黨務，配合軍政發揮抗戰力量，決定分區召開各縣書記長會議。他依照當時的交通情況，順次召開了第六、五、四區各縣書記長會議，然後於6月到達上海。那時汪偽組織已經成立，對國民黨地下抗日人員偵察極嚴。他臨危不懼，到滬後順利召開了第二區及第三區各縣黨部書記長會議，以及江蘇遷滬復課的各中小學校校長談話會。正擬返回蘇北，到徐海各縣召開第七、八、九各區書記長會議。不料遭叛徒張北生出賣，於6月23日晚，在上海遠東飯店被公共租界中央捕房、日本憲兵隊本部以及汪偽76號特工總部（極司非爾路76號）的大批軍警特劫持。同時被逮捕的還有省黨部

---

[26] 〈批江蘇省黨部主委韓德勤請辭職以馬元放接充案〉，臺北：中國國民黨文化傳播委員會黨史館館藏檔案目錄檢索系統，館藏號：一般138/187。

[27] 〈國民政府渝字一九五號令〉，載於《國民政府公報》（1939年）。

[28] 馬元放：〈一、重返江蘇〉，《歸漢記》（重慶：大光出版社，1944年）。

[29] 同上。

[30] 江蘇省地方志編纂委員會編《江蘇省志·國民黨志》（南京：江蘇人民出版社，2006年），第99頁。

[31] 〈中祕處致吳紹澍馬元放電〉，臺北：中國國民黨文化傳播委員會黨史館館藏檔案目錄檢索系統，館藏號：特9/41.14。

委員崔步武、省政府祕書石順淵和參議
掌牧民等[32]。在被捕現場，76號特工頭
目馬嘯天（原國民黨金壇縣黨部委員馬
超文，叛變投敵後改名馬嘯天）向日本
憲兵指認馬元放和石順淵是國民黨江蘇
省黨部幹部，抗日分子[33]。

關於馬元放被捕的地點，不少資
料稱為大中華飯店，個別資料稱東方飯
店。而1940年7月8日《申報》載文〈馬
元放等被誘捕經過〉，其報導的是虞洽
卿路（今西藏中路）遠東飯店420號房
間，這與馬元放自著《歸漢記》中所述
的被捕飯店名稱一致。

6月28日，軍統上海區行動人員
懲辦了汪偽宣傳部駐上海特派員、上
海《國民新聞》社長穆時英，6月29日
《申報》報導了這一消息。7月1日，汪
偽政府便在《中華日報》上發布了「通
緝令」，被通緝人員包括江蘇省和上海
市國民黨負責人員以及上海市內經濟、
教育、新聞各界有關人士，有蔣伯誠、
林康侯、吳開先、周孝伯、馬元放、崔

上：現在的上海遠東飯店
下：遠東飯店大門

步武、掌牧民、石順淵等八十三人，以示報復。當時馬元放等四人已被逮捕，
此次仍被列入名單，當係汪偽故作姿態。通緝名單發表數日後，漢奸報紙才刊
載馬元放等四人被捕之消息，以欲藉此恫嚇名單上諸人，打起了心理戰[34][35]。

---

[32] 馬元放：〈一、重返江蘇〉，《歸漢記》（重慶：大光出版社，1944年）。

[33] 石順淵：《漢奸張北生投敵賣友始末記》，載於上海市政協文史資料委員會編《上海文史資料存稿彙編3·抗戰史料》（上海：上海古籍出版社，2001年），第349頁。後又載於江蘇省政協文史資料委員會編《江蘇文史資料選編·人物卷》（南京：江蘇人民出版社，2007年）。

[34] 〈馬元放等被誘捕經過〉，上海：《申報》1940年7月8日。

[35] 〈偽組織肆意恫嚇 另有暗殺名單 法租界當局態度軟弱 馬元放、崔步武被綁架〉，香港：《大公報》1940年7月13日。

馬元放等被捕後先被關押在法租界中央捕房。馬元放回憶說，他們被關押在一間約二丈見方黑暗非常、不見天日的小屋，室內已關押十多個盜匪和竊賊[36]。

回憶自己被捕時的心情，馬元放說：「我參加革命，早已許身黨國，所以我的態度，在被捕的一剎那，就毅然決定了。生死已置之度外，所深深內疚的是奉了中央命令返蘇工作，工作沒有做好，反而身被敵偽劫持，無論是出於何種原因，自問總不能免去未能克盡厥職的罪名。同時，我覺著，在過去所擔任的職務，無論是教育和黨務，都是忝居指導地位，平時訓導別人，勉勵別

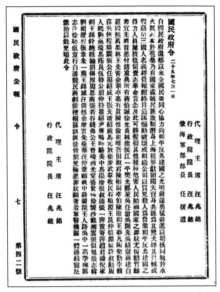

刊登於1940年7月1日汪偽《中華日報》上的通緝令（摘於《國民政府公報》）

人。我所期望於人的，人所期望於我的，和我自己期望於我的，也只是這點成仁取義的決心。現在，正是我現身說法的時候，我絕未存臨難苟免的心理，卻反增強了我不屈不撓的意志。」[37]

馬元放在中央捕房關押數日後，就被移送到日本憲兵隊本部，四人被分別關押。馬元放與一位二十多歲的年輕人同囚一室，據年輕人說他已被敵人上過七次電刑。馬元放萬分同情年輕人，同時又更加堅定了自己的意志。馬元放說：「敵人，只能給我們以肉體上的打擊，但打擊不了我們的精神。不知不覺，我更增加了勇氣，堅強了我的決心。」、「我是早已抱定了一死的決心，和敵偽奮鬥到底，要使敵偽知道國中並非無人。」[38]敵人無所不用其極，在敵人多次威逼利誘之下，馬元放始終不以為意。

日寇無奈，一週後馬元放四人又被移至汪偽76號特工總部。當晚特工頭目吳世寶就帶人來提審他們，逼迫供出有關係的抗日分子，但是無果[39] [40]。特工

---

36 馬元放：〈三、敵偽輾轉引渡〉，《歸漢記》（重慶：大光出版社，1944年）。

37 同上。

38 同上。

39 同上。

40 石順淵：〈漢奸張北生投敵賣友始末記〉，載於上海市政協文史資料委員會編《上海文史資料存稿

頭目李士群也親自來審訊馬元放，當時李對他說：「別人並不重要，只有你，是主持江蘇全省抗日反汪工作的人，注意你已一年多了，照理是應該死罪，但我很願意和你做朋友，希望大家一起參加『和運』工作。」馬元放聽了回答說：「你說我有死罪，就請你執行好了。我已被你們逮捕，別無話說。」馬元放還回憶說：「後來其他審問的人，更是說些卑鄙無恥不倫不類的話，什麼『你肯做官，給你的官，總比你現在的要大多啦，不然的話，一切刑罰受不了呀』，一面還要你表現工作，供出所有工作人員。這些話，聽了更增憤慨，惟有一概置之不理。」[41]

如是過了幾天，汪偽看到一無所獲，於是又把馬元放等送回日本憲兵本部，又由日本憲兵本部送回中央捕房。然後才履行正式引渡手續，又回到汪偽特工總部。輾轉遞解受到了種種凌辱，但是馬元放矢志不移、拒不投降，上海汪偽仍毫無辦法[42]。

出賣馬元放等人的叛徒是張北生，江蘇南通縣人，原嘉定縣縣長，因抓捕馬元放等人「立功」，被汪偽76號特工總部李士群聘為顧問。後又歷任汪偽中央稅警學校總務處長、江蘇第一區清鄉督察公署專員、江蘇省民政廳長、太湖東南地區清鄉督察專員、蘇北區清鄉主任及蘇北行營參謀長、行政院清鄉事務局副局長等偽職。抗日戰爭勝利後，以漢奸罪被逮捕，因出賣馬元放等人案件等，被國民政府江蘇省高等法院判處死刑，後又改判無期徒刑。20世紀50年代，張北生被鎮壓於江蘇南通[43]。

抗戰老兵趙貴榮先生（河南人），2015年在他九十三歲高齡時曾回憶說，20世紀30年代末他在上海參加地下抗日工作，曾兩次被抓，抗戰勝利後獲「抗戰蒙難同志會紀念章」。他說他的領導就是在上海被日本人抓住的馬元放，再上級就是王鍾琪。按趙貴榮的年齡計算，馬元放被捕時趙年方十八歲[44]。

馬元放等被捕事件，一時轟動當時的上海，各家報紙紛紛報導。本世紀初出版的幾部史志文獻，如《上海抗日戰爭史通論》[45]之〈上海抗日戰爭大事

彙編3・抗戰史料》（上海：上海古籍出版社），第253頁。
[41] 馬元放：〈三、敵偽輾轉引渡〉，《歸漢記》（重慶：大光出版社，1944年）。
[42] 同上。
[43] 蔡德金編《七十六號汪偽特工總部口述歷史》（北京：團結出版社，2007年），第64、65頁。
[44] 〈尋訪抗戰老兵趙貴榮・河南禹州〉，《北斗六星論壇》2015年9月9日網路發帖。
[45] 唐培吉：《上海抗日戰爭史通論》（上海：上海人民出版社，2001年9月），第342頁。

年表〉、《中華民族抗日戰爭史大事記》[46]、《中日關係五十年大事記》[47]、
《江蘇省志・國民黨志》[48]等均記有該事件。

3.4　囚禁三年餘堅貞不屈

3.4.1　在偽看守所

　　馬元放被敵偽逮捕後，在重慶的國民黨中央極為重視。7月7日，蔣介石即
批示了葉楚傖〈呈蘇省黨部主委馬元放等同志被捕的報告〉[49]。國民黨中央黨
部組織部獲知消息後，立刻電令上海市黨部設法營救。根據在臺北的中央研究
院近代史研究所《朱家驊檔案》之《趙祺電朱家驊及朱家驊覆電》中記載，
國民黨中央黨部組織部長朱家驊要上海市黨部人員設法潛往探視並帶去朱之
慰問[50]。

　　馬元放等在上海被關押近二十天後，於1940年7月15日被押至南京偽政
府。一同被押送南京的還有另案被捕的陳三才，到寧後一同被拘禁於偽警察廳
刑務所。馬元放作為「危害民國要犯」，與「暗殺兇犯」陳三才（刺殺汪精衛
未果被捕）同屬情節最重，二人被同拘一室。在偽警察廳刑務所，敵人對馬元
放又多次逼供、誘降，但他始終不屈、不為所動。表示槍斃也可，坐牢也行，
但絕不投偽[51]。

　　史料記載，汪精衛（即汪兆銘、汪偽頭號人物）曾指示周佛海對馬元放加
以「感化」。在臺北的國史館《汪兆銘史料》[52]中查到，1940年7月17日周佛
海致汪精衛信中有：「先生鈞鑒：手示敬悉遵覆如次（一）馬元放等遵諭予以
感化並優待。（二）……特此呈覆，敬叩鈞安，佛海上。」但是，任憑敵偽軟

---

[46]　方衡主編《中華民族抗日戰爭史大事記・下編（1937年7月7日－1945年9月3日）》（香港：香港天
　　　馬圖書有限公司，2003年7月），第316頁。
[47]　張蓬舟主編《中日關係五十年大事記1932-1982・第二卷（1938-1941）》（北京：文化藝術出版
　　　社，2006年9月），第335頁。
[48]　江蘇省地方志編纂委員會編《江蘇省志・國民黨志》（南京：江蘇人民出版社，2006年），第
　　　604頁。
[49]　〈總裁批葉楚傖呈蘇省黨部主委馬元放等同志被捕報告〉，臺北：中國國民黨文化傳播委員會黨史
　　　館館藏檔案目錄檢索系統，館藏號：一般138/386。
[50]　臺北：中央研究院近代史研究所檔案館館藏檔案，館藏號：301-01-06-058（4，5）。
[51]　馬元放：〈四、解寧和押偽警廳〉，《歸漢記》（重慶：大光出版社，1944年）。
[52]　《汪兆銘史料・周佛海致汪兆銘函件（七）》，臺北：國史館館藏檔案，數位典藏號：118-010100-
　　　0037-056。

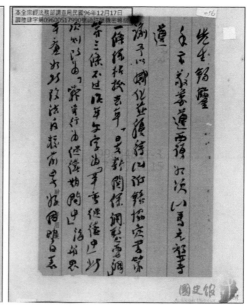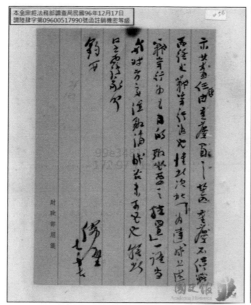

周佛海致汪精衛函件（國史館史料）

硬兼施，馬元放依然不與「合作」。

　　在偽警察廳刑務所，馬元放給吳士選（即吳俊升，士選為其字，馬元放的連襟，時任教育部高等教育司司長）寫了一張便條，告知自己被捕一事，並請人設法寄至重慶。便條中寫道：「弟稍讀聖賢之書，當知所以自處之道，嗣後外傳種種，乞勿輕信。乞轉達井先生轉告其他先生釋念為幸……。」馬元放此意是向中央表達自己絕不會低頭投降，絕不會做出愧對中央愧對民族之事。吳俊升接信後即交張道藩轉呈朱家驊，呈報中央。有關馬元放的函件現收藏於近史所《朱家驊檔案》中[53]。

　　國民黨中央組織部長朱家驊收到馬元放函件後，覆函張道藩稱：「弟雖與馬兄未嘗晤識，關於外傳種種迄未置信，故發表葛建時同志繼任職務用代理名義，亦所以慰答馬兄於縲絏之中也。至對其家屬接濟一節，自當酌情辦理。」[54]《朱家驊檔案》中還存有陳果夫、朱家驊、葉楚傖等人為接濟馬元放家屬一事的來往函件，以及與馬元放家屬的來往信件。由此可見，馬元放被捕後不久就與

[53]　臺北：中央研究院近代史研究所檔案館館藏檔案，館藏號：301-01-06-058（9）。
[54]　臺北：中央研究院近代史研究所檔案館館藏檔案，館藏號：301-01-06-058（8）。

馬元放在汪偽特工總部南京區看守所（摘自上海：《永生》1946年第19期）
左起：陳覺吾、宋建中、鄧達謐、馬元放、李達三、陸慶頤

國民黨中央取得了聯繫，而且其家屬也得到了國民黨中央的關懷和經濟資助。

馬元放始終不屈，敵偽無計可施。於是，8月17日敵偽將馬元放由偽警察廳刑務所轉入汪偽特工總部南京區寧海路看守所監禁（寧海路25號），陳三才也於同日一同移轉[55]。

在汪偽特工總部南京區看守所裡，一同被關押的國民黨人員還有陳三才、陳覺吾、陸慶頤、邵明賢、黃逸光、強一虎、李達三、黃徽夫，以及尚振聲（1942年1月8日在滬被害）等人。馬元放回憶說：「使我在精神上最感難受的，莫過於在偽看守所的一個時期，因為在偽看守所中，目睹一般被難同志遭受敵偽的凌辱殘害，不由得你不悲憤填膺。」[56]烈士們慷慨赴死，從容就義，更加堅定了馬元放的忠貞不屈之信念。

馬元放到看守所後，目睹第一個被害的是陳三才烈士，1940年10月2日被害於南京雨花臺[57]。

---

[55] 馬元放：〈四、解寧和押偽警廳〉，《歸漢記》（重慶：大光出版社，1944年）。
[56] 馬元放：〈六、雨花臺畔弔忠魂〉，《歸漢記》（重慶：大光出版社，1944年）。
[57] 同上。

一個多月後，陳覺吾、陸慶顥兩位烈士被害[58]。

又隔一個多月，12月17日邵明賢、黃逸光（因刺殺汪精衛失敗而被捕）在南京雨花臺英勇就義[59]。

邵明賢在臨刑之前寫了一份遺囑，交由馬元放保管。馬元放用盡種種方法尋找邵烈士繼娶夫人張鳳山女士，面交邵烈士遺囑。在脫險後，馬元放在赴渝途中路過浙西時，又另繕一份，寄到他分水家中。邵烈士在遺囑中說：「現在正在英年有為之際，理宜為大眾服務，為國家宣勞，以不虛吾生，不虛父母之生我也。然而今一切已矣，乃是是非非，自古莫由定論，何況紛紜雜遝如今之世乎。臨死之人，勿復言矣，即個人之是非，亦只有待於國人之評斷，是者是也，非者非耳。」[60]邵烈士的女兒邵念賢女士撰文〈再憶父親邵明賢〉，發表於2015年12月15日《上海民革》，文章中提到她母親確曾收到了馬元放交給她的父親遺囑。

在獄中，黃逸光就義前曾為馬元放題詞：「美麗的中華，我愛你，我為你而狂歌。我更願為你而死。」[61]馬元放感嘆說：「黃烈士已為中華而死，他求仁而得仁，可以無憾了。他的遺墨很多，有一部分已代為帶出保存。他的夫人于者香女士，和他結婚僅及二月，在偽看守所中目睹其夫之死，悲痛可知。黃烈士就義後，于女士仍被收押，直到一九四一年三月五日，才被釋放返平。」[62]

可以看出，邵、黃二位烈士的英勇、堅貞和視死如歸的氣概，更加鼓舞和堅定了馬元放不屈不撓的意志。

邵、黃二位烈士被害後，1941年6月9日又有強一虎烈士被害，1942年1月8日尚振聲烈士在上海被害[63]。尚振聲曾擔任軍統南京區副區長、區長，也曾被關押於汪偽南京區看守所。馬元放離開看守所後曾多次去看望在南京的尚烈士妻女。

從《歸漢記》中的記述可知，馬元放在羈囚生活中除自己堅貞不屈外，還關心勉勵被難同志並共同勉勵。例如曾有一位被難同志請他題詞，他毫不遲疑地寫了：「人各一面，面面崢嶸；人各一心，心心皎潔。」[64]意思是許多被難

---

58 同上。
59 同上。
60 同上。
61 同上。
62 同上。
63 同上。
64 馬元放：〈十、珍貴的友情〉，《歸漢記》（重慶：大光出版社，1944年）。

同志，都是為著國家、民族的利益而蒙難的。因為內心的忠貞堅定，所以形之於外的，沒有一個不是激昂慷慨、頭角崢嶸、胸襟皎潔；這種心心相印、互相諒解的情誼更值得寶貴。

馬元放曾與難友黃徵夫、李達三被關在同一個監房中。李是京滬、滬杭兩路特別黨部的委員，於1939年10月20日在上海被捕，1941年被釋放。李達三獲釋時，獄友馬、黃各揮毫寫字紀念。馬元放寫楷書對聯[65]，上款為：達三仁兄於己卯冬、余於庚辰夏先後被逮，同執京獄，相期毋負平生，書此藉以共勉；下款為：庚辰仲冬馬元放。

　　上聯：時艱空負希文志
　　下聯：氣正敢同信國侔

中國第二歷史檔案館研究館員王曉華、蘇華著《76號魔窟》中有對此對聯的解釋：「對聯中的『希文』指的是北宋參知政事（副宰相）范仲淹，『信國』是南宋宰相文天祥，表達了滿懷報國之志和民族氣節。」

關於馬元放在上海被捕入獄的情況，曾與馬元放同囚一室的平襟亞先生回憶說[66] [67]：「我還記得有另一位難友是重慶來的馬元放先生。馬先生不幸被朋友所賣，被捕入獄。幸虧他意志堅決，他畢竟是個革命的鬥士，始終不屈不撓，不為偽方威脅利誘。他雖然失卻自由，在獄中非常鎮靜，每天和幾位難友，盤膝坐地，攤著一張紙畫成的棋盤，安閒自在地下象棋。當我問他被捕的原因和日後的打算時，他很坦白地告訴我說：『這一回到後方來工作，被為虎作倀的誘捕到此，即就等於做敵人的俘虜，有什麼話說呢，若問日後的打算，只能聽憑命運來安排。』誰知不多幾天，便有人來移提他到滬西魔窟七十六號去。據說，還將把他押解到南京去見偽主席汪逆精衛。他臨行時，我問他：『你見汪逆時，他要你投降，你將何辭對答？』他慷慨地說：『我只能反詰他，你年輕時，拚此頭顱去行刺攝政王載灃，那麼，這載灃在你心目中當然是個罪不可饒恕的人了，然而他卻有不殺你的雅度。你難不成連載灃的雅度都沒

[65]　王曉華、蘇華：《76號魔窟》（北京：臺海出版社，2011年2月），第136頁。
[66]　秋翁：《秋齋雜憶》（上海：萬象出版社，1948年11月），第160頁（筆者注：秋翁即平襟亞先生）。
[67]　金暉：《平襟亞傳》（上海：東方出版中心，2017年）。

有嗎？假如不能讓我自由的話，只求給幾冊古書我讀，使我閒度時日。否則，那就生殺由你的高興。假使你要我做事的話，那麼，人各有志，怎能相強。』當時我聽到他這一番話，非常感奮，深信中國有此人才，必有復興的一日。現在天日重光了，馬元放先生已出任首都副市長，為民愛戴，也屬當然的事。」如今再讀上文，仍是感慨交加，無不敬佩。

3.4.2　在偽感化院

　　1941年10月，汪偽政府見馬元放久押不屈，知長期拘留毫無效果，遂想變更辦法。此時馬元放患痔疾甚劇，提出保外就醫要求。查臺北的國史館檔案史料《汪兆銘史料》卷中有〈周佛海致汪精衛函件（三）〉[68]，顯示周曾再次請示汪精衛，由周保釋馬元放出獄治病。周佛海函稱：

　　主席鈞鑒　馬元放被捕經已半年有餘，刻因病請求保釋。海念其為老同志，擬請由海保釋出獄，在京居住不得離開。如承恩准，請飭馬嘯天遵辦為禱。敬叩
　　鈞安
　　周佛海　呈　十月廿八日

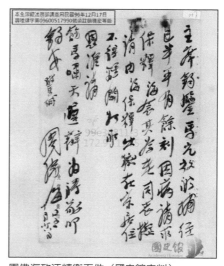

周佛海致汪精衛函件（國史館史料）

　　獲准後，馬元放以痔疾出外就醫為由，於1941年10月31日離開偽看守所[69]。在友人家裡暫住數日後，於1941年12月7日住進感化院，從幽囚改為軟禁，並於1942年5月17日離開[70]。

　　出看守所後，馬元放曾與李達三祕密同去雨花臺憑弔幾位烈士，包括陳三才、陸慶顒、陳覺吾（玄南）、邵明賢、黃逸光、強一虎等烈士[71]。

---

[68]　《汪兆銘史料‧周佛海致汪兆銘函件（三）》，臺北：國史館館藏檔案，數位典藏號：118-010100-0033-017。

[69]　馬元放：〈五、改押偽京區看守所〉，《歸漢記》（重慶：大光出版社，1944年）。

[70]　馬元放：〈七、在偽感化院〉，《歸漢記》（重慶：大光出版社，1944年）。

[71]　馬元放：〈六、雨花臺畔弔忠魂〉，《歸漢記》（重慶：大光出版社，1944年）。

馬元放回憶說：「我離開偽看守所以後，一般漢奸，初次見了面，不知不覺的都要對我道聲慚愧。不管他這一聲慚愧，是不是從內心發出，但我不能不承認是我的攻心工作已經發生相當作用。又有很多將要參加偽方工作的人，也常常來試探我對他的態度，或是向我訴述他的苦衷，更可見我的攻心工作，對於他們，也已發生了反應了。」[72]

在偽感化院，馬元放最大程度地發揮自己的作用和影響，與偽方周旋和鬥爭。在南京偽方所辦的訓練班等機關裡，都有所謂「和平理論」及「領袖言論」一類的可笑的課程，但在偽感化院中，馬元放就設法把這類課程取消了。在被難同志的待遇方面，馬元放也促使相當程度的改善。由於馬元放來到感化院，被難同志多了一位心心相印的朋友，精神上也得到不少安慰[73]。

同時，馬元放還在物質方面盡可能地接濟和幫助難友。馬元放說：「經濟方面，我向來是抱定不稍苟得的態度。我想，凡是知道我的人，都可相信這句話的真實性。但在這患難期間，我的想法又稍有不同了。固然，一般朋友對我的盛情，我不便拒絕，也不能拒絕；同時，我還有許許多多的被難同志，在偽看守所中，在偽感化院中，度著艱難困苦的生活，我正也該盡我力之所能盡，給他們相當的援助。因為我在偽看守所裡一年四個月，偽感化院裡半年，目睹著被難同志種種困苦情形，實不忍不為他們想些辦法，但一個寒士，毫無積蓄的我，真是心有餘而力不足。經過多次的考慮，我才決定，凡是朋友所贈的款項，能收的都收了下來，把這些珍貴的友情，轉贈給這些同樣需要的被難同志。總計先後收到的贈款，一共有十四萬餘元。除了我個人日用之外，大部分都用於轉贈接濟被難同志。自己從沒有稍存自肥和提高享受之念。我也常常想到這些贈款，事實上等於我欠了朋友一筆債，實不知何年何月才能還清，在我這樣一介寒士身上，不能不說是一件很大的心事了。」[74]從這段話可見，關心幫助馬元放的朋友很多，同時也可見馬元放清貧無私，盡其所能幫助難友。

馬元放擅長書法，離開看守所轉為軟禁後，來看望他的客人甚多，有的要求寫對聯或條幅，有的要求題詞，都以做紀念為請託藉口，簡直無從拒絕。這期間，替人所寫的對聯、條幅，連同題詞等等，不下千餘件。而馬元放所贈字的內容，都是選擇前賢先哲含有樹節勵操較有意義的成句，或是格言之類。總

---

[72] 馬元放：〈九、攻心〉，《歸漢記》（重慶：大光出版社，1944年）。

[73] 馬元放：〈七、在偽感化院〉，《歸漢記》（重慶：大光出版社，1944年）。

[74] 馬元放：〈十、珍貴的友誼〉，《歸漢記》（重慶：大光出版社，1944年）。

是使受者得到感動、警惕，或是鼓勵[75]。

　　馬元放在整個被囚期間拒絕擔任汪偽的任何職務，沒有向汪偽招供過任何抗日情報。相反，與被難同志共同勉勵，堅守意志。在與汪偽人員的接觸中做攻心工作，一有機會，就隨時暗示抗戰必勝的道理。從三年多的羈囚生活中，能充分看出馬元放的堅強意志和愛國決心。

3.5　經國民黨中央營救重返陪都重慶

　　1942年5月馬元放搬出感化院，借住於友人王益厓（鍾麒）先生處。王先生1939年任國民黨戰地黨政委員會指導員之職，同年9月13日在滬遭汪偽逮捕。押於汪偽76號特工總部多時，於1940年6月13日釋放[76]。另一友人李文齋先生，前國民黨南京特別市黨部主任委員，1942年3月18日在滬被捕，6月2日解送汪偽76號特工總部南京區看守所，8月20日改為軟禁。馬元放與王、李二位先生志同道合，推誠相見，一切活動均協力進行，有時為避免敵偽之注意，還特意一同遊山、釣魚，以做掩護，商討大事[77]。

　　在軟禁期間，仍有不得離開南京之限制。但是為試探敵偽對自己的注意程度，馬元放先後於1942年10月26日及1943年3月24日兩次獲准赴滬醫治痔疾，事後隨即返寧，以麻痺敵人[78]。另一方面，馬元放與李文齋、王益厓三人一起策畫逃離南京，並得到三民主義青年團諸同志的幫助[79]。

　　最後，在國民黨中央的營救下，馬元放利用汪偽對他們放鬆監管的機會，與李文齋、王益厓及張百成一同，於1943年8月26日潛行出南京中華門，經當塗、高淳，離開危險地帶，再經張渚、屯溪，轉歷浙、贛、閩、粵、湘、桂、黔各地，終於12月1日抵達陪都重慶[80]。

　　2012年第2期《鍾山風雨》期刊發表〈周佛海保釋36名國民黨抗日骨幹的祕聞〉（作者張全寧）一文稱，隨著臺灣三卷本《戴笠與抗戰》的出版，解密了諸多世人不知的祕密。原來當年馬元放等人的開釋，是國民黨軍統局長戴笠

---

[75]　馬元放：〈九、攻心〉，《歸漢記》（重慶：大光出版社，1944年）。
[76]　馬元放：〈八、羈棲生涯〉，《歸漢記》（重慶：大光出版社，1944年）。
[77]　同上。
[78]　馬元放：〈十三、「等天亮」〉，《歸漢記》（重慶：大光出版社，1944年）。
[79]　同上。
[80]　馬元放：〈十四、脫險歸來〉，《歸漢記》（重慶：大光出版社，1944年）。

委託周佛海出面保釋被日偽囚禁或軟禁在上海、南京兩地國民黨的黨政軍抗日骨幹三十六人（含馬元放），讓他們恢復自由，返回重慶或皖南屯溪（時為國民黨第三戰區司令長官部主要駐地）。1943年9月17日，汪偽政府機關報《中華日報》及《救國時報》均在顯要位置刊出〈開釋蔣伯誠、吳開先、馬元放、李明揚等36名重慶被捕分子〉的新聞，引起南京、上海等地社會輿論的關注。其實，在公開報導釋放重慶人員之前，馬元放等人已先期離開南京，在奔赴重慶的路上了。

從有關資料看來，馬元放等人之離寧赴渝略早於周佛海成批保釋之前，因此當時馬元放、李文齋等人還須自謀離開南京之方法。筆者在中國歷史第二檔案館查閱到馬元放回渝同行者李文齋於1943年11月8日寫給國民黨中央的〈報告南京脫險經過〉，文中謂其因市民證被扣留未發而不能出城，李不得已，對周逆（學昌）、馬逆（嘯天）做口頭協約決意在此（南京）等待共同收拾南京局面，而取回市民證。而馬元放的市民證則係通過其法政大學校友、國民黨安插在偽首都警察廳任祕書長的潘敦徽先生設法取得（家父拜訪潘先生之子時得知此事）。經月餘後，馬元放、李文齋、王益匡及張百成四人偕行離寧脫險。

筆者從周佛海1943年8月22日的日記中發現，周佛海確實是知曉馬元放等人即將離開南京並予以協助的。周佛海日記說：「馬元放、王鍾麒來，謂擬赴內地，詢余意。許之，並略予資助。」[81]由此可見，周佛海已在暗中斡旋並幫助馬元放等逃離南京。

1943年11月16日重慶《中央日報》題〈馬元放過桂來渝〉報導：

> 「中央社桂林15日電：前江蘇省黨部主任委員馬元放於二十九年在滬被敵逮捕，本年8月脫險西來，昨與蘇民政廳長王公璵連袂抵桂，今日應江蘇省旅桂同鄉會歡宴，即席報告淪陷區敵偽情形與蘇省府施政狀況。兩氏今夜車赴柳，經築轉渝，向中央報告一切。」（馬元放著《歸漢記》中提及三位離開南京的同行者中並無王公璵，筆者推測馬與王公璵是在途中相遇。）

馬元放獲救脫險後一路艱辛，於1943年12月1日到達陪都重慶。12月3日重

---

[81] 周佛海：《周佛海日記全編（下編）》（北京：中國文聯出版社，2003年8月），第787頁。

慶《中央日報》又以題〈馬元放由滬脫險抵渝〉報導：

> 「中央社訊：前江蘇省黨部主任委員馬元放於二十六年冬奉命返蘇擔任地方行政工作，歷盡艱辛。二十九年六月二十三日下午到滬召集江蘇二三兩區各縣書記長會議，被敵偽捕押，備受荼毒。本年八月二十六日與李文齋、王鍾麒等同時脫險，間道內來，已於一日安抵陪都，即向中央報告經過情形。」

馬元放在去重慶途中，利用零星空餘時間，將其身陷囹圄而矢志不屈的經過陸續寫成了《歸漢記》書稿。

在本節最後，筆者提一筆馬元放為周佛海、石順淵出具證明的情況。這些情況在研究馬元放歷史時，會從某些史料上見到。

抗戰勝利後，周佛海被國民政府逮捕並受到審判。國民政府首都高等法院對周佛海漢奸罪行調查的同時，也搜集其對國民政府的助力行為，諸多國民黨軍政人員提供了證明材料[82][83][84]。1946年10月1日，馬元放也為周佛海之有關表現，即其被日偽拘捕後至脫險期間，受到周佛海暗中斡旋及幫助之實情，致函首都高等法院檢查處予以說明。右圖是馬元放函件影印件，摘自南京檔案館編《審訊汪偽漢奸筆錄》[85]。

有資料顯示，周佛海加入汪偽政府後，又被重慶政府軍統吸納，成為重慶政府在汪偽政府中的臥底，執行為重慶政府搜集並傳送情報、營救被捕人員等

馬元放為周佛海「援救」一事致首都高等法院函

82　張勁編著《審訊汪偽十漢奸》（南京：江蘇古籍出版社，1998年），第79頁。
83　張建安等編《民國大案》（北京：群眾出版社，2020年1月），第589頁。
84　王曉華等：《肅奸》（北京：中國華僑出版社，2010年7月），第339頁。
85　南京市檔案館編《審訊汪偽漢奸筆錄》（南京：鳳凰出版社，2004年4月），第137頁。

任務[86][87]。

2016年1月12日大陸中央電視臺國際頻道中曾播出關於蔣介石國民政府及首都高等法院特赦周佛海之謎的節目，提到了周佛海的抗戰功勞，其中一項功勞是「解救了李明揚將軍及著名文化人士馬元放等抗日人員」[88]。

另一人石順淵，原係國民政府江蘇省政府祕書，1940年6月23日在滬與馬元放同時被敵偽逮捕。石順淵被捕後在李士群的威逼利誘下，寫了〈從抗戰到和平〉[89]一文，表示贊同汪偽「和平運動」。其獲釋後被迫擔任偽職，但也祕密為抗日工作，暗中為重慶政府提供過協助，也為馬元放等人提供過幫助。為此，馬元放於1947年1月2日為石順淵出具證明致首都高等法院，此信函原件現存於江蘇省檔案館。該函件非馬元放親筆，但蓋有馬元放的印章。

3.6　在國民黨中央海外部

吳稚暉先生曾在一文中寫道，1944年3月24日，旅渝江蘇人士冷御秋、趙棣華先生在川東師範信誼堂主持歡迎會，歡迎由蘇涇渝之馬元放、吳紹澍、王公璵三氏[90]。

據《中國當代名人傳》[91]第141頁所述，馬元放赴國民黨中央報到後，「中央以其在敵後奮鬥，險阻備嘗，極為嘉勉，特發給獎狀，以資鼓勵，並派為中央海外部主任祕書……」。

雖經多方查找記錄馬元放返渝後在國民黨中央海外部工作情況的文獻，但是所獲不多。2013年筆者赴臺灣，在臺北的國史館搜集到有關馬元放在那一時期的幾件資料：〈軍事委員會委員長侍從室人事調查表〉、〈人事登記片稿〉、〈中央海外部職員服務成績調查表〉及〈服務機關長官評語摘要〉等。其中，馬元放的〈海外部服務成績調查表〉（民國33年11月10日）由部長張道

---

[86]　張全寧：〈周佛海保釋36名國民黨抗日骨幹的祕聞〉，載於南京：《鍾山風雨》2012年第6期。

[87]　馬振犢：〈再論抗戰後期周佛海思想之變化〉，載於南京：《學海》1994年第4期。

[88]　中央電視臺國際頻道2016年1月12日《天涯共此時》節目，《臺海記憶‧大漢奸周佛海特赦之謎》。

[89]　石順淵：〈漢奸張北生投敵賣友始末記〉，載於上海市政協文史資料委員會編《上海文史資料存稿彙編3‧抗戰史料》（上海：上海古籍出版社），第353頁。

[90]　吳稚暉：〈救濟青年與中等教育改制〉，載於金以林、馬思宇編《中國近代思想家文庫‧吳稚暉卷》（北京：中國人民大學出版社，2015年1月）。

[91]　傅潤華主編《中國當代名人傳》（上海：上海世界文化服務社，1947年初版，1948年再版），第141頁。

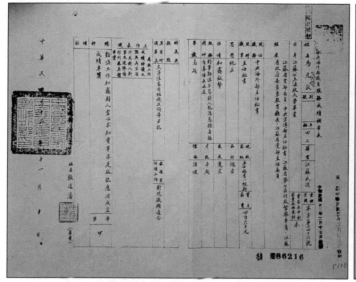

左：中央海外部職員（馬元放）服務成績調查表（國史館史料）
右：海外部長官對馬元放的評語（國史館史料）

藩簽署。長官評語如下：

> 純正端方，和藹誠摯，氣度寬宏，學識高超，文字優長，才能卓越，富
> 有組織及領導能力，服務勤慎不苟，實事求是，因應咸宜，極有幕僚長
> 風度，成績卓著。（甲）

讀以上長官評語，對馬元放的為人品行、工作能力和成績皆可盡知。

為更多地瞭解當時馬元放的思想和工作情況，我們有幸尋訪到了1944年曾
與馬元放同在國民黨中央海外部工作的薛大元先生（他當時是中共地下工作人
員，但馬元放不知），他由國民黨元老、同鄉吳稚暉介紹到海外部，被派在馬
元放身邊工作[92]。薛老離休後曾回老家常州居住，現居上海。2007年家父、家
母曾專程赴常州拜訪薛老，他很樂意地回憶了當時馬元放的思想狀況及發生的
一些事情。薛老特意書面整理了一些回憶，於2007年9月16日致函家父。

薛老先在信中說：「我與令尊元放公曾於戰時在重慶共事年餘，那時元放

---

[92] 丁言模、董昊：〈薛大元真實版的「潛伏」主角〉，《上海老年報》2019年10月28日。

薛大元先生給家父馬光忠的信函

公是國民黨海外部主任祕書，我是祕書助理，與他同在一個辦公室辦公，接觸的時間較多。因此，我對他的思想和政治表現有較多的理解。在海外部，馬先生深得同仁愛戴。部裡的工作人員當面、背後都尊稱他馬先生，從不稱他的官銜。」信中他還說：「馬先生信仰孫中山先生的三民主義，而且，他認為三民主義與共產主義的目的是相同的。他有一次曾對我說：『共產主義產生在西方國家，他們是工業化國家，中國是農業化國家，所以共產主義不適合中國國情，尤其對中國的家庭觀念不適合。但他們（指共產黨）現在（指抗戰時期）所做的其實都是三民主義，他們與國民黨合作抗日，實行二五減租，他們放手讓百姓組織起來抗日，這都是三民主義要做的。現在國難時期，大敵當前，中國人不分黨派，不分窮富，團結一致，把抗戰進行到底才是正路。』」

薛先生還例舉了馬元放為人正派、頂邪扶正的往事。他回憶海外部裡工作人員之間發生過的數起人員衝突事件。其一是「倒陳運動」：1944年5、6月間，馬元放去江津，薛趁他不在部裡的機會，藉食堂辦的伙食不好為理由，發動了「倒陳運動」。陳是陳景陽，是部長張道藩的心腹，擔任海外部第一處處長，掌握行政大權。陳平日作威作福，仗勢欺壓中、下層人員。薛貼出了驅陳

的宣言，部分青年工作人員「罷工」。當馬元放回到部裡時，張道藩要開除薛先生，被馬元放勸住了，並且陳景陽被削減了一些權利。其二是，在「倒陳」以後不到一個月，海外部又發生了「拳打余超英事件」：余是「中統」特務，曾任海外部第二處（組織處）處長，後改任專門委員。他經常打小報告，觸怒了眾人。專門委員董冰如就在一日藉故當眾痛打了余。余超英向張道藩告狀，張道藩又要開除董冰如等，馬元放又力主不可，勸張道藩說，目前抗戰時期，怎可為私人恩怨開除人呢？而頂住了上峰的壓力。

薛先生還回憶了另外兩件事，說明馬元放襟懷坦蕩、君子大度。據他回憶，1944年海外部在印度加爾各答辦《印度日報》，專門委員顧執中是國內有名的老報人，也是有名的民主人士，自願到印度辦報。馬元放同意了他的要求，但也有反對聲音，說顧是「左派」，「親共人士」，部長張道藩也認為顧「親共」，不派他去。但是馬元放思想開明，重用專業人才，說服了張道藩，把顧執中派往印度。同年，國民黨號召「十萬青年十萬軍」，張道藩便召開大會動員青年參軍，並要馬元放在大會上演講。為此，馬元放事先找薛先生談話，要薛報名，被薛拒絕了。薛認為現在組織十萬青年十萬軍是為了抗日，等抗戰結束後，擔心要用青年軍去打內戰，故不參加。馬元放聽後並沒說什麼。到開會演講時，馬元放則主要是講抗戰救國，要求青年報名參加青年軍。但最後說：「參不參加青年軍你們自己決定，各人有各人的志願，各人有各人的打算，各人有各人的想法，我不勉強。」

薛先生說：「馬先生是一位顧抗戰大局，注意團結大家一同工作的國民黨有識之士。」

薛先生回憶中提及的關於國民黨號召「十萬青年十萬軍」之事，是指1944年國民黨提出「一寸山河一寸血，十萬青年十萬軍」的口號，發動知識青年志願從軍的運動。在此號召下，知識青年組成青年軍，以艱苦卓絕、浴血奮戰的精神抗擊日寇，先後參加了緬北大反攻、如密支那、八莫、南坎、臘戌諸多戰役，對打通中印公路發揮了積極作用[93]。查史料[94]知，為此運動蔣介石在8月發布過兩道手令，如下圖：

---

[93] 「一寸山河一寸血，十萬青年十萬軍」詞條，《百度百科》。

[94] 中國第二歷史檔案館編《中華民國史檔案資料彙編‧第5輯‧第二編‧政治（五）》（南京：江蘇古籍出版社，1998年）。

蔣介石手令摘錄

　　為了響應蔣介石發動的知識青年志願從軍運動，1944年10月11日在國民黨中央黨部禮堂，召開了「發動知識青年從軍會議」，同史料載有當時的會議紀錄，從參會人員名單中可見馬元放出席了該會議，所以由他在海外部動員大會上做講演是可能的，這與薛老先生的回憶相吻合。

　　1944年10月起，馬元放改任國民黨中央委員會海外部計畫委員[95]，1945年9月因另有任用而請辭[96]。

3.7　當選國民黨第六屆中央委員會執行委員

　　中國國民黨第六次全國代表大會於1945年5月5日在重慶開幕，5月21日閉幕，歷時十六天。大會根據蔣介石提名，通過由居正、于右任、戴傳賢、宋慶齡、孫科、馮玉祥、鄒魯、陳果夫、張繼、邵力子、王世傑、李宗仁、陳誠、張厲生、潘公展、張治中、黃季陸、麥斯伍德、迪魯瓦、土丹參烈、梅友卓、林慶年、周炳琳、向傳義、王宗山、馮友蘭、齊世英、李錫恩、范予遂、劉瑤

---

[95]　馬元放：〈自述〉（1951年）。

[96]　〈海外黨務計畫委員會請辭職案〉，臺北：中國國民黨文化傳播委員會黨史館館藏檔案目錄檢索系統，館藏號：會6.3/21.12.1。

章、劉冠儒、馬元放、吳紹澍、張邦翰、陳劍如、張炯三十六人組成主席團，吳鐵城為大會祕書長，狄鷹為副祕書長。在本次大會上，馬元放當選中國國民黨中央執行委員[97][98][99][100]。

根據中國國民黨文化傳播委員會黨史館館藏檔案，馬元放在大會期間擔任特種審查委員會委員[101]。在國民黨六中全會上，馬元放與其他代表一同提出〈擬本黨政綱要點四十六項提請採擇案〉[102]、〈修訂本黨總章建議五項提請採擇案〉[103]、〈定期召集國民大會早日實施憲政完成建國工作案〉[104]、〈修改總章案〉[105]等。

關於馬元放當選中央委員一事，臺灣的中央研究院近代史研究所1991年10月出版的《丁延楣先生訪問紀錄》（劉海若記錄整理）中，有一篇丁先生回憶馬元放參加1945年國民黨第六屆中央委員競選一事的文章〈南京副市長馬元放〉。丁先生是馬元放的摯友，文章反映了馬元放當時的思想動態。讀該文後可知，馬元放原先並無意參選，並一再堅辭，而是在陳立夫再三開導，以及一些友人力促之下，才參與競選。重要的是由於他繼承孫中山遺志、為民為國矢志抗日的表現，受到與會黨員代表們的信任和愛戴，最終高票當選。

摘錄丁先生〈南京副市長馬元放〉部分片段如下：

> 民國三十四年中國國民黨第六次全國代表大會在重慶定期舉行，籌備期間某日，元放兄來我家中（九尺坎），告知陳立夫先生召見，不

[97] 李良志、李隆基主編《中國新民主革命通史·第9卷·同盟抗戰·贏得勝利1941-1945》（上海：上海人民出版社，2001年4月），第589頁。

[98] 孫彩霞編《中國國民黨歷次代表大會簡介（1924-1949）》（天津：南開大學出版，1989年11月，第1版），第217頁。

[99] 蕭效欽編《中國國民黨史》（合肥：安徽人民出版社，1989年6月，第1版），第305頁。

[100] 江蘇省地方志編纂委員會編《江蘇省志·國民黨志》（南京：江蘇人民出版社，2006年），第549頁。

[101] 〈六全大會祕書處致張鎮馬元放函〉，臺北：中國國民黨文化傳播委員會黨史館館藏檔案目錄檢索系統，館藏號：會6.1/34.134。

[102] 〈擬本黨政綱要點四十六項提請採擇案〉，臺北：中國國民黨文化傳播委員會黨史館館藏檔案目錄檢索系統，館藏號：會6.1/17.99。

[103] 〈修訂本黨總章建議五項提請採擇案〉，臺北：中國國民黨文化傳播委員會黨史館館藏檔案目錄檢索系統，館藏號：會6.1/17.97。

[104] 〈定期召集國民大會早日實施憲政完成建國工作案〉，臺北：中國國民黨文化傳播委員會黨史館館藏檔案目錄檢索系統，館藏號：會6.1/17.71。

[105] 〈修改總章案〉，臺北：中國國民黨文化傳播委員會黨史館館藏檔案目錄檢索系統，館藏號：會5.1/27.17。

知何事，約定午前可能回來用餐。未到正午元放兄回來，垂頭喪氣，心事重重，據云陳氏通知預定中委名單已經核示，元放兄榜上有名，故盼其多少與各地來渝參加會議代表聯繫，爭取選票，幸能高票當選，則較為光彩。元放兄除表示萬分感謝外，並一再謙辭無意競選。立夫先生對之再三開導，認為芸芸眾生渴望得此升階者不知凡幾，如邱友錚、祝平兩位，初稿雖曾列名但已遭剔除，經通知後邱友錚曾來力爭，甚至出言不遜，因既蒙核定無法改變，至以為憾，力促元放千萬不可消極放棄良機。

元放兄至感為難，我亦勸其不可洩氣，乃向我一吐苦水……。元放兄對政治殘酷毫無興趣，只求獲一教職，一家大小免於飢凍，若能溫飽更是滿意。

參加競選多少亦需花費，除十桌、八桌聚餐外，交通費用、時間俱不簡單，而住所在重慶十八梯上層，交通極為不便，房間亦僅八個榻榻米大小，無法會客，簡直無法著手。我當即表示全力支援：

（1）我在冠生園餐廳預繳一筆金額，大宴小酌請隨時簽賬。不需擔心；

（2）另 pocket money 亦以現金準備；

（3）居所及交通問題亦有辦法解決。我家讓出，請搬來行李，有熊嫂負責餐飲；我公司有汽車兩輛，可以代步，隨時電話我公司安排（在小樑子）；

（4）每晚我夫婦至機房街公司客房住宿，亦無不便，九尺坎家有電話，地處市區中心，相當便利。

元放考慮再三，終覺不能安心，猶豫不定。我一時情不自禁表示，絕對出於真誠，毫無所求，不必考慮報答，朋友相交赤膽相處，義不容辭。若自甘墮落不求上進、坐失良機，對國家對社會對家庭對朋友，均不可饒恕。若不接受支援，絕交可也。

元放兄大受感動，積極參與，果以高票當選，並被列為大會主席團之一，輪流主持大會。勝利後，發表首都市黨部主委，市政府副市長，市教育局長，紅極一時。回京上任前，曾與馬市長超俊商量，預為我留一適當工作，我亦峻拒，表示請為舊部如王振先、李渺世等優先安排，我仍以自由自在服務工商業為宜。

惜勝利後時間短促，不久亂起，我再度流浪生活；而元放兄守職盡分，未能早離。遭遇不幸，悲夫！悲夫！

　　丁延楣先生回憶錄的文句簡明扼要，情深誼長。從字裡行間可以看出馬元放清貧、儉樸、謙讓、正直和不求官祿。

第四章 抗戰勝利後的馬元放
（1945年-1948年）

4.1 參加受降儀式，獲勝利勳章

　　中國抗日戰爭是第二次世界大戰反法西斯戰爭的重要組成部分，全國軍民不屈不撓、英勇抗敵，最後以同盟國的勝利而結束。1945年8月15日，日本天皇以〈終戰詔書〉的形式宣布無條件投降[1]。

　　隨著抗日戰爭的勝利，國民政府對勝利後的政府機構做了調整。《中華民國史史料長編・民國34年（二）》記載，1945年8月14日國民政府發令（第1080號），委派五市副市長，其中馬元放為南京市副市長[2][3]。下圖是筆者在臺北的國史館看到的委任令。

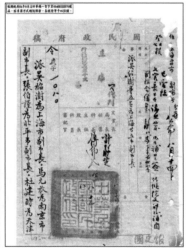

任命上海南京北平天津青島副市長令（國史館史料）

---

[1]　「終戰詔書」詞條，《百度百科》。

[2]　〈國民政府十四號令・1945年8月15日〉，載於萬仁元、方慶秋主編，中國第二歷史檔案館整編《中華民國史・史料長編・民國34年（二）》（南京：南京大學出版社，1993年），第704頁。

[3]　《國民政府令》，臺北：國史館館藏檔案，數位典藏號：001-032210-00014-040。

日本宣布無條件投降後，8月20日，由何應欽率中國陸軍參謀長蕭毅肅等隨員及國民黨軍政要員飛赴湖南芷江。8月21日，在芷江縣城東的七里橋村磨溪口，侵華日軍副總參謀長今井武夫與中國陸軍將領洽降，並在投降備忘錄上簽字。23日下午，洽降會議結束後，何應欽召見了日本乞降代表今井武夫，並告之日本投降書簽字地點定為南京。這就是史稱的「芷江洽降」[4]。它標誌日本侵華戰爭結束和中國人民抗日戰爭的勝利，記下了中華民族反抗外來侵略最光輝的一頁。

據史料記載，新任南京市市長馬超俊和副市長馬元放也奉派從重慶飛抵湖南芷江，然後飛赴南京。二馬從重慶飛赴芷江前，在重慶的南京同鄉會曾設宴餞行[5]。

繼芷江洽降之後，蔣介石指派中國陸軍總司令何應欽，代表中國戰區最高統帥在南京接受侵華日軍投降簽字。8月27日，國民政府派陸軍副參謀長冷欣從芷江飛到南京，設立中國陸軍總司令部前進指揮所。同日，國民黨軍先遣部隊開始空運到南京、上海、北平、開封等地[6]。

9月4日《中央日報》中央社南京3日電，報導了江蘇省政府主席王懋功3日抵京，南京市副市長馬元放、社會局局長陳劍如3日連袂抵京的消息。

王懋功9月8日致電蔣介石彙報日敵投降後南京情況之電文中提及：「關於接收南京事項，已囑偽市長周學昌將一切手續準備完全，聽候命令電呈在案。馬副市長元放業已到京，並經商洽靜候陸軍總司令部規定辦法頒到即可順利接收，亦無問題。」[7]

9月8日，中國陸軍總司令何應欽飛抵南京。9月9日上午9時，第二次世界大戰中國戰區受降儀式在南京陸軍總部大禮堂舉行，由何應欽主持[8]。

根據中國文史出版社出版的《中華文史資料文庫·第5卷·政治軍事編》記載，9月9日9點正，受降儀式開始。會場為正方形，受降席坐北向南。上方共坐受降最高長官：中國陸軍總司令何應欽，受降官陸軍上將顧祝同、海軍上將陳紹寬、空軍上校張廷孟、陸軍中將孟蕭毅肅等五人；下方投降位置上是

---

4 「芷江洽降」詞條，《百度百科》。
5 李清悚：〈南京市參議會的派系鬥爭〉，載於中國人民政治協商會議江蘇省暨南京市委員會文史資料研究委員會編《江蘇文史資料選輯·第3輯》（南京：江蘇人民出版社，1964年1月），第146頁。
6 「南京受降」詞條，《百度百科》。
7 〈王懋功致蔣中正電文〉，臺北：國史館館藏檔案，館藏號：001-032210-00014-040。
8 「南京受降」詞條，《百度百科》。

受降儀式場景（摘自2015年第1期《南京史志》）

日本駐華派遣軍司令岡村寧次、參謀長小林、副參謀長今井武夫等五人；東西兩側觀察席上有美國軍官與外國記者，以及中國官員湯恩伯、王懋功、李明揚、鄭洞國、廖耀湘、冷欣、蔡文治、賀衷寒、馬超俊、李惟果、谷正綱、顧毓琇、馬元放、卓衡之、陳訓愈等人，中國記者《重慶中央日報》卜少夫、趙樸，《掃蕩報》鄒若車，《大公報》張鴻增，中央社杭舟、浦九香等人[9]。

馬元放在中國八年抗日戰爭中以國家和民族利益為第一，奮力抗敵，堅貞不屈。受降儀式上，終於見證了侵華日軍代表岡村寧次等人向中國政府和中國人民低頭投降，並在日本投降書上簽字的歷史時刻。

受降儀式結束後，何應欽發表廣播演講：「中國戰區日軍投降簽字已於本日上午9時在南京順利完成。這是中國歷史上最有意義的一個日子，這是八年抗戰艱苦奮鬥的結果。」[10]

1945年10月8日，國民政府國防最高委員會通過〈頒給勝利勳章案〉，10月9日公布了《頒給勝利勳章條例》。後於1946年1月8日修正為《頒給勝利勳獎章條例》，正式規定設置勝利勳章。規定抗戰勝利勳章的授予對象是：「凡中華民國官民對於抗戰勝利著有勳勞者，得由國民政府主席特授之；對於友邦人員之有貢獻於抗戰工作者，也得頒授之。」[11]

其勳章中心圖案為蔣中正肖像，周圍為紅色環形，象徵勝利；環形上有

---

[9] 夏祿敏：〈南京受降目擊紀略〉，載於《中華文史資料文庫・第5卷・政治軍事編》（北京：中國文史出版社，1996年），第926頁。

[10] 「南京受降」詞條，《百度百科》。

[11] 「頒給勝利勳獎章條例」詞條，《中華文庫》。

抗戰勝利勳章

八顆金色的星星，象徵八年抗戰，環外有光芒圖形。整個勳章象徵著獲頒贈勳章者經歷八年抗戰，功勳卓著，使勝利之光輝四射。附章為嘉禾圖案環繞的國徽，象徵著抗戰勝利，從此國運昌隆，億兆國民幸福生活[12]。

國民政府於1945年11月12日發布〈國府續頒給勝利勳章令〉，馬元放在獲獎名單[13]中，也獲得了抗戰勝利勳章。這是對馬元放矢志抗日的的表彰，是馬元放的莫大榮譽。

4.2　出任民國首都南京市副市長

4.2.1　接管偽南京市政府，調查抗戰損失及日軍大屠殺罪行

1945年9月12日，馬元放作為南京市副市長，協同馬超俊市長，正式接收汪偽政權的南京市政府。9月13日《申報》發布消息，〈京市長昨正式視事 接收委員會即將成立〉。

根據《中華民國史史料長編·民國34年（三）》記載：「[中央社南京十二日電]十二日上午十時，南京市政府副市長馬元放率領祕書長陳祖平、社會局長陳劍如、財政局長石道伊、工務局長張劍鳴、地政局代理局長鮑德澄等，暨市府其他職員前往接管偽南京特別市政府。另，中國陸軍總部電令南京市政府、市黨部、首都警察廳等各機關迅速查封汪精衛、陳公博、周佛海、褚民

---

[12]　「抗戰勝利勳章」詞條，《百度百科》。

[13]　〈國府續頒給勝利勳章令〉，載於萬仁元、方慶秋主編，中國第二歷史檔案館整編《中華民國史史料長編·民國34年（三）》（南京：南京大學出版社，1993年），第502頁。

左：民國南京市政府的前身江南貢院門景（摘自2012年第1期《南京史志》）
右：現夫子廟景區內的原民國南京市政府大門

誼、林伯生、陳春圃、陳群等大漢奸在南京、上海的房屋財產和圖書冊籍，聽
候國民政府處理。」[14]

南京市政府設於夫子廟東側早年的江南貢院內。江南貢院現為南京夫子廟
景區的景點之一，其內設有中國科舉博物館。

接管南京後，市內有大量日俘日僑，政府須對其嚴加管理。馬元放曾趕
赴南京市日僑集中營視察，並於1945年10月19日在重慶就視察情況接受《大公
報》記者採訪，介紹南京市政府對滯留日僑的管理情況[15]。

當時首都南京僅有市長和副市長各一名。市長馬超俊，副市長馬元放，被
譽為「二馬」。隨著國民政府還都南京，南京市和全國一樣，迅速展開戰後清
理和恢復重建工作，在短期內取得了很大成效。10月23日《中央日報》載文報
導了城市近況。

南京市政府接管汪偽政府後，在迅速恢復南京特別市的正常管理與秩序
的同時，依據內政部令，於1945年12月10日成立了「南京市抗戰損失調查委員
會」，由副市長馬元放兼任主任委員，社會局長陳劍如兼任副主任委員，市府
有關局處長及市黨部、首都警察廳、首都憲兵司令部、中統局、軍統局、市商
會、市總工會派員兼任委員[16]。調查委員會展開工作後，馬元放親自主持對日
軍罪行和破壞情況的調查。在南京淪陷期間，日軍在南京犯下了滔天罪行，燒

---

[14] 〈京滬兩市長就職視事〉，載於萬仁元、方慶秋主編，中國第二歷史檔案館整編《中華民國史史料
長編·民國34年（三）》（南京：南京大學出版社，1993年），第2頁。
[15] 王豔飛：《南京日僑日俘的集中與管理》（南京：南京師範大學碩士論文）。
[16] 徐康英等編《南京大屠殺史料集·抗戰損失調查委員會調查統計（上冊）》（南京：江蘇人民出版
社，2006年1月），第120頁。

《中央日報》1945年10月23日

殺搶掠並對南京大肆破壞,使南京人民遭受了極為慘重的損失,其中最為駭人聽聞的是南京大屠殺事件。

調查委員會做了大量的調查和取證工作。徐康英等人編著的《南京大屠殺史料集抗戰損失調查委員會調查統計(上冊)》(2006年1月江蘇人民出版社出版)記載了調查委員會的工作情況。調查委員會所完成的工作,也是現今研究日軍占領南京後包括大屠殺在內之全部犯罪事實的重要法理資料。

1946年6月南京市臨時參議會還成立了「南京大屠殺案敵人罪行調查委員會」,專題組織開展調查統計工作。該委員會共聘請委員六十二人,下設調查、審查、編纂三組。當年參與調查的單位有首都警察廳、首都憲兵司令部、中央調查統計局、國防部調查統計局,南京市農會、工會、商會、律師公會、中美合作所、首都地方法院、首都高等法院、南京市政府等,並聘請陳立夫、吳鐵城、谷正綱、蔣夢麟、邵力子、馬超俊、馬元放等十八名國民黨中央和南京市的軍政官員及社會著名人士為顧問[17][18][19]。當年審判日本戰犯時,調查所得的罪行材料起到了歷史性和法理性的作用。

---

[17] 〈15件南京大屠殺調查檔案公布曾令戰犯谷壽夫「見之變色」〉,南京:《現代快報》2015年12月9日。

[18] 〈鐵證如山!這是庭審日軍戰犯的鐵證〉,南京:《揚子晚報》2015年12月9日。

[19] 〈「南京大屠殺案敵人罪行」檔案公布〉,南京:《金陵晚報》2015年12月9日。

此外，為迅速恢復城市經濟活動，南京市政府委派市財政局接管偽市立銀行資產，並在此基礎上籌辦南京市民銀行，於1945年9月21日正式對外營業。1946年1月17日，該行召開第一次董監事、監察人聯席會議，選舉產生第一屆董監事會。市長馬超俊兼任董事長，副市長馬元放、陳祖平等五人為董事。1947年10月重新改組，董事長由沈怡市長兼任，常務董事為馬元放、陳祖平等六人[20]。

馬元放在擔任南京市副市長期間，還兼任數職，比如：還都南京後兼任南京市房地產糾紛處理委員會主任委員[21]；1946年5月8日兼任南京市修堤委員會副主任委員[22]；同年11月8日受聘南京市建設計畫委員會委員[23]；1947年2月25日受聘南京市都市計畫委員會委員[24]；1948年6月4日受聘基本教育首都示範區計畫委員會常務委員[25]；同年8月21日兼任南京市衛生教育委員會主任委員[26]。其他還有多項社會任職（董事長、董事、理事長、理事、主任委員、委員等），涉及建設、教育、體育、慈善救濟等領域。

據史料記載，曾有一個插曲。抗戰勝利後江蘇省是黨政合一體制，由王懋功擔任國民黨江蘇省黨部主任委員兼江蘇省政府主席。1945年9月27日，國民黨中央祕書長吳鐵城和組織部長陳立夫曾聯名向蔣介石提議，將江蘇省黨政分開，派馬元放回任省黨部主任委員，派卓衡之補缺，兼任南京市副市長一職。但蔣介石親筆批示：「蘇省黨政應合一，委任仍以王懋功為宜，中正。」[27]由此，馬元放繼續擔任副市長。

另有記載，1945年馬元放曾被提名為第四屆國民參政會參政員候選人[28]。

---

[20] 姜宏業：《中國地方銀行史》（長沙：湖南出版社，1991年12月），第275頁。

[21] 〈指令・因兼任黨務工作請辭本市抗戰損失調查委員會主任委員及本市房地產糾紛處理委員會主任委員職務〉（1946年4月8日），南京市檔案館館藏檔案。

[22] 〈派令・馬元放為本市修堤委員會副主任委員〉（1946年5月8日），南京市檔案館館藏檔案。

[23] 〈派令・馬元放等八員兼任本市建設計畫委員會委員〉（1946年11月8日），南京市檔案館館藏檔案。

[24] 〈聘書・馬元放等聘為南京市都市計畫委員會委員〉（1947年2月25日），南京市檔案館館藏檔案。

[25] 〈函請・擔任基本教育首都示範區計畫委員會常務委員由〉（1948年6月4日），南京市檔案館館藏檔案。

[26] 〈聘書・聘馬元放兼任南京市衛生教育委員會主任委員〉（1948年8月21日），南京市檔案館館藏檔案。

[27] 〈中國國民黨中央執行委員會祕書長吳鐵城組織部長陳立夫呈總裁蔣中正為請派馬元放江蘇省黨部主任委員卓衡之兼任南京副市長〉，臺北：國史館館藏檔案，數位典藏號：001-032220-00136-009。

[28] 〈第四屆國民參政會丁項參政員候選人名單〉，臺北：中國國民黨文化傳播委員會黨史館館藏檔案目錄檢索系統，館藏號：特31/15。

4.2.2　慶祝勝利後的第一個農民節

　　中國是農業大國，歷史上非常重視農業生產。早在1933年，鄉村基督教會就最早提出舉辦「農民節」。鄉村基督教會在肯定農民重要地位的同時，從教理角度闡釋了創設「農民節」的必要性，將農民與上帝聯繫起來，認為農民最終要靠上帝吃飯。1934年，中華農學會建議國民政府定每年11月11日為農民節。抗日戰爭全面爆發後，地方性的農民節紀念活動開始出現，尤其是四川多地舉辦「農民節」、「農作物展覽會」等。在全國各地的呼籲和大力推動下，1941年3月舉行的首次全國農林行政會議上，與會代表就農民節設立問題進行了反覆商討，最終決定以2月5日為農民節。12月13日，農林部正式定2月5日為全國性的農民節，並且公布自1942年起在全國實行。1945年的農民節又被國民政府特定為「感功節」，意為感恩於農民對於抗日戰爭做出的巨大貢獻[29][30][31]。

　　1946年的農民節是抗日戰爭勝利後的第一個農民節，也是最為隆重的一次農民節。全國各地都舉行了盛大的紀念活動，上至中央下至地方都十分重視，舉辦的規模也前所未有。尤其是首都南京為慶祝「農民節」，在節日前一天的上午9時，於淮海路中央大舞臺舉行了紀念大會。副市長馬元放、社會部次長洪蘭友、農林部司長趙葆全等黨政機關團體代表均出席了此次會議。據統計，參加此次會議的農民有一千人左右。此次紀念活動從上午9時開始至下午1時解散，整個活動場面熱烈[32]。

　　為紀念農民節，馬元放撰文〈農民節展望〉，發表於1946年2月4日《中央日報》。

4.2.3　擔任抗戰勝利紀念典禮主祭並致詞

　　1945年8月15日日本宣布無條件投降後，9月3日起全國懸旗慶祝勝利，並放假一日。在重慶，國民黨中央和國民政府舉行了慶祝勝利典禮[33]。

---

[29]　〈鄉村自治的盛會：民國時期的農民節〉，《網易新聞》2018年7月21日（來源：團結報文史e家）。

[30]　陳慧慧：〈國民黨對社會時間的利用與製作——民國農民節研究〉，載於南昌：《江西師範大學學報（哲學社會科學版）》第42卷第6期（2009年12月）。

[31]　〈民國時期曾有過農民節〉，《南京晨報》2018年8月30日。

[32]　光昌：〈農民節史話〉，江蘇省檔案館藏：1004-乙-930-00133。

[33]　郭暉：〈戰後抗戰勝利紀念日論述〉，載於成都：《四川師範大學學報（社會科學版）》第41卷第3期（2014年5月）。

1946年4月8日，中國國民黨第六屆中央執行委員會第27次常務會議，決議將慶祝勝利的9月3日，定為致祭忠烈的抗戰勝利紀念日[34][35]（「國定紀念日」）。

　　1946年9月3日是首個「勝利紀念日」。國民黨中央及國民政府在南京國府大禮堂舉行勝利周年紀念典禮，並赴靈谷寺致祭為抗戰而死難的忠烈。同日，首都南京各界慶祝抗戰勝利周年大會，由馬超俊市長主持並致詞[36]。

　　1947年9月3日，首都南京各界慶祝抗戰勝利二週年，召開「九三」紀念大會。上午9時在大華電影院舉行，各界代表千餘人到會，陳裕光議長任主席，領導行禮如儀，並由馬元放副市長等相繼致詞，10時許散會，後即乘車至靈谷寺公祭陣亡將士[37][38]。

　　上午10時30分在靈谷寺忠烈祠，舉行首都各界秋祭陣亡將士大典，馬元放副市長主祭，社會局長謝徵孚、衛生局長王祖祥陪祭，莊嚴肅穆。哀樂聲中主祭人上香獻花畢，朗誦祭文，並率領參與祭典之各界代表五百餘人行三鞠躬禮後禮成[39]。

　　同日上午11時，國民黨中央文武官員在靈谷寺烈士祠舉行秋祭陣亡將士典禮。祭堂設於無樑殿，于右任、戴傳賢、張厲生、白崇禧等文武官員六百餘人參加。于右任代表蔣介石主祭，戴傳賢、白崇禧陪祭。主祭者上香獻花後，即由典禮局司儀恭讀祭文，讀畢，全體與祭者向陣亡將士靈位行三鞠躬禮，旋即奏樂禮成[40]。

　　2014年2月27日，十二屆全國人大常委會第7次會議表決通過了兩個決定，將每年9月3日確定為中國人民抗日戰爭勝利紀念日，將每年12月13日確定為南京大屠殺死難者國家公祭日[41]。

---

[34] 「中國人民抗日戰爭勝利紀念日」詞條，《百度百科》。
[35] 〈中國國民黨第六屆中央執行委員會第二十七次常務會議紀錄〉，載於中國第二歷史檔案館編《中國國民黨中央執行委員會常務委員會會議錄》第38冊（桂林：廣西師範大學出版社，2000年）。
[36] 〈中樞集會紀念勝利，靈谷寺前致祭忠烈〉，南京：《中央日報》1946年9月4日。
[37] 〈各界昨慶祝勝利二週年〉，南京：《中央日報》1947年9月4日。
[38] 〈各界代表在靈谷寺隆重秋祭陣亡烈士〉，南京：《中央日報》1947年9月4日。
[39] 同上。
[40] 〈秋送金風勝利日，靈谷寺上悼忠魂〉，南京：《中央日報》1947年9月4日。
[41] 郭暉：〈戰後抗戰勝利紀念日論述〉，載於成都：《四川師範大學學報（社會科學版）》第41卷第3期（2014年5月）。

4.2.4 主持首都抗戰蒙難同志會工作

一則關於「首都抗戰蒙難同志會」的資料稱：「1945年日本投降後，由汪偽感化院釋放的抗日工作人員籌組『偽感化院蒙難同志會』。辦公地址設在南京市中華路璿子巷6號，並推舉南京市副市長馬元放主持籌備工作。11月下旬，陳立夫來寧召開茶話會，馬元放代表會員要求：（1）對蒙難者發放勝利獎章；（2）發放勝利獎金；（3）分派工作；（4）建烈士墓及發放撫恤金等。陳立夫答應回重慶後努力設法解決。12月30日，該同志會成立大會在市黨部大禮堂召開，並正式更名為「首都抗戰蒙難同志會」。據大會通過的章程規定：以聯絡情誼，砥礪氣節，發揮革命精神，弘揚三民主義，完成建國大業為宗旨。以抗戰蒙難同志之聯絡調查救濟事項、因受酷刑致殘或殉難同志之家屬的調查撫恤事項、抗戰殉國烈士及蒙難同志事蹟之搜集及褒揚事項為任務。其實質是抗戰期間遭受逮捕的黨、政、軍人員勝利後爭取救濟、治療傷疾、謀求職業、解決生活問題的一個組織。」[42]

1946年6月24日《中央日報》載文稱，蒙難同志會召開第2次會議，由馬元放致詞並做工作報告[43]。

首都抗戰蒙難同志會會員證

6月26日《中央日報》刊登題為〈刺汪同志三期肺病，醫院未收貧病交迫〉的呼籲函，呼籲市政當局迅速設法接濟劉志成同志，望仁人君子能慷慨解

---

[42] 「首都抗戰蒙難同志會」詞條，《愛歷史網》。
[43] 〈蒙難同志會　昨開二次會議〉，南京：《中央日報》1946年6月24日。

囊救命救人。馬元放也是蒙難同志會的一員，深知抗戰期間多少志士，拋棄了家鄉和親人，為了祖國、為了民族，毫無留戀地踏上前方和淪陷區，與敵偽進行正面和地下的鬥爭，浴血犧牲，用血和淚換來了勝利，不能遺忘蒙難同志們的功勳。馬元放帶頭捐款接濟劉同志，也是希望通過以身作則能帶動社會捐獻愛心。6月30日《中央日報》以〈劉志成同志獲同情，馬元放汪祖華捐款〉為題，報導了馬元放等人的捐款行動。一些讀者見報後，紛紛捐款，請報社轉交病人。並且，市衛生局亦批准劉同志免費住進城南醫院醫治。

隨後，在1946年9月6日，南京成立「首都抗戰蒙難同志會忠貞劇藝社」，馬元放為負責人，社址設在南京市教育局內[44]。

次年12月12日，首都抗戰蒙難同志會在中華路該會址內舉行記者招待會，報告十年前南京陷敵之經過，以及在淪陷期間首都抗敵同志之奮鬥事蹟，並由諸會員報告當年參與行刺汪逆不中被捕之情形，歷歷在目[45]。

《中央日報》1946年6月30日

4.2.5 出席首屆「京市忠烈紀念日」公祭大會

其實，早在1947年12月13日侵華日軍南京大屠殺慘案發生後的十週年，當時的南京市政府就曾舉行過公祭南京大屠殺遇難同胞的紀念活動[46]。

在南京市參議會第一屆大會第1次會議期間，南京市社會局向大會遞交〈請明定每年十二月十三日為公祭南京忠烈紀念日案〉的提案。1947年1月25日，經市參議會第一屆第1次大會決議通過，並頒發了相關的紀念辦法。與此同時，市參議會祕書處將〈明定每年十二月十三日為公祭南京忠烈紀念日案〉

---

[44] 「首都抗戰蒙難同志會忠貞劇藝社」詞條，《百度百科》。
[45] 〈首屆忠烈紀念日，毗盧山前祭忠魂〉，南京：《中央日報》1947年12月13日。
[46] 唐愷：〈1947年南京首次公祭大屠殺遇難同胞〉，《天天快報網》2018年12月13日。

抄送給南京市政府查照辦理。經南京市政府第69次市政會議進行討論，該提案順利通過[47]。

1947年2月14日，南京市政府正式頒布了訓令，明定每年12月13日為公祭南京忠烈紀念日。至此，將12月13日定為公祭南京忠烈紀念日獲定案[48][49]。

1947年12月11日，《中央日報》以〈京市各界定十三日首次公祭殉難忠烈，以後每年是日舉行公祭〉為題對公祭進行了預告。12月13日上午，「首都陷敵殉難忠烈同胞紀念大會及公祭典禮」在毗盧寺如期舉行。

13日上午9時，祭禮正式開始，參加代表有首都地方機關團體、學校共計四十餘個單位。儀式由南京市參議會議長陳裕光主持，先由市參議會、市政府、市黨部和各學校代表在哀樂聲中逐次舉行公祭，繼由南京市市長沈怡、南京市副市長馬元放、市黨部委員沈祖懋等懷著沉痛的心情先後發表講話，痛陳十年前首都陷敵經過，以及數十萬無辜市民慘烈犧牲的情形。10時半，在哀樂聲中完成此意義重大的紀念儀式[50]。

侵華日軍南京大屠殺慘案是重大的民族災難。2014年2月27日，中華人民共和國第十二屆全國人大常委會第7次會議決定，將12月13日確定為南京大屠殺死難者國家公祭日[51]。

由於馬元放於1946年曾負責南京抗戰損失調查委員會的工作，還擔任過南京大屠殺案敵人罪行調查委員會的顧問，所以在2017年南京大屠殺死難者國家公祭日前夕，江蘇新聞廣播電臺記者特來家中採訪家父。父親回憶說：「馬元放最感欣慰的是，對南京大屠殺案主犯之一谷壽夫提起公訴時，採用了南京臨時參議會南京大屠殺案敵人罪行調查委員會的調查結果。」以上採訪內容被編入江蘇新聞臺系列報導《世界記憶遺產的南京迴響》節目中[52]。

4.2.6 擔任蔣介石六十壽慶致謝專員

1946年10月31日，蔣介石六十壽辰。此時正值抗戰勝利第二年，蔣介石

---

[47] 同上。

[48] 同上。

[49] 王山峰：〈南京大屠殺社會記憶轉化中的青年擔當〉，《華夏經緯網》2017年5月27日。

[50] 〈毗盧寺前樂聲哀　市民灑淚祭忠烈〉，南京：《中央日報》1947年12月13日。

[51] 「國家公祭日」詞條，《百度百科》。

[52] 〈世界記憶遺產的南京迴響|·全家12人被殺、目睹日軍衝進寺廟殺人·血淚寫就了日軍罪行調查表〉，《JSTV荔枝網》2017年12月12日。

的個人威望在抗日戰爭勝利後得到了極大的提升，國民黨內對蔣介石的各種讚譽和崇拜之聲不絕於耳。在這樣的背景下，恰逢蔣介石六十壽辰。圍繞為蔣介石祝壽全國上下掀起了一場轟轟烈烈的「祝壽運動」，同時亦是「獻校祝壽運動」[53][54]。

南京作為國民政府的首都所在地，自然成為慶祝活動的焦點。南京市政府、市黨部、青年團南京支團部、新運總會、京市新運會、勵志社、首都警察廳等，發動各界慶祝主席六秩壽誕。市府還召集談話會議，籌備慶祝活動的有關事項，到會有馬超俊、馬元放、沈祖懋、汪祖華、陳祖平、張宇沖等。會議決定了慶祝活動的時間安排、節目內容、特定事項等，並決定南京各界祝壽的壽堂設於勵志社[55][56]。

從10月中旬開始，南京市的「每一個角落全為祝壽的空氣所籠罩，街道上國旗飄揚，炮竹連天」，「祝壽熱，祝壽熱，自晨至晚，充沛了首都，充沛了市民」[57]！

10月31日，蔣介石並沒有在南京接受眾人的拜壽，而是前往無錫「避壽」。當年的《中央日報》記載了蔣介石這一天的行蹤：「他清晨六時起床，照例舉行禱告，然後閱讀第一份送達官邸的《中央日報》。七時，與宋美齡共進早餐，之後，接受家人的拜壽，孔祥熙也在家庭祝壽之列。八時，乘車前往黃埔路官邸，委派黃仁霖、馬元放為致謝專員。八時五十五分抵達和平門火車站，偕同馬歇爾夫婦前往無錫，泛舟太湖，直至晚九時，返回南京。」[58][59]

另據南京圖書館民國特藏部收藏《蔣主席六秩華誕文獻》記載：「上午八時，祝壽典禮開始，出席人員都身著藍袍黑褂，顯得莊嚴隆重。首先南京市長馬元放（筆者注：應為副市長）及洪蘭友、袁守謙代表蔣介石受禮，黃仁霖答禮；接著，馬元放等代表南京八十三萬人民獻校獻館（筆者注：獻校獻館

53 盛雷：〈1946年慶祝蔣介石六秩壽辰獻校運動〉，載於瀋陽：《蘭臺世界》2011年29期。
54 楊國山：〈蔣介石六十大壽與江蘇省的獻校運動〉，載於瀋陽：《蘭臺世界》2012年28期。
55 朱翔：《新聞傳媒下的蔣介石祝壽文化探析》（南京：南京師範大學社會發展學院歷史系，博士研究生論文，2011年）。
56 〈慶祝主席壽誕，首都各界擬定辦法〉，南京：《中央日報》1946年10月24日。
57 南京圖書館民國特藏部收藏《蔣主席六秩華誕文獻》，第129頁，藏號：ms/k/827.6/151。
58 楊國山：《壽辰慶典與形象塑造：蔣介石六秩壽典探析》（南京：南京大學中華民國史研究中心，碩士研究生論文）。
59 〈十年辛勞首度度假，主席夫婦太湖避壽，馬帥夫婦等應邀同行〉，南京：《中央日報》1946年11月1日。

即『寓教育於慶祝』，『節省無謂的寬泛的金錢消耗——也就是國力的消耗，而轉移到教育建設上去』）；蔣介石公子蔣經國，代表乃父與賀客點首握手。拜壽完畢，祝壽人員到另一個展覽室參觀蔣介石生活照。勵志社大禮堂，布置蔣六十年來的生活照一千餘幀，室內首先看到的是蔣介石北伐時放大的英姿，『腰橫秋水，氣吞長虹』，意在展示其赫赫功績。為了塑造親民形象，還特意展覽了蔣介石闔家團聚的玉照，供『市民特別欣賞』。據記者觀察，自晨至暮，前來祝壽的市民絡繹不絕，『高大軍人與小學生，老太婆與兒童，白鬍子老頭與摩登小姐』相映成趣，應在十萬人以上。」[60]學者楊國山在〈落日餘暉：蔣介石六十大壽〉一文中也有類似描述[61]。

4.2.7　關愛兒童，重視童子軍教育

從史料中也能見到馬元放關愛兒童的身影。

馬元放曾撰文〈兒童教養問題〉，發表於《中央週刊》1947年第9卷14、15期合刊。同年10月，馬元放兼任中國兒童福利協會南京分會常務監事[62]，在推動兒童福利事業的發展、關心兒童的身心健康方面做出了貢獻。

1948年4月3日起，首都隆重慶祝兒童節。3日下午3時，在勵志社首先由聯合國勸募兒童救濟金中國委員會及新運總會聯合舉辦「國際兒童聯歡會」，到會各國兒童四百餘人。沈怡市長及馬元放副市長均到會指導[63][64]。

4日上午10時半，在玄武湖公園翠洲音樂臺舉行慶祝大會，全市各校小學生到會約一千五百人。由馬副市長兼教育局長擔任主席，首先致開幕詞，稱兒童是民族的幼苗，是人生中的春天。深盼各校師長及社會各界，好好地保護這些幼苗，並勉勵學生將來責任重大，要努力用功，以不負眾人之期望。隨後，社會部谷部長代表張鴻鈞等相繼致詞，希望學生踴躍參加世界兒童救濟金勸募工作。最後是兒童大合唱，共有四十二所小學校近五百學生參加。慶祝活動至11時半結束[65]。

---

[60]　南京圖書館民國特藏部收藏《蔣主席六秩華誕文獻》，第129頁，藏號：ms/k/827.6/151。

[61]　楊國山：〈落日餘暉：蔣介石六十大壽〉，載於貴陽：《文史天地》2012年第10期。

[62]　〈軍事委員會委員長侍從室人事調查表〉第8678號，臺北的總統府國史館館藏檔案。

[63]　〈首都慶祝兒童節〉，南京市檔案館藏資料，檔號：Z81-001-0045-0479

[64]　〈首都慶祝兒童節〉，載於《南京市政府公報》第4卷第8期。

[65]　同上。

趙瓊在〈民國時期的中國童聲合唱藝術研究〉[66]一文中，也記述了南京市為慶祝兒童節，由南京市教育局組織小學生在玄武湖公園舉行了五百人大合唱這一活動。文章稱，這次演出活動聚集了市內將近五十所小學的學生，並由教育局局長馬元放親自主持了這次的紀念活動，可見當時教育部門對童聲合唱社會活動的重視。合唱藝術既豐富了孩子們的節日活動，也有其社會宣傳之功能。南京市這次童聲合唱活動被學者作為童聲合唱與社會活動之關係的研究素材。

馬元放還十分重視童子軍的教育。1912年2月25日，中國在武昌成立了「中國童子軍」第一支隊，隨後各地童子軍活動蓬勃展開。1920年「國際童子軍總會」在倫敦成立，是對兒童進行社會軍事教育的一個國際組織。1926年後國民黨中央開始統一管理中國童子軍，並於同年3月5日中常會通過設立中國國民黨童子軍委員會，且定每年3月5日為童子軍節。1932年4月國民黨中常委通過了〈中國童子軍總會組織案〉，10月《中國童子軍總章》公布施行。1934年6月，教育部根據總章規定，選朱家驊、陳立夫、張治中、周亞衛、酆悌等五人為中國童子軍理事會第一屆理事。11月1日，「中國童子軍總會」在南京正式成立，蔣介石親任總會長，何應欽任副總會長兼總司令[67] [68]。抗戰勝利後，南京童子軍改組並恢復活動。

1948年3月5日，南京童子軍會在五臺山童子軍廣場舉行第二十二屆童軍節慶祝大會，到會有戴季陶副總會長、朱家驊理事長、陳雪屏部長、馬元放副市長，田培林次長以及南京市各童軍團代表等五百餘人，晚間還舉行了盛大篝火晚會[69]。

隨後，5月5日南京首都童子軍在五臺山舉行了首都童子軍大檢閱。早上，各校童子軍在五臺山廣場集合，接受檢閱。參加檢閱的有戴季陶、首都衛戌司令官孫連仲、田培林、沈怡、馬元放等官員[70]。

---

[66] 趙瓊：《民國時期的中國童聲合唱藝術研究》〔武漢：華中師範大學碩士論文（J609，2;J616.2），2013年〕。

[67] 「中國童子軍」詞條，《百度百科》。

[68] 「童軍節」詞條，《百度百科》。

[69] 〈京市慶祝童軍節〉，載於上海：《教育通訊》復刊5卷2期（1948年），第40頁。

[70] 賀儒雄：〈回憶國民革命軍遺族學校〉，載於中國人民政治協商會議南京市委員會文史資料研究委員會編《南京文史集萃・1987年》（南京：江蘇古籍出版社，1988年6月），第29頁。

1948年7月，馬元放擔任中國童子軍南京市理事會理事長，會址在白下路243號[71][72]。

中國童子軍大體上可分為幼童軍（一般為8歲至11歲）、童子軍（一般為12歲至18歲）、青年童子軍（18歲以上）、女童子軍、海童子軍數種。主辦童子軍團的單位主要有初中、高中、高小或其他學校，以及國民黨各級黨部和工、商、農、教育等各種社會團體。童子軍教育的課程分三級，即初級、中級、高級，另外還有各種專科[73]。

由於童子軍大部分是未成年的孩子，因而教育和培養是必不可少，且極為重要。馬元放身兼南京教育局長，自然也非常重視對童子軍的教育。他撰文〈希望於童子軍的四點〉發表於中國童子軍總會編《童子軍教學做》1948年3卷10期，對童子軍的教育和培養提出了具體的主張。

據《申報》記載，馬元放早年就關心童子軍的成長。1932年11月6日，馬元放曾參加了在江蘇省鎮江市舉行的全省童子軍大檢閱。當天雖然天氣寒冷，但男女健兒仍著短衣，精神飽滿，早晨7時半由宿營地出發，整隊步行至城中縣立體育場。接受檢閱的童子軍共有數十個團，共計三百零三個小隊二千七百二十四人。檢閱者有：中央黨部代表葉楚傖，蔣委員長代表中國童子軍總會副會長何應欽，中央委員陳立夫、陳果夫、羅家倫、余井塘，軍事參議院代表譚家駿、周紹啟，中國童子軍總會籌備處代表滕傑，江蘇省政府主席顧祝同、教育廳長周佛海，以及國民黨江蘇省黨部委員馬元放、楊興勤、藍渭濱、張公任、曹明煥、葛建時等[74]。

4.2.8 支持南京市紅十字會工作

〈南京市紅十字運動的歷史軌跡〉一文記載了南京市紅十字會的發展歷史。該文記錄了抗戰勝利後，南京市紅十字分會從復員到發展的情況。1945年抗戰結束，國民政府還都南京，南京紅十字運動進入了復員時期，抗戰救護的使命結束，工作重心轉入社會服務。1946年初紅十字分會的復員工作啟動。因南京市是首都，分會與總會同處一地，所以復員工作備受重視。隨著組織、

---

[71] 〈京童軍會改組，馬元放任理事長〉，南京：《中央日報》1948年7月9日。

[72] 解緝、李邵青編《南京稀見文獻叢刊：南京》（南京：南京出版社，2012年），第394頁。

[73] 「中國童子軍」詞條，《百度百科》。

[74] 〈江蘇全省童子軍檢閱比賽〉，上海：《申報》1932年11月8日。

設施等一系列調整之後，9月，南京市發起「徵求會員、募集資金」為中心的徵求運動。南京市長馬超俊領銜，擔任徵募總隊長。國民黨南京市黨部主委蕭贊育、副市長馬元放、市參議會議長陳裕光、首都警察廳長韓文煥、市銀行公會經理程覺民、市商會理事王繹齋為副總隊長，各機關、公會、銀行、學校負責人為隊長。由於聲勢浩大，得到社會各界的廣泛支持。在短短十天內，展開了個性鮮明，豐富多彩的活動，可謂盛況空前，推動徵求工作發展到高潮。最後，招募會員人數及募集資金均超過了預定目標，受到紅十字總會的表彰[75][76]。

為支援南京市紅十字會的工作，馬元放特簽發教育局訓令，號召組織紅十字少年會，令各中小學校贊助[77]。

4.2.9　授予美國公民司徒雷登「南京市榮譽市民」稱號

1876年6月，司徒雷登生於中國杭州，父母均為美國在華傳教士。1908年，司徒雷登帶著新婚的妻子來到南京，受聘為金陵神學院新約希臘文教授。1910年他還擔任了南京教會事業委員會主席，在南京生活至1919年。在南京期間司徒雷登還曾擔任過中華教育基金董事會副董事長。1919年他赴北平，創辦燕京大學，任校長、校務長、教授。抗戰勝利後，1946年經馬歇爾將軍推薦，司徒雷登被美國政府任命為駐中華民國大使，第二次來到南京生活與工作[78][79][80]。

鑑於美國公民司徒雷登先生長期在南京工作和生活，對中國教育事業做出了很大的貢獻。1946年10月，在南京市臨時參議會的第一屆第一次大會上，由議長陳裕光正式提出授予司徒雷登先生「南京市榮譽市民」稱號。提案被國民黨中央內政部認可，繼而研究贈授辦法、草擬贈聘典禮儀式、設計榮譽市民證書等，終於1947年1月正式舉行贈聘典禮儀式[81]。

在南京市檔案館存有南京市長馬超俊及副市長馬元放二人當年共同簽署的批准文件，下圖中可見「超俊」和「元放」之簽名。此外，檔案館還存有當年國民政府頒發給司徒雷登的嘉獎令，表彰他對中國教育事業做出的極大貢獻。

[75]　課題組：〈南京市紅十字運動的歷史軌跡〉，載於南京：《紅十字》季刊2012年第2期。
[76]　周秋光主編《中國近代慈善事業研究・中》（天津：天津古籍出版社，2013年），第539頁。
[77]　〈南京市教育局訓令（卅七）京教人字第二二五號〉，載於上海：《教育通訊》1948年第2卷第9、10期。
[78]　〈司徒雷登」詞條，《百度百科》。
[79]　解繽、李邵青編《南京稀見文獻叢刊：南京》（南京：南京出版社，2012年），第392頁。
[80]　夏蓓：〈中美交往中的南京記憶（上）〉，載於南京：《南京史志》2010年上半期。
[81]　黃惠英：〈內戰幫兇竟成「榮譽市民」〉，載於南京：《南京史志》1984年第6期。

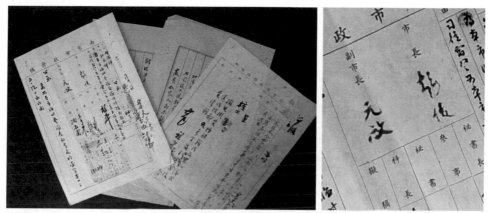

南京市政府授予司徒雷登南京市榮譽市民稱號的有關檔案（摘自2010年第1期《南京史志》）

2009年11月1日在美國聖路易斯市（與南京結為友好城市）和紐約市，由南京市人民政府主辦、南京市檔案局和外事辦公室承辦的《中美交往中的南京記憶》同時開展，隨後於12月2日又在南京市展出。在中美三地舉辦的展會上，均展出了當年南京市政府批准授予司徒雷登先生南京市榮譽市民稱號的檔案、照片等[82]。

4.3　懇辭國民黨南京市黨部主任委員

1946年《中央黨務公報》第17期記載，國民黨南京特別市黨部主任委員卓衡之卸職，經國民黨中央第23次常會通過，委派馬元放兼任國民黨南京特別市黨部主任委員[83]。馬元放自4月1日接到任命後，就一再請辭。在中央再三要求和挽留之下，他才勉強掛名留任至7月底，但其職務安排了他人代行。

從當年的報刊報導中，可見上述的過程。據1946年4月1日《中央日報》載文〈新任京市黨部主委馬元放今接事〉稱：「聞馬氏在渝曾一再請辭未邀核准，茲悉已與前主任委員卓衡之氏商定，於四月一日辦理交接……。」

82　夏蓓：〈南京市檔案局《中美南京記憶展》在中美三地展出獲好評〉，北京：《中國檔案報》2009年12月10日。
83　〈各地黨部人員任免案〉，載於南京：《中央黨務公報》1946年第17期，頁17-94。

第四章　抗戰勝利後的馬元放（1945年-1948年）　123

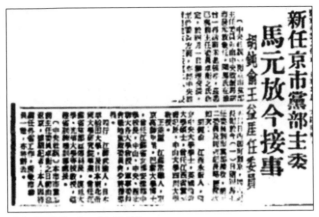

《中央日報》1946年4月1日

　　4月2日《中央日報》又載文〈市黨部主任委員馬元放昨視事〉，文中稱：
「馬氏略謂：此次奉命兼任本市黨務，深感責任重大，曾向中央懇辭未蒙允
准……。」

《中央日報》1946年4月2日

　　隨後，4月10日《中央日報》又報導〈馬元放懇辭市黨部主委，職務由俞
采丞暫代〉，文中稱：「馬氏以職責重大，在渝迭向中央懇辭，未獲邀准。四
月一日就職後，鑒於工作環境，肆應困難，已於昨日電呈中央堅辭，會務暫由
俞采丞委員代行。」

《中央日報》1946年4月10日

4月12日《中央日報》報導〈市黨委聯電中央請慰留馬元放氏〉，文中稱：「南京市黨部主任委員馬元放，日前電呈中央請辭主委一職，頃悉該部各委員，以馬氏主持地方黨務多年，素著勳勞，此次奉派兼主京市黨部，方慶領導得人，茲值履新伊始，詎能引退。昨特電請中央懇切慰留，並縷陳京市工作困難情形，請予指示。又悉，本市各區黨部，亦已聯電中央，請挽留馬氏，以繼續領導京市黨務工作。」

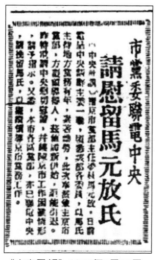

《中央日報》1946年4月12日

從上述情況可知，馬元放接到京市黨部主委職務的任命後即屢次向中央懇辭，甚至請了人代行工作。雖然市黨部及各區黨部聯電中央懇請挽留，但他仍未動搖，終於在當年7月24日國民黨第六屆中執會第36次常會決議中予以批准：「南京特別市黨部主任委員馬元放辭職照準，派蕭贊育繼任。」[84]至此馬元放前後掛名任職三月餘。《南京政黨志》中也有記載[85]。

表2-4

國民黨南京市歷屆委員會
(1945.8～1949.4)

組織名稱	主任委員	副主任委員	委員	候補委員	書記長
南京特別市執行委員會 (1945.8～1946.4)	卓衍之		卓衍之、金嘉罡、吳于良、會果夫、楊澤球、袁涵慶、曹明鈺、張大潘、韋建新、劉守英		葉達秀
南京特別市執行委員會 (1946.4～1946.8)	馬元放		馬元放、胡桃會、王益壓、楊澤球、金嘉罡、劉守英、吳于良、曹明鈺、袁涵慶、會果夫		周行
南京特別市執行委員會 (1946.8～1947.5)	蕭贊育		蕭贊育、汪祖華、胡桃會、鄒繼常、萬大鋐、任卓宣、王宣卢、廖興序、鈄文煥、沈祖懋、王秀春、徐開瑞、馮試甲、王學素、陳劍如、會果夫		汪祖華

《南京政黨志》摘錄資料

馬元放為何堅辭市黨部主委職務不得而知，但是客觀上他當時正在一心忙於恢復南京市教育局。

本節末尾加一插曲。1946年11月15日至12月25日，國民政府在南京召開制憲（制定《中華民國憲法》）國民大會。國民政府原定1937年舉行制憲國民大會，但由於抗日戰爭爆發而取消計畫，不過當年當選的大會代表資格仍有效。抗戰勝利後，又因國內政治談判等原因，制憲國民大會最終在11月15日才開幕。大會代表總額原定一千二百人，大部分代表均在抗戰前選出。會前又經

---

[84] 中國第二歷史檔案館中國國民黨大事典編寫組編《中國國民黨大事典》（北京：中國華僑出版社，1993年12月），第665頁。

[85] 南京市地方志編纂委員會編纂《南京政黨志》（南京：河海大學出版社，1997年），第615頁。

協商，大會代表增為二千零五十人[86]。出席此次大會的江蘇區域代表為四十四人，馬元放為參會代表之一[87][88]（抗戰之前選定[89][90]）。

另有史料記載，馬元放為制憲國民大會主席團成員的候選人之一[91]。

4.4 兼任南京市教育局局長

4.4.1 恢復南京市教育局

1937年日軍占領南京後，汪偽政府奉行日本帝國主義的奴化教育政策，對原有教育事業百般摧殘與破壞。1945年抗戰勝利後，國民政府還都南京。在還都初期，南京的教育系統歸屬社會局兼管。隨著國民政府還都，大量機關、企事業單位及部隊陸續回遷南京。其工作人員、家屬及子女大量湧入，隨即出現市內人口驟增，教育系統嚴重超載，完全無法滿足現實的需要。

1946年春，馬元放一方面在請辭市黨部主委一職，一方面在忙於恢復南京市教育局。據《南京通史·民國卷》第528頁記載：「1946年7月，南京市政府為謀本市教育之積極開展，於7月16日重新恢復教育局，由國民黨中央執行委員、南京市副市長馬元放兼任局長。」[92]這是南京教育史上級別最高的教育局長。教育局機關設在南京城南夫子廟東側貢院的市政府內。當時的教育局設三個科和電化教育輔導處、督學等五科室，掌理學校教育、社會教育、音樂、戲劇、電影、播音教育，以及體育館、博物館、公共體育場之籌畫管理等事項[93]。

1946年7月12日《中央日報》報導〈馬元放出任市教育局長〉：「市教育局訂於本月十六日成立，並由馬元放氏擔任局長，曾誌日前本報。茲悉馬氏昨（十一）日已正式接到行政院委令。至於原主管市教育行政之社會局第三科，

---

[86] 「制憲國民大會」詞條，《維基百科》。
[87] 許思聖：〈制憲與行憲國民大會（上）〉，載於臺北：《傳記文學》第44卷第3期（1984年），第31頁。
[88] 江蘇省人大常委會辦公廳編《江蘇省人民代表大會大事記·1949-1993》（1997年編印），第381頁。
[89] 蘇州市地方志編纂委員會編《蘇州市志·第1冊》（南京：江蘇人民出版社，1995年），第31頁。
[90] 吳縣地方志編纂委員會編《吳縣志》（上海：上海古籍出版社，1994年），第20頁。
[91] 《國民大會錄》，載於沈雲龍主編《近代中國史料叢刊》（臺北：文海出版社）。
[92] 南京市地方志編纂委員會辦公室編《南京通史·民國卷》（南京：南京出版社，2011年3月），第528頁。
[93] 解緝、李邵青編《南京稀見文獻叢刊：南京》（南京：南京出版社，2012年），第95頁。

自下月起將改為管制糧食及物價等項行政。」市政府恢復教育局，有利於肅清汪偽餘毒，且更加有力地推動了戰後南京教育事業的恢復和發展。

《中央日報》1946年7月12日

　　同日，《申報》也發表新聞報導，題為〈京市教育局成立，馬元放任局長，章柳泉任祕書〉。

　　教育局成立二日後，馬元放隨即向社會宣布了南京市教育行政計畫，可見恢復南京教育局刻不容緩，有爭分奪秒之感。7月18日《申報》刊登〈京市馬局長招待記者發表教育行政計畫〉一文，報導了這一消息。

　　馬元放兼任教育局長後，收到許多來信，推薦教職人員，他無力一一覆信，乃從家鄉請來一位王姓先生，住在家裡一個多月代為覆信，仍恐有疏漏，旋於8月24、25二日在《中央日報》刊登啟事，以表謝意及歉意。內容如下：

　　馬元放啟事：元放猥以輇材，兼掌京市教局。承各方推荐賢能，足微對於教育同具熱忱，至為佩仰。惟本局員額有限，市轄各校人事又極少更動，不克一一延攬，厚負友好盛意，實深抱歉。再月來終日接晤賓客，幾致廢公。私人精神亦感不支。茲以各校開學期近，各項工作亟須量理，或恐延接有疏，並希曲諒為幸。此啟。

　　由馬元放刊登啟示一事，可以看出當時新局成立，工作千條萬緒。這既是繁忙景象，也是新生之活力。

馬元放啟事（《中央日報》1946年8月24日）

4.4.2　在困境中起步

1.搶救學荒

　　教育局成立後，穩定局面、恢復教育設施是馬元放的首要工作。

　　1946年8月25日《中央日報》載文〈京市教育困難嚴重，被占校舍不還，借用房屋要讓，數萬學童無校可讀〉，稱：「全市現有學齡兒童104,131人，而全市市立私立108校，其最多招收量共64,308人，實際失學人數已達39,823人。而七、八月份遷都之學齡兒童還不在內，以致50%學齡兒童行將失學……。」

　　同日《中央日報》發表馬元放〈緊急的呼籲〉，呼籲社會力量和政府力量形成合力，共同解決國府還都後出現的學齡兒童上學難的學荒問題。全文如下：

> 　　現在，有一件嚴重的事實，擺在我們面前，迫使我們不得不將此事實，公諸社會並作緊急的呼籲。
>
> 　　一方面是學齡兒童沒有學校去讀書，大批失學；一方面是小學校舍被各機關使用，不肯交還；一部分借用人家的校舍，催還又急如星火。
>
> 　　南京市民，根據本年六月份的戶口統計，共有七七二，〇七一人，學齡兒童一〇四，一三八人，但全市市立小學所能容納的，僅有四

六，二五八人，不足學齡兒童總數的百分之五十。這就是說，還有百分之五十以上的學齡兒童被擯於小學校門之外，沒有書讀。請問這是一個什麼現象？首都的南京竟發生這種現象，我們又有如何的感想？現在正有著許多人感受到自己的子女沒有地方去讀書的痛苦。

本來南京自經敵偽長期摧殘，學校破壞不堪，勝利以後，因限於經費，所有小學，已感不敷施教。今年國府還都，人口激增，小學的恐慌，自更嚴重。去年秋天，各機關均派員回歸南京，原來自己沒有房屋的，便有一部分用著別人的房屋。本市小學校舍，遂有好多處被各機關使用著。這原是秩序未定時的現象，短期內尚無不可通融，但就實際說，這些機關，如果將所用校舍早一日歸還，就可早一日多設幾個小學。在國府還都以前，已經有此需要，何況在南京人口激增，又屬秋季開學的時間，其需要更是迫切呢！……

現在已經到了開學的時期，我們感到力薄，我們感到這問題太嚴重，我們不能不把這事實向社會公布，我們不能不向社會發出這緊急的呼籲，我們靜候社會各界起來救救一般失學的兒童。

《中央日報》1946年8月25日

馬元放的〈緊急的呼籲〉發表後，社會各界積極回應。9月4日《中央日報》載文〈回應馬元放緊急呼籲紛紛籌款解救小學荒〉，稱：「自市教育局馬局長元放發出救濟本市小學教育之緊急呼籲後，深得社會地方人士之熱烈響應，近來各小學紛紛開學，各小學不乏獲得地方人士及學生家長之贊助。增添班次，並集款籌建教室……。」並報導〈下關籌款擴充學校〉，稱：「決

定由到會人士組織『下關各界為下關中心國民學校募集修繕及設備經費委員會』……並赳日修繕下關規模最大之下關中心國民學校，加以擴充，期能容納兒童千人以上（先前全校容量為六百七十人）……。」

隨後，1946年10月恰逢蔣介石六十壽辰，全國掀起「獻校祝壽運動」[94][95]，南京各界紛紛出力出資，獻校助學，這在一定程度上也緩解了學荒。

由於國民政府還都南京，大量軍政單位遷回南京，以致用房、用地頗為緊缺，時有爭議發生。2015年多家媒體披露了一件時任國民政府社會部長谷正綱的手跡，從中看出當時的中央和地方，社會部和南京市教育局，就接收汪偽政權的一塊地皮所引發了使用權爭議[96][97][98]。

社會部長谷正綱的手跡，是於1946年7月29日寫給時任南京市副市長兼教育局長馬元放的一封親筆信。起因是接收汪偽政權一塊地皮的使用權爭議，社會部擬將這塊地皮用作兒童福利實驗區，而教育局則打算改建成為中心國民學校。信中涉及的第三者星樵兄，則是其時的南京市長馬超俊。

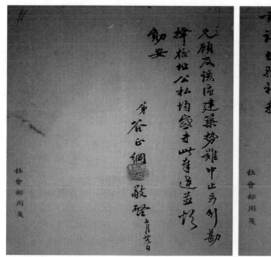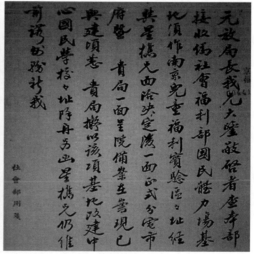

國民政府社會部長谷正綱給馬元放的手書函件（摘自2015年1月7日《收藏快報》）

[94] 盛雷：〈1946年慶祝蔣介石六秩壽辰獻校運動〉，載於瀋陽：《蘭臺世界》2011年29期。

[95] 楊國山：〈蔣介石六十大壽與江蘇省的獻校運動〉，載於瀋陽：《蘭臺世界》2012年28期。

[96] 谷萬中：〈民國政要谷正綱手札〉，2015年1月7日福州：《收藏快報》。

[97] 〈「社會部長」谷正綱和「教育局長」馬元放搶地皮〉，南京：《現代快報》2015年6月11日，多媒體數位版。

[98] 〈民國政要谷正綱手札反映當時社會狀況〉，《人民網》2016年1月13日。

可以推測，因教育局據理力爭，不願終止中心國民學校的建設計畫，才導致社會部長谷正綱親自致函馬元放，「逼」其同意讓地，故而發生了「社會部長」谷正綱和「教育局長」馬元放搶地皮之說。

筆者從檔案中發現，馬元放本人也參與創辦學校，為搶救學荒出力。

其一：馬元放與友人亦籌備建立一所中學，定名為「新華中學」。校址選在漢中門外，已在二道埂子購得170號基地一塊，並備料基建，但後因形勢變化建設暫停。該地塊在1949年後被沒收他用[99]。

其二：馬元放曾參與創辦南京石城中學，受聘為董事[100]。石城中學現為南京市第二十九中學。

2.制定《南京市教育實施三年計畫草案》

隨著解救兒童學荒得到緩解，為恢復與發展京市教育，1946年11月，馬元放邀集教育部主管司、科及南京市教育界名流，舉行南京市教育設計會議，研討制定《南京市教育實施三年計畫草案》。《中華民國史檔案資料彙編第五輯第三編教育（一）》中載有馬元放為此事致吳立宇先生函[101]，內容如下：

> 立宇先生惠察：
>
> 　　首都教育慘遭敵偽破壞，革新建設急不容緩，關於國民教育之發展，中等教育之擴充，社會教育之推廣，教育效率之增進，不得不有通盤籌畫，以利推行。爰擬具南京市教育實施三年計畫草案，以為改進根本。惟如何方能計慮周詳，宏收實效，端賴時彥碩學抒發讜論，共策進行。茲定於十一月二十八日（星期四）下午三時，在香鋪營公餘聯歡社舉行設計會議。素仰先生教界名宿，對於首都教育尤極關懷，屆時至祈撥冗蒞會指導。萬不能親臨參加，亦祈惠以書面開示意見，俾供商討。臨穎翹企，幸勿吝教。專此奉達，並頌著祺
>
> 　　　　　　　　　　　　弟馬元放　謹啟　十一月二十五日

---

[99] 《馬元放籌辦新華中學檔案資料》，南京市中級人民法院檔案（85）刑二審（51）刑字第1249號。
[100] 《南京二十九中教育集團校友名錄》（1945-2005）。
[101] 中國第二歷史檔案館編《中華民國史檔案資料彙編第五輯第三編・教育（一）》（南京：江蘇古籍出版社，2000年1月），第166頁。

《南京市教育實施三年計畫草案》，主要涵蓋南京市教育局主管的國民教育（即小學）、中等教育、社會教育及教育行政四大部分[102]（不含高等教育）。該計畫草案對此後南京市教育事業的發展起到了指導作用。

3.穩定教師隊伍

教育局成立後，改善教員生活也是重整教育的一方面。據1998年12月出版的《南京教育志》記載，1946年馬元放兼任南京市教育局長時，規定小學教職員工資採用「年功加俸」的辦法，「底薪加年資薪，每五年晉升一級」[103][104]，其後對中學教職員工資提高了兩次[105]。此外，爭取到中小學教員享受與中央機關同等的實物配給制，使教師能夠享受到配給大米、布匹、煤、食油、食糖、食鹽等，使教員基本生活有所保障[106][107]。

通過改善教師生活，很大程度穩定了教師隊伍，對從困境中起步起到了重要的作用。

4.4.3　在艱難中求發展

1.竭力爭取教育經費

抗戰勝利後，國民政府面臨恢復發展教育的契機，但又存在經費匱乏的困難。為重新提振教育，1946年12月由國民大會通過的《中華民國憲法》第164條明確規定：「教育、科學、文化之經費，在中央不得少於預算總額百分之十五，在省不得少於其預算總額百分之二十五，在市縣不得少於其預算總額百分之三十五。」[108][109]由此可見，教育、科技、文化之經費中，教育為首，而且以根本大法將教育經費之最低限額確定下來，這代表了那個時代對教育的高度重視。

為大力改善和發展首都教育，馬元放竭力多方籌措教育經費。他一面發動地方力量，一面請求中央經費補助，以努力完善首都最低限度的教育設施。

---

[102] 中國第二歷史檔案館編《中華民國史檔案資料彙編第五輯第三編‧教育（一）》（南京：江蘇古籍出版社，2000年1月），第167頁。

[103] 南京市地方志編纂委員會編《南京教育志》（北京：方志出版社，1998年），第1440頁。

[104] 南京市地方志編纂委員會編《南京教育志》（北京：方志出版社，1998年），第1442頁。

[105] 馬元放：〈從整理到改進〉，載於南京教育局編印《南京市教育概覽》1948年版，第2頁。

[106] 〈邱聯元揭祕民國教員生活〉，《南京晨報》2005年7月28日。

[107] 邱聯元：〈我所瞭解的馬元放〉，《南京晨報》2007年4月14日。

[108] 傅國湧：〈民國憲法中的教育經費比例〉，《鳳凰網》資訊。

[109] 張元隆：〈國民教育經費制度述論〉，載於合肥：《安徽史學》1996年第4期。

以1947年度為例，在市政府和市參議會的大力支持下，預算所列教育經費高達全市歲出總數的45.88%，大大超出憲法規定的最低額，居全市支出第一位。1948年教育經費維持了1947年的水準，且略有提高，達到全市歲出總數的46.03%[110][111]。

為實現三年教育計畫，最大限度地爭取政府教育經費的同時，另一方面是爭取民間資金的投入。繼前一年的「獻校祝壽運動」之後，由市國民教育研究會發布「推進首都國民教育運動宣言」，進而發起「建校興學運動」，盡力扶植私立學校，使學校和學級數量大為增加，藉以增進收容學齡兒童與失學青年[112]。通過扶植私校，也是引進教育投入，效果顯著。

2.制定多項助學措施

雖然教育經費不足的情況得到了改善，但正值內戰繼續，物價飛漲，國民經濟持續困難。而且，教育經費總量與實際需求仍不匹配，仍感捉襟見肘。鑑於當時的情況，教育局為確保學校之生存，又保障學生之利益，尤其是保障清寒學生入學，馬元放指導制定並實施了種種措施：

（1）慎重制定學費標準，學校不得多收學費

各級學校收費標準由教育局制定，提交市參議會審查公決後實施，並指示私立學校不能巧立收費名目，不可違背參議會標準徵收額外費用。

1947年9月12日《中央日報》以〈請校長先生守法勿巧立名目，教育局今日起派督學稽查〉為題，報導了馬元放向記者表示，自今日起派督學十餘人分赴各校切實稽查，若發現繳費有超過規定數額者飭令退還學生。

（2）勸募清寒學生助學金

1947年8月26日《中央日報》以題〈獎助清寒學生　京市預定募集獎金5億設勸募機構今起開會〉報導：25日沈怡市長召開會議，決定由南京學生救濟委員會、青年團支部及京市清寒青年救濟協會，聯合組織「南京市清寒學生獎助金籌募運動」，公推沈怡市長為籌募運動主任委員，同時成立籌募委員會，聘副市

---

[110] 馬元放：〈從整理到改進〉，載於南京教育局編印《南京市教育概覽》1948年版，第1頁。
[111] 解縉、李邵青編《南京稀見文獻叢刊：南京》（南京：南京出版社，2012年），第101頁。
[112] 馬元放：〈從整理到改進〉，載於南京教育局編印《南京市教育概覽》1948年版，第6頁。

長馬元放為主任委員。委員有沈祖懋、張紹揆、狄克芳、李清悚等多人。本次籌款目標定為五億元，以普遍宣傳之方式，喚起社會人士對清寒學生之同情及熱忱，慷慨捐助。27日《中央日報》又以題〈今日慶祝教師節，助學運動後日展開〉報導：昨26日馬元放主持「南京市清寒學生獎助金籌募運動」籌募委員會第2次會議，議決請中大校長吳有訓、金大校長陳裕光、金女大校長吳貽芳、音樂學院院長吳伯超、劇專校長余上源等五十餘人為籌募委員會委員。募集日期定於8月29日開始，9月底截止。並由教育局、青年救濟協會、青年團、南京學生救濟會等四機關成立審核委員會，負責助學金之分配資格的審查事宜。

9月6日《中央日報》載文〈馬元放談話，以上海為榜樣不難超出五億〉，同日南京《和平日報》也載文〈有錢出錢，有力出力，共同完成募集運動，馬元放談助學運動重要性〉。通過輿論大力宣傳，社會各界踴躍參與「南京市清寒學生獎助金籌募運動」。

9月7日《中央日報》刊載〈沈怡馬元放捐廉助學〉一文，稱：「南京市清寒學生助學金募集運動，已積極展開。沈怡市長為表示贊助，願將其一月所得薪金，全部捐助。馬副市長兼教育局長元放首先響應，亦將一月所得薪金及特別辦公費計薪俸六百四十元，加成數一百十五萬二千元，生活補助費四十四萬元，特別辦公費二十四萬元，共計一百八十三萬二千六百四十元，悉數捐助，以資提倡云。」

《中央日報》1947年9月7日

《新上海》1947年第53期以〈馬元放憐寒贈衣〉為題，《海潮週報》1947年第64期以〈馬元放以貧助友〉為題，均紛紛報導了馬元放以身作則、親力親為帶頭捐廉、助學助友的事蹟。

經過數月的籌募運動後，1948年2月22日《中央日報》刊文報導，馬元放宣布去年的籌募結果，謂收入共計三點八億元，不足原定目標五億元之數，已由市府補足。且沈怡市長同時宣布，16日市府會議決定，即日起開始第二次籌募獎助金運動，預定目標為三十億元，且由銀行先行墊付。

在以上勸募獎助金運動的同時，共產黨地下組織南京區學聯也發起了幾次勸募助學金運動，由市基督教青年會救濟委員會出面主持成立南京市助學委員會，聘請政府要員和社會名流如南京市長、教育部長、南京市教育局長、中央大學、金陵大學、金陵女子文理學院等校的校長，以及《中央日報》社社長，美國、英國駐華大使等為贊助人，沈怡、馬元放等也收到聘書[113]。通過多次的勸募助學金運動，從社會各界募集到了相當數量的助學金。

（3）實行免費照顧制度

1947年7月12日《中央日報》報導了學生免費情況。師範生免學費、設備費、雜費和食宿費，職校生免學費，國民學校（小學）免學費。對教師子女也有專項免費照顧規定，以調動教師的工作積極性。

當年教育部還頒發了對抗戰功勳子女就學免費補助條例[114]。通過中央和地方的多種途徑、多種方式，對多類學生切實實施照顧制度。

（4）設立免息教育貸金

1947年8月27日《中央日報》消息，京市銀行設立免息教育貸金，一次撥款一億五千萬元，貸完為止。本市市民有子女二人以上在公私立中小學上學，自第三人起可申貸，貸款額應小於應繳費之百分之六十，以四個月為期，每月還款四分之一，免息。通過實行此舉，為市民解決籌款之難，幫助了大量貧寒子弟入學。

南京市通過各種助學措施的實施，有力地幫助了貧寒學生入學。

為瞭解南京市國民學校的實際情況，自1947年11月起至1948年1月中旬，

---

[113] 羅炳權、王慧君主編《解放戰爭時期的南京學生運動》（南京：南京大學出版社，2002年），第157、159頁。

[114] 〈南京教育局訓令（卅六）教秘字第〇〇八五號（中華民國卅六年五月二十九日發）：令市屬各級學校、各社教機關，奉發革命抗戰功勳子女就學免費補助條例轉令遵照由〉，紫玉《首都教育》1947年第2卷第2、3期。

馬元放親偕教育局督學對全市國民學校進行總視察，遠至如八卦洲、七里洲、江心洲以及皖境之大黃洲、小黃洲，凡有學校的地方都必去視察，計本校一百四十九所、分校二十七所共一百七十六所全部視察完畢。對需要改進的各項工作分別做出決定，指示各校切實辦理，確保了南京市教育系統的穩定和發展[115][116][117][118][119]。

4.4.4 在發展中提升教育素質

1.提升教師自身的素養

教育局通過艱苦努力，各項工作基本走上了正軌。搶救學荒、制定計畫、建校興學等一系列工作逐一取得成效。在教育設施、入校學生等有量的擴展後，馬元放隨即致力於教育之質的提升，以及教師隊伍思想作風的建設。

馬元放在教育行政管理上，奉行以「誠」為本，重視教師品質的養成。他在〈從整理到改進〉[120]一文中說：「竊維教育工作，其能在『化』，其用在『成』。故 切當以『誠』為本。誠所以成己成物，不誠便是無物。」從該文可以看出他對教師的要求是「能力」與「努力」，他說要「以工作保障工作」，鼓勵大家努力工作，穩定崗位。他重視與教師加強互信的基礎，在文中強調：「吾人深信並希望在安定和互信中，使教育事業，逐漸發展，逐漸進步。」

馬元放在《首都教育》1947年第1卷第6、7期發表〈教師的真價〉一文，闡明教師及教育工作的重要性。文中的許多觀點，如「為人服務」，「教育第一」，重視師範教育，以及培養學生「要立志做大事、不要做大官」等思想，在當今社會仍有其現實意義。

他在文中說：「現代人求學的終極目的是為國家社會服務，為國家社會有所貢獻。所以今日的學者，皆應有『為人服務』的態度。知能傳授愈廣，則效能愈大。教育普及愈發達，則國家愈強盛。我們需要日益發達的教育，自必需要大量的師資。而做老師去教人，乃是『為人』的最基本工作，也是對於國家社會最基本的貢獻。」

---

[115] 〈馬元放視察湯山區各校〉，南京：《中央日報》1947年11月29日。

[116] 〈馬元放下鄉視察各小學〉，南京：《中央日報》1947年12月8日。

[117] 〈馬元放視察鄉區各校〉，南京：《中央日報》1947年12月25日。

[118] 〈馬元放視察鄉區教育，今出發十二區〉，南京：《中央日報》1947年12月29日。

[119] 〈京市各小學進步甚速，馬元放視察畢〉，南京：《中央日報》1948年1月14日。

[120] 馬元放：〈從整理到改進〉，載於南京教育局編印《南京市教育概覽》1948年版。

他在文中批判了世俗偏見：「做教員沒有什麼了不起」、「沒有辦法才弄得教員當當」、「窮人子弟學師範」等說法。他說：「我們要糾正學師範是末流的觀念。要知學師範和學其他學科，同樣的有價值，有過之而無不及。師範學校因為免繳宿膳學費，固然是清寒子弟的最大出路，但是社會上絕不應該因為他們沒有花錢，而就鄙夷這一途。要知道師範學生由公家免費供給食宿各項，正是因為他們將來將犧牲個人的權利，而專門為國家社會作育人才的一種優待。這是國家社會的義務，並不是什麼救濟清寒的性質。很不該為勢利的人們所不屑。」文中還批判了「書中自有黃金屋」、「讀書做官」等思想，以及歷代帝王以「金馬玉堂」來籠絡天下士子，以科舉考試及第做官來貶低教師工作的做法。

他提出「教育第一」的思想：「做老師乃是至高至上第一件榮譽的事。」「做老師並不是這一代人才的末流，而是下一代人才的搖籃。一般人只能貢獻知能為國家社會服務，做老師的卻能貢獻堪以服務社會的有知能的人才，因此他們的貢獻比一般人更進一步，更高一層。」

他舉出兩位「為人服務」的典範：孔子和孫中山。他們都不要做大官，不圖私利，諄諄教人。他們的事業並垂不朽。馬元放勉勵人們應有頂天立地的氣概，要立志做大事，不要做大官。並解釋事之大小在於對他人是否有利，而不在於名位之大小。他提出「教學相長」，「經師易得，人師難求」的理念，認為不但需要教人以學問、作育人才的經師，亦需要教人以做人、光大文明的人師。他還闡述教師的職業非常重要，教育事業極其神聖。他呼籲：「教師自有真價，願共努力！」

〈教師的真價〉一文，後又轉載於《華僑教育公報》1948年第5期。

南京市立第一中學是一所久負盛名的學校。其校長陳重寅曾致函馬元放，題為〈市立一中之自我批判〉。1948年2月6日《中央日報》發表了馬元放給陳重寅校長的覆信，題為〈新的認識和新的作風〉，從多方面與之討論和交流，包括對教育工作的認識與態度、用人原則、以誠為本、廉潔做人的教育思想等，指出：「誠」是一切事業的原動力，尤其從事教育工作的人，更應一本乎誠。學校教育要以誠為本，能教育好的人，予以培養成才。難教育好的人，予以感化。真誠與良好的方法就能感化，化而有成，成而有化。這些都是教育的任務。還談了對「義」、「利」之辨認，對「貪污」與「廉潔」之認識等，鼓勵陳校長，為著共同的事業和理想要無畏（不淫、不移、不屈）、忍耐（慎

思、明辨、篤行），忍受克服一切的困難，邁步前進。

馬元放的覆信還在1948年《南京市教育概覽》、1948年《首都教育》第2卷，以及《南京市政府公報》1948年第4期等多個刊物上發表，以與教育界同仁商討並共勉。

1948年10月，馬元放又撰文〈自我做起〉，載於《南京市政府公報》第5卷第8期。他在文中勉勵教育局同仁說：「公務員是人民公僕，為人民服務，態度應該謙和，辦事應該細密，虛心下人，克己有禮。望大家能切實反省，有則改之，無則加勉，以樹立良好風氣。」馬元放此番論述，在當今仍具有現實意義。

2.提升學校教學水準，建首都基本教育實驗示範區

戰後的南京，在教育恢復與發展方面成績顯著。為此，於1947年冬南京市的國民政府參政會參政員盧冀野等提請「指定南京為國民教育示範區」一案，經國民參政會通過「送請政府切實辦理」。教育部對首都基本教育（即國民教育）亦極為重視，決定在首都設置「基本教育示範區」，市政府遵照中央決策，設置基本教育首都示範區計畫委員會，積極開展工作[121]。

馬元放身兼南京市教育局局長，且擔任南京國民教育研究會會長[122]，他積極組織各級國民教育研究會，全力推進國民教育實驗區的工作。首都南京之經驗，有在全國推行之參考意義。

作為國民教育實驗示範區，首要工作是提高國民學校的教學水準。為此，除了中等學校教員自動利用寒暑假進修外，國民學校（小學）教員則由教育局在寒暑假組織講習班，分科訓練，協助其研究進修，提高其專業素質。例如1948年7月26日，在白下路市立第三中學大禮堂舉辦了小學教員暑期講習班，三百三十餘人參加，馬元放親自擔任班主任。開學時沈市長、教育部田次長代表朱家驊部長到會致訓。該班分音樂、體育、美勞、算術、常識、語文、複式教學等小組講學，至8月18日結業[123]。

其次是調整國民學校，分區設立中心國民學校。制定頒布中心國民學校組織規程，實施中心國民學校輔導該區一般國民學校的制度。為提高教學品質，

---

[121] 馬元放：〈從整理到改進〉，載於南京教育局編印《南京市教育概覽》1948年版。

[122] 解綬、李鄧青編《南京稀見文獻叢刊：南京》（南京：南京出版社，2012年），第396頁。

[123] 〈小教講習班昨開學，馬元放提市教四大願望，完成三年計畫樹立基礎〉，南京：《中央日報》1948年7月26日。

還製作書法量表、作文量表、校正錯字測驗等有效教學工具，按期舉辦各區及全市分科教學研究會及各科公開教學與各科教具展覽，聘請專家指導，觀摩研究，批評檢討，效益頗多[124]。

再者，宣導藝術教育和勞作教育，舉辦全市兒童美勞成績展覽，觀眾達萬餘人。各校師生也互相觀摩，收效良好。專家評選出優秀作品，備送南美烏拉圭國際兒童藝術及技術展覽。在中等學校方面，亦多舉行各校互相參觀，並組織校長滬杭參觀團，組織成績展覽會等。通過種種方式，以謀各校教學及行政之改進。教育局還編印《首都教育》定期刊物，按期發行，提供共同研究之園地[125]。

此外，還舉辦社教人員訓練班，培訓社教機關人員和國民學校體育教員。期使社會教育與學校教育打成一片的同時，不放鬆體育教育和健康教育[126]。

1947年夏秋，教育部曾組織外國基本教育代表團參觀南京市國民學校，各國代表一致予以好評[127]。

1948年9月28日，教育部基本教育研究實驗委員會召開第3次常務會議，馬元放委員向會議彙報了南京教育實驗示範區的工作情況和取得的成績[128]。

馬元放就教育實驗示範區的工作總結說：「本市普及國民教育，使每一失學兒童和每一失學民眾，均享有基本教育和補習教育之機會，以示範全國，而奠永久基礎，本市幸甚！國家幸甚！」[129]

4.4.5　南京體育呈現新氣象

南京市教育局成立後，馬元放十分重視學校體育教育以及社會民眾體育活動。雖然當時條件艱難，但仍不遺餘力，親自兼任多項職務，主持多項活動。

1946年12月22日南京市體育會成立，馬元放當選理事，12月30日任常務理事[130][131]。馬元放還擔任過南京市國術館董事長[132]，史料記載了一些體育往事。

---

[124] 〈從整理到改進〉，載於南京教育局編印《南京市教育概覽》1948年版。

[125] 同上。

[126] 同上。

[127] 〈教部嘉獎馬元放〉，上海：《新民報》1948年7月17日。

[128] 《教育部基本教育研究實驗委員會第三次常務會會議紀錄集·田培林批》，中國第二歷史檔案館編《中華民國史檔案資料彙編（第五輯）》（南京：鳳凰出版社，1994年），第428頁。

[129] 馬元放：〈從整理到改進〉，載於南京教育局編印《南京市教育概覽》1948年版。

[130] 〈京市體育會昨成立，通過會章並選出理監事〉，南京：《中央日報》1946年12月23日。

[131] 〈京市常務理監事〉，南京：《中央日報》1946年12月30日。

[132] 〈京國術館推定，郝更生為館長，馬元放為董事長〉，上海：《申報》1947年6月12日。

為提倡國民體育，喚起民族健康意識，1946年9月7日至9日，南京市舉辦了抗戰勝利後第一屆體育運動會，定名為「南京市民國三十五年體育節」。南京市教育局對此極為重視，全力展開工作。馬元放親自主持了各項活動，市內各有關機關、團體也踴躍參加。活動開始前，馬超俊市長和教育部郝更生督學在中央廣播電臺分別廣播，提倡國民體育之重要。體育節當日，馬元放發表專題廣播講話，闡述體育節之意義。馬元放對全市八十萬市民提出兩點要求，一是要普及衛生常識，二是要注重體格鍛鍊。馬元放還強調要禁毒禁煙，號召增強國民體質，增強國力。節日期間，印製大批宣傳標語普遍張貼。9日晨空軍大隊利用飛機，散發小型宣傳品，活動達到高潮。舉辦的具體活動有游泳、爬山比賽、國術表演、網球、籃球、國民體育座談會、體育同志聯誼會等[133]。

　　游泳比賽於9月7、8兩日在漢中路業餘體育館舉行。參加男女運動員共六十五人，比賽結果尚稱圓滿。國民體育座談會於8日下午在香鋪營公餘聯歡社舉行，由馬元放會同教育部督學郝更生主持，略備茶點招待，京市體育界、教育界、新聞記者四十餘人，濟濟一堂，盛極一時。爬山比賽於9日上午黃埔路勵志社門前為起點，經中山門過陵園路，直達總理陵墓碑亭前為終點。沿途由軍警憲維持，秩序井然，競賽成績甚佳。國術表演由中央國術館館長張之江主持，於9日下午在勵志社大禮堂舉行。到會觀眾甚為踴躍，不下三四千人。表演節目達三十餘節，亦均精彩，博得掌聲不少。網、籃球表演除請南京市著名的鴻翔、京郵及民意等籃球隊參加表演外，並請友邦網球名手卡遜、史規亞，暨國內男女名手謝兆良、許承位、羅詩、朱芝英等來寧表演。觀眾亦極踴躍，增色不少。體育同志聯誼會於9日晚在勵志社餐廳舉行，體育界諸先進以及各中心小學體育教師等參加者達五十餘人。會上一致通過成立京市體育會。以上活動均由馬元放率教育局同仁全力投入，獲得圓滿成功。16日上午9時，在市府大禮堂由馬元放親自頒獎，儀式隆重，並於會後攝影以留紀念[134]。

　　由上述活動，不僅可見當年南京民眾積極參與體育活動的熱情，還可看出在當時因陋就簡、因地制宜開展活動的體育精神。

　　繼南京市第一屆運動會之後，南京市教育局於同年12月4日在中央大學體育場舉辦了南京市首屆中小學體育表演大會。名譽會長為朱家驊、陳誠、谷正綱，會長為市長沈怡，副會長為馬元放。為了辦好體育表演大會，教育局還聘

---

[133] 〈南京市教育局・關於報送體育節辦理情形致教育部呈〉，[三十五]教三字第194號。
[134] 同上。

請了多位體育專家擔任籌備委員。表演節目有墊上運動、器械運動、疊羅漢、韻律操、國術、團體接力賽等。參加者有六十餘校選手六千三百二十七人，占學生總數的百分之二十，旨在提倡業餘運動，注重普及發展各校選手，以矯正過去學校體育只注重少數選手之積弊[135]。

1947年南京市組織舉辦第八屆全市運動會，10月20日馬元放擔任第八屆全市運動會籌備主任[136]。

1948年1月，南京市為參加第七屆全國運動會（在滬舉行）積極備戰，馬元放主持籌委會，任第七屆全國運動會南京代表選拔訓練委員會主任委員，並任代表隊總領隊[137]。5月底，全運會圓滿結束後，馬元放代表市長慰問南京市代表隊全體隊員[138]。

南京市的公園路體育場是南京最老的體育場。為了南京市民能有公共的體育活動場地，抗戰勝利後，南京市政府將江蘇省政府移交的原「江蘇省立南京公共體育場」進行改造，於1947年1月18日建成「南京市市立體育場」，7月1日正式對外開放[139] [140]。當時的南京市政府為此舉行了隆重儀式，市長沈怡、副市長馬元放，體育界人士張之江、郝更生等以及數百民眾參加。各代表相繼發言致賀，並豎立紀念碑一塊。

碑文[141]如下：

位於南京復成橋與大中橋之間，原為江蘇省立南京公共體育場。迨京蘇分治，場乃隸蘇省，而為南京市民使用者如故。抗戰軍興，舊跡盡墟。勝利之後，感於市民需要之殷，謀復舊觀，乃承江蘇省政府慨然舉原址以贈，遂得鳩工興復，更名為南京市市立體育場。此後市民健康之增進，乃由江蘇之惠，而又感復成之義也，鐫石志之。

南京市市長沈怡，南京市副市長兼教育局局長馬元放
中華民國三十六年七月一日

---

[135] 〈南京市教育局報告‧市第一屆中小學體育表演經過情形呈〉，[三十六]教三字第110號。
[136] 〈籌備會今午討論，市運各重要問題　馬元放任籌備主任〉，南京：《中央日報》1947年10月20日。
[137] 〈全運會各項目，本市均擬參加，馬元放將主持籌委會〉，南京：《中央日報》1948年1月22日。
[138] 〈馬元放代表市長慰勞京全運代表〉，南京：《中央日報》1948年5月27日。
[139] 王菡：〈南京最早的體育場：公園路體育場〉，載於南京：《南京史志》1989年第1期。
[140] 〈南京最早體育場的百年滄桑〉，《南京晨報》2005年10月17日。
[141] 〈南京最早的體育場今年90歲〉，南京：《金陵晚報》2008年5月23日。

修繕一新的南京市最早的體育場檢閱臺（摘自2005年10月17日《南京晨報》）

如今，這座百歲體育場面貌煥然一新，成為市民們鍛鍊身體、進行娛樂活動的場所。

4.4.6　教育成績顯著獲嘉獎，時局動盪遞辭呈

儘管國民政府日趨困難，經濟面臨崩潰，社會形勢動亂，但在市政府、市參議會等有關部門的大力支持下，教育局、教育界廣大同仁共同努力，南京市教育事業還是取得了顯著成績。《南京教育志》中有記載，在馬元放執掌教育局長的兩年多裡，「南京市市立小學從1945年初僅有69所，527班，學生28,936人，私立小學9所，53班，學生3,213人」；「同年8月南京巿有國立中學2所，市立中學3所，私立中學14所，共計19所，學生不足5,000人」，「到1948年12月，全市已有小學215所（其中市立168所，私立47所）2079班，學生101,780人。非市轄的公立小學3所56班，學生2,482人」。「同年全市有公、私立中學74所（其中市立11所），據其中61所統計，共有623班，學生30,132人」。「此外，在幼稚教育、職業技術教育、中等師範教育、特殊教育、成人教育（民眾教育、職業補習教育）及教育行政管理等方面都有較大發展。」[142]

---

[142] 南京市地方志編纂委員會編《南京教育志》（北京：方志出版社，1998年），第183、184、373、374頁。

《南京教育史》[143]是全國第一部正式修編的地方教育史著，對馬元放執掌教育局後取得的成績也有類似描述，並再現了很多歷史事實。

在馬元放及南京市教育局同仁的共同努力下，教育局工作取得了顯著成績。為此，教育局曾獲教育部嘉獎，馬元放個人也獲教育部及南京市政府嘉獎。

（1）市教育局集體獲教育部嘉獎

1946年9月南京教育局舉辦抗戰勝利後的南京市第一屆體育運動會，10月國慶日又舉行國防科學化實施運動，成績顯著，獲教育部嘉獎。

12月13日《中央日報》刊文〈教部傳令嘉獎京市教育局〉，稱：「該局成立伊始，即注重推進該市國民體育，舉行體育節活動等。情形均屬良好，殊堪嘉許。」又稱頃奉教部指令，略謂：「該局辦理國慶紀念日擴大科學化運動，成績甚佳，殊堪嘉許，令仰知照云。」

（2）馬元放個人獲教育部及南京市政府嘉獎

1948年6月19日《中央日報》刊文〈本市各級學校教部分別獎懲，馬元放局長獲嘉獎〉，報導稱：「據教育部派督學視察京市各級學校之結果，對各校之優劣分別予以獎懲」，「教育局長馬元放頗著勞績，諮請市府傳令嘉獎」。同日《申報》也報導了這一消息。

《中央日報》1948年6月19日

6月24日《中央日報》又刊文〈馬元放局長獲市府嘉獎〉，稱：「京市教育局自卅五年五月恢復，即由馬副市長元放兼任局長，迄今將及二年。頃市府

---

[143] 徐傳德：《南京教育史》（南京：商務印書館，2006年），第650、651頁。

准教育部函，以該局長辦理本市教育，悉心擘畫，得於戰後殘破局面下恢復舊觀，貢獻殊多，已予明令嘉獎。」

《中央日報》1948年6月24日

　　同日《和平日報》刊文〈馬元放勤奮任事市府已明令嘉獎〉，稱：「頃市府准教育部函，以該兼局長上學期能親往各校視察，即窮僻之區，亦均步巡，指示教務，以此各校教職員均能感奮。該局長主持首都區教育，勤奮任事，著有勞績，洵堪嘉尚，囑予明令嘉獎以資鼓勵。」

　　7月17日《新民報》刊文〈教部嘉獎馬元放〉，文稱：「市教育局長馬元放，致力于京市教育之改進，頗著勞績。去歲召開基教會議時，各國代表曾參觀京市國民學校，一致予以好評。教育部朱部長家驊，頃特傳令嘉獎，並頒給『擘劃周詳，勞績可嘉』獎狀以示鼓勵。」

上：《和平日報》6月24日。下：《新民報》7月17日

另據《朱家驊檔案》記載，因南京市教育局工作努力，成績卓著，1948年4月蔣介石主席曾設宴招待市教育局同人，由教育部朱家驊部長代表主持宴會，並攝影留念[144]。

有學者致力於研究抗戰勝利後南京教育事業的情況，《學理論》2013年11期刊載了古力娜‧阿札提著〈淺論抗戰勝利後南京市教育事業的恢復與發展〉一文，該文章對抗戰勝利後南京的教育事業，在檔案史料的基礎上做了比較全面的研究，從宏觀上展現了南京市恢復和發展教育事業的成果。

然而，由於內戰不斷擴大，時局混亂，馬元放對工作前景深感灰心，於1948年7月底曾向市長請辭教育局長兼職。因市長、教育部長一再慰留，尤其是沈怡市長親詣馬元放寓所，懇切慰勉，才暫時打消辭意。當時的《中央日報》曾有報導。

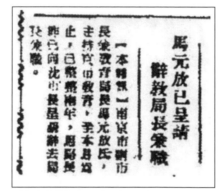

《中央日報》1948年7月28日

《中央日報》1948年8月5日

到了1948年下半年，教育經費愈加困難，逐漸導致中小學教師欠薪。原南京市財政局長程子敏在回憶錄〈我在南京國民政府崩潰前的選擇〉[145]中也有述及：「約10月間（1948年），我就任南京市財政局長。到任當天晚上，市長沈怡在其官邸為我設宴表示歡迎，並約副市長馬元放及各局局長作陪。席間馬元放（兼任教育局長）即向我說，全市中小學教師欠薪多月，已開始罷教，無論如何一定要籌款清欠，對我可是當頭一棒。」「我隨即與市長沈怡磋商籌款

<hr/>

[144] 《朱家驊檔案》，臺北：中央研究院近代史研究所館藏檔案，館藏號：301-01-23-325。
[145] 程子敏：〈我在南京國民政府崩潰前的選擇〉，載於上海市政協文史資料委員會、楊浦區政協文史資料委員會合編《史林擷英‧上海文史資料選輯‧第88輯》（1998年1月印）。

之策，沈亦認為此事必須儘快解決。」關於拖欠教師薪資、教師請願罷教等情況，當年《中央日報》多有報導。馬元放對教師艱苦處境深抱同情之心，但卻無力實施更多援助。

11月，南京市小學教師協進會領導全市小學教師進行總罷教，要求發放「活命貸金」及「應變糧」等。當時市府在無力解決的情況下，馬元放與沈怡市長爭取到市參議會的大力支持和幫助，由參議會籌墊貸金，得以迅速復課。

關於當年中小學教師請願罷教一事，據《中共南京黨史網》2013年6月28日發布的〈黨史年表〉之「1948年」中有如下記載：

> 11月1日　國民黨政府宣布限價開放，物價陡漲。小教協進會派代表向教育局請願，要求給小學教師發放貸金，未獲結果。
>
> 3日　火瓦巷小學部分教師「請假」。
>
> 4日　在小教地下黨組織發動下，三個區十多所小學停課；並且召開各校教師代表會議，提出「發給活命貸金」等五項要求，在問題未解決前，決定「總請假，外出借貸」。
>
> 5日　全市市立小學停課，私小教師亦陸續停課支援。
>
> 8日　下午市長沈怡宣布給市立小學教師每人貸金一百元。
>
> 10日　市立小學全部復課。隨後私小教師繼續請願，在市立小學的支援下，私小教師也獲得每人一百元的「活命貸金」。
>
> 小教總罷教勝利結束，教育局長馬元放「引咎」辭職。

馬元放自己在〈自述〉中說：「在1948年11月中，南京市小學教員為要求提高待遇發生罷教運動。市政府因為經費困難，沒有法子解決，僵持了好多日子，軍警機關要用武力高壓，我竭力阻止。後來通過夏晨中[146]（聞現在《新華日報》社工作）等的幫助，從中勸解，方得和平解決。」

記載當年小教罷教事件的相關史料，如《南京教育史》、《南京教育志》、《南京人民革命史》等均無請願小教受到軍警鎮壓的記載，說明馬元放等人對爭取和平解決罷教事件是起了一定的作用。馬元放當時雖然身為矛盾鬥爭的對象，但他本著愛護廣大教師的胸懷，不計個人得失，盡力避免了教師發

---

[146]「夏晨中」詞條，徐友春主編《民國人物大辭典》（石家莊：河北人民出版社，1991年初版，2007年再版），第1140頁。

生流血事件。

　　關於馬元放的辭職一事，其實並非由小教罷教引起。如前所述，他在小教罷教之前的7月底即已提出過辭職，只因受到懇切的慰留，才不得不又繼續工作了半年。

4.5　史料記載的其他點滴往事

　　有關馬元放的史料中還有一些回憶文章，其作者都曾經與馬元放有過交往或接觸。回憶文章記錄了馬元放點點滴滴的往事，這些也是馬元放人生寫照的一部分。本節選錄部分片段，可在一定程度上展現馬元放的人品素養和道德境界。

（1）精讀歷史勿忘中華

　　經國民黨元老吳稚暉介紹，薛大元先生曾入國民黨海外部與馬元放一同共事，因此對馬元放比較熟悉，他回憶了幾個片段。

　　薛先生給友人的信中稱：「當年馬公元放任海外部主任祕書，弟為助理祕書，同在一室辦公，每天得以面聆馬公之教益。相處之日既久，覺得馬公在海外部之威望極高，他平日雖沉默寡言，但他的人格魅力，使人人對他抱以敬愛的態度。」[147]

　　薛先生還回憶說：「馬氏平日不煙不酒，所好者唯讀書，尤其喜歡讀史書。他曾謂一部《二十四史》，讀完非易事，可選若干史精讀之，而袁了凡之《綱鑑易知錄》，則不妨常常翻讀，亦可補不能讀完《二十四史》之缺。我於1946年去南洋時，馬氏即以《綱鑑》一部贈我曰：『暇則常讀，毋忘中華。』他自書一座右銘掛於壁上，曰：『欲除煩惱須無我，歷盡艱難好作人。』亦足以明其心志矣。」[148]

---

[147] 章公臺整理：〈滬寧讀者鴻雁傳書，兩位歷史老人暢談歷史人物〉，常州：《橫山文化》2013年6月28日。

[148] 薛大元：〈馬元放的《歸漢記》〉，載於顧國華主編《文壇雜憶‧全編五》（上海：上海書店出版社，2015年）。

（2）謙卑尊師

　　仲超先生撰文[149]講述了馬元放謙卑尊師平易近人的故事：

> 仲超先伯王汝圻先生曾在江蘇法政大學任教，桃李遍於上海、江蘇地
> 區，當年在中國司法界有較高的名望。1930年冬，仲超先伯在南京突發
> 腦溢血，下肢癱瘓，言語不清。旋即轉滬治療，但數月不見效果。則於
> 1931年春夏之交，由家人護送返回原籍阜寧。途中，輪船到達鎮江港。
> 有位馬元放先生，是國民黨江蘇省黨部委員，正在鎮江工作。馬元放聽
> 說先伯因病返鄉，便在輪船靠港停泊之際，特地登船探望，並幫助把先
> 伯抬上江中小船，執師生之禮甚恭。

　　2004年12月，陳櫓在其南京大學的博士論文《民國時期上海的蘇北移民研
究》中也引用了此段馬元放登船探師的故事。

（3）從書信中看出抗日情懷和為人之本

　　吳以恕先生是資深教育工作者，曾撰文〈也說馬元放先生〉[150]，講述了一
些早年的回憶。

　　江蘇省阜寧縣有一書香世家葛府，其末代功名獲得者凝齋老人曾在江蘇法
政大學講授國學。七七事變後，蘇北大地很快淪為戰地。阜寧縣葛府因與吳家
是至親，凝齋老人便攜家小來到吳家暫避戰火，後因戰亂凝齋老人不幸辭世。
吳先生在整理老人遺留下來的一個竹製書箱時，發現有幾個信封，上面字跡工
整挺拔，於是好奇地抽出一封細看，見信的抬頭稱「凝齋夫子大人」，而信後
落款是「受業馬元放」。由此吳先生頓時明白了，原來當時任江蘇省教育廳長
的馬元放竟是凝齋老人的學生。吳先生說，記得信的內容大致是先向師尊請安
問候，接著是馬元放對當前抗日形勢的分析，彙報戰時江蘇教育的概況。話語
中極顯一個愛國知識分子憂國憂民的情感，並向師尊表達矢志報國的決心。信
末則是祈盼師尊多多保重，說自己常年行蹤倥傯，無法照顧老人。但如有需

---

[149] 仲超：〈追憶先伯王汝圻生前二三事〉，載於中國人民政治協商會議江蘇省鹽城市委員會資料研究
委員會編《鹽城文史資料選輯‧第9輯》（1990年10月印）。
[150] 吳以恕：〈也說馬元放先生〉，2014年11月於上海，時年九十一歲。

求，可直接找鹽阜地方教育行政負責人，並說他早有囑託等語。閱信後吳先生感慨地說，雖未見過我們江蘇省這位教育廳長，但已從幾封信中領受到了一個人應該如何尊師重道，如何做人，這些是基本的道理。

（4）勤勉工作不辭辛勞

抗戰勝利後，邰聯元先生一直在南京教育界工作至退休。

邰先生回憶說，馬元放在任職教育局長期間，走遍城鄉每個學校。一次乘坐吉普車去江心洲途中還翻了車，險遭不測。邰先生說與馬局長有過三次見面，記憶深刻。第一次是南京市師範學校舉行運動會，馬局長出席指導，由我負責接待。開會前馬局長得知我在蘇北泰興讀過書，便跟我聊起當年在當地堅持抗戰教育的事情，聊得很輕鬆。運動會揭幕時間一到，聊天便戛然終結。第二次見面是代表校長參加教育局同人為馬局長舉辦的生日宴會，馬局長攜夫人到場，笑容可掬，和藹可親，與大家握手致謝。第三次是1947年的一天，馬局長一行三人路過我所在的學校，進校看看校容校貌。局長一眼就叫出我的名字，並指著學生成績欄的刊頭「兒童園地」提醒我說，小學裡用字要規範[151]。

馬元放雖是順道視察，但也可以看出其認真嚴謹的工作態度。

（5）支持創辦民辦中學

句容長江中學（現下蜀中學）創辦人、首任校長胡家波撰文[152]，記述了當年馬元放支持創辦句容民辦中學的事蹟。

胡先生在文章中說，1947年他為家鄉創辦「句容長江中學」，不料遇到困難。江蘇省教育廳審批私立中學的辦學條件有四：「1、要有聲望的人組成學校董事會；2、要有存款拾億元（法幣）的基金；3、要有校舍；4、要理化試驗儀器等俱全。」其中的2、3、4條都設法解決了，但第1條讓他犯了難。胡先生稱曾邀請蔣經國先生出任董事長，但由於蔣經國推脫而未果。在困難之際，其叔父胡澤剛（國民黨儀徵縣縣長）出面代其請了南京市副市長馬元放、鎮江商會會長陸小波、江蘇銀行總經理嚴惠予、政治大學教授馬博安等數人，組成董事會，才促成了句容長江中學的創辦。

---

[151] 邰聯元：〈我所瞭解的馬元放〉，《南京晨報》2007年4月14日。
[152] 胡家波：〈憶私立長江中學〉，載於中國人民政治協商會議江蘇省句容市委員會資料研究委員會編《句容文史資料‧選輯‧第18輯》（2002年11月印）。

所以，馬元放曾為句容長江中學董事會的首任董事。

（6）耳聞一語感慨至今

金問信先生是家父國立九中同班同學金問知的胞弟，他撰文〈懷念尊敬的馬元放老伯〉[153]，轉述其中兩個片段：

> 金先生說，當年他年紀還小，只是聽高年級學生說過馬元放撰寫的《歸漢記》。印象中寫的是在抗日戰爭艱難時期，馬老伯毅然撇下妻兒，被派往江蘇敵偽區，發動組織群眾，做抗日救亡的地下工作，深入虎穴，歷盡艱難險阻。後被叛徒出賣，囚禁三年多。其間嚴拒脅迫利誘，堅貞不屈，視死如歸，終於脫離虎口逃回重慶。馬老伯為抗日各界所稱頌，亦為我們青年學生心目中的英雄。

> 抗戰勝利後，金先生的哥哥由安徽轉入南京三中借讀，曾在馬元放家裡小住。後來，一次其兄帶他去馬家玩耍，見到馬老伯，中等個子，平易近人，待我們小客人很親切。那天留在馬家一同吃晚飯，飯桌上聽到馬老伯對家人說了一句：「今天事情太忙，中午只吃了兩個燒餅。」乍聽起來，當時也沒啥感覺，但記住了這句話，今天回想起來，它體現了馬老伯的儉樸本色，雖然他當時已居南京市副市長兼教育局長高位，但如此克勤克儉，真是難能可貴。

（7）為「中國第一老牌」眼鏡店開業剪綵

馬元放在南京受邀參加各種剪綵和慶典活動甚多。南京市老字號協會會長、江蘇省眼鏡協會執行會長孫勤國撰文[154]介紹了吳良才眼鏡公司南京分公司的開業剪綵情況。

當時在南京經營眼鏡的店鋪有二十多家，包括晉豐鐘錶眼鏡店、上海眼鏡商店、上海吳良材眼鏡公司南京分公司（南京吳良材眼鏡店）、精益眼鏡商店、三星鐘錶眼鏡店、茂昌眼鏡店、偉都鐘錶眼鏡店、四明眼鏡店、新華眼鏡

---

[153] 金問信：〈懷念尊敬的馬元放老伯〉，載於《國立九中（1938-1946）南京校友會簡報》2008年5月。
[154] 孫勤國：〈追憶年華，「鏡」水深流——小記民國時期南京眼鏡行業〉，《江蘇眼鏡網》2019年1月6日。

行、承記鐘錶眼鏡店、光明眼鏡店、光華眼鏡店、亨得利鐘錶眼鏡店、新藝眼鏡店、馮福記眼鏡店等。

1946年10月15日，號稱「中國第一老牌」的吳良材眼鏡公司南京分公司（南京吳良材眼鏡店）開業，同日在南京《中央日報》上刊登巨幅開業預告，引起社會關注。開業當日，邀請了時任南京市政府馬元放副市長和曾任國民黨中央組織部長、國民政府教育部長、立法院副院長陳立夫的女兒陳澤容小姐剪綵，表現出當時南京政府對眼鏡行業的重視。

（8）王正銓先生追憶馬元放

南京王正銓先生閱讀2003年11月30日《南京晨報》刊登的〈愛國教育家馬元放的風雨人生〉一文後，特撰寫一篇短文[155]寄託哀思。摘抄如下：

> 近見報載文章紀念矢志抗日、熱衷教育的馬元放先生，令我也情不自禁地懷念這位家父的摯友。
>
> 先父王炳鈞先生是民國時期的著名律師，家居南京。家父與馬元放先生先後畢業於江蘇公立法政大學，他們不僅是校友且又成為好友。在抗戰前及勝利後，因都在南京生活，所以馬元放先生是我家的常客，常與家父促膝暢談。因家父年長兩歲，故馬先生對家父總是以兄相稱，而我見到他時則以叔叔敬稱。令人難以忘懷的是，1947年祖父去世，馬叔叔特為祖父寫下弔唁詞，並親自登門悼念。弔唁詞為「椒卿老伯千古　碩德長昭　愚侄馬元放敬題」。

（9）書生亦有威武之氣概

馬元放友人驚鴻曾經撰文回憶了一段往事，讀之令人動容。文曰：「有一天，我拿一篇我作的趙毓政女士傳送給他看。毓政是我們很好的朋友，曾當過江蘇省黨部委員，抗戰時遭日軍殺害了。他看過後，慘然不悅，他說：『毓政死了，我們替她作傳，將來我們死了，何人替我們作傳？』我接著說：『以毓政的為人，怎樣落得悲慘的結局？』他不加考慮反詰道：『你說錯了，文天

---

[155] 王正銓：〈追憶馬元放先生〉，2003年於南京。

祥、史可法不是慘死嗎？慘死是光榮的，不是失敗的。』言下頗顯露出『威武不能屈』的氣概——這種氣概，本是讀書人護身法寶。可是，一般無恥的人，早把它拋棄淨盡了。」[156]

　　從以上對話可見，馬元放雖是一介書生，但心目中是以文天祥、史可法等人的精神激勵自己，時時刻刻都透露出他的正直、剛毅和威武不屈。

（10）受邀參加鑑定溥儀所盜書畫

　　筆者查閱史料，見到有兩篇文獻記錄了同一件歷史往事。其一是當年天津市文化局局長鄭振鐸、副局長王冶秋等人給東北文化部的〈關於鑑定溥儀所盜書畫的情況報告〉[157]，說的是末代皇帝溥儀自北京出逃天津時，曾帶走故宮精品書畫一千二百餘件。有數十件在天津變賣，其餘帶至長春藏於偽宮中。日寇投降後，長春偽宮被劫一空。50年代初政府在東北及天津收繳、徵購了若干文物，其中有一百二十九件書畫，於1952年9月被送至天津市文化局。這批書畫均係當年溥儀攜帶出宮者，每件均有乾隆、嘉慶及溥儀的璽印。但這些書畫在進宮前就鑑別不清，真偽雜糅。為此，文化局曾聘請局外專家十七人，組成鑑定委員會。這十七位專家是：徐森玉、張珩、江豐、葉淺予、蔡儀、馬元放、王朝聞、蔡若虹、葉恭綽、張伯駒、啟功、惠孝同、謝稚柳、朱家濟、鄧以蟄、徐邦達、謝元璐。但是其中江豐、蔡儀、馬元放三人未能參加工作。另一篇相關史料為〈四海無雙木雁齋——鑑藏家張珩〉[158]。

　　馬元放被邀鑑定書畫，筆者並不感到詫異，因為似乎也有一定緣由。馬元放擅長書法是被民間公認的，曾經受邀題詞、題寫刊頭、書寫對聯之事數不勝數。馬元放僅在被汪偽囚禁期間，要求他題詞題字的客人很多，所寫的對聯、條幅，連同題詞等等就不下千餘件[159]。當年媒體也有報導，如《海星》1946年第6期載文〈南京副市長馬元放獄中賣字〉，以及《快活林》1946年第10期載文〈南京副市長馬元放善寫大字〉。張根全編著的《中國美術家人名辭典增補本》（西泠印社2009年出版）中，也將馬元放列入其中，並稱其「擅書」。可見馬元放在書法上具有一定造詣。

---

[156] 驚鴻：〈悼馬元放〉，1952年3月29日（香港）《自由人》。
[157] 國家文物局編《鄭振鐸博文集》（北京：文物出版社，1998年12月），第201頁。
[158] 鄭重：《海上收藏世家》（上海：上海書店出版社，2003年1月），第436頁。
[159] 馬元放：〈九、疚心〉，《歸漢記》（重慶：大光出版社，1944年）。

第五章　馬元放與家鄉

5.1　馬元放與吳稚暉

　　吳稚暉（1865-1953）老先生，原名朓，後改敬恆，字稚暉，江蘇武進人。吳老1901年赴日留學，後曾赴英法等國，在英國期間與孫中山先生相識。隨後，吳老先生追隨孫中山投身革命。他是發動反清革命的主要人物之一，為民族光復做出了卓越貢獻。他不僅是中國國民黨的元老，在國民黨和國民政府中身居高位，而且還是中央研究院院士、教育家、書法家。他1949年去臺灣，1962年被聯合國教科文組織授予「世界文化學術偉人」榮譽稱號，成為20世紀獲此殊榮的首位中國人[1][2]。

　　吳老先生年長馬元放三十七歲，既是同鄉，又是長輩。而且兩人均有童年喪母的經歷，飽嘗了生活艱辛。馬元放加入國民黨後，在工作及人生道路上，均受到吳老先生關愛。其二人之交往可列舉二三史實。

　　其一，二人均關注1928年發生在南京的國立第四中山大學「改名風波」（第一章中已有記述）。當時有幾種意見，官方提出改名為「江蘇大學」；學生則要求改名為「南京大學」；吳老先生認為位於首都的大學，宜改名為「國立首都大學」；馬元放出於對母校及教育事業的關心，提出了個人見解，建議改名為「中央大學」。吳老先生和馬元放兩人的提議均刊於1928年4月26日的《民國日報》。最終官方採納馬元放的提議，加「國立」二字，學生也極為滿意。由此「國立中央大學」校名誕生。通過這次大學改名事件，吳老先生對小同鄉馬元放印象頗深，從此結下了忘年之交。

　　其二，讚賞馬元放的抗日意志，為馬元放所著《歸漢記》題詞作序。抗戰時期馬元放在江蘇省領導國民黨系統的敵後抗日鬥爭，因叛徒告密而被日偽逮捕，羈囚三年餘。後經國民黨努力營救，終於逃脫日偽魔掌，重返陪都重慶。

---

[1]　「吳稚暉」詞條，《百度百科》。

[2]　常州市哲學社會科學界聯合會、常州市社會科學院編《常州歷史名人大辭典》（上海：上海辭書出版社，2015年11月），第184頁。

馬元放將其被日偽逮捕及羈囚脫險的經過，寫成報告文學《歸漢記》，先後發表於國民黨的《中央週刊》、《中央日報》等，反響熱烈。吳老先生極為讚賞《歸漢記》，為其出版成書熱心題寫書名、作序，並致函馬元放予以鼓勵。由此可見他們關係親密、情誼深切。在諸多前輩的支持下，《歸漢記》一書於1944年7月由重慶大光出版社出版。

此外，馬元放也常與吳老先生一同參加各種活動。1943至1945年間，江蘇人（以無錫人為主）在重慶組織旅川同鄉會。先出版《鄉訊》，後又編印《復甦》月刊。該月刊命名是為了符合抗戰意義，包含勝利復員之希望。「復甦」即「復甦國家、復甦民族和恢復江蘇」之意。《復甦》月刊以復甦月刊社的名義，常在重慶兩路口社會服務處舉行「復甦月會」，召集江蘇旅渝同鄉和《復甦》月刊的讀者，進行專題講演和報導故鄉消息。主要邀請國民黨高層和知名人士主講，吳稚暉、馬元放同是受邀主講人，還有葉楚傖、洪蘭友、葉秀峰、韓德勤、王公璵等人，也邀請過蔡炎培、冷御秋、江問漁、王崑崙、馮玉祥、李明楊和章乃器等人講演。吳稚暉和馬元放還同為《復甦》月刊的主要撰稿人[3][4][5]。1945年3月，在國立中央大學和國立重慶大學執教的畫家、武進同鄉王挺琦在重慶夫子池勵志社舉辦水彩畫展，吳稚暉、陳立夫、張道藩、顧毓琇、徐悲鴻、馬元放、薛迪功等二十五位知名人士為其刊登啟事，該畫展獲得社會人士的好評[6]。

1945年抗戰勝利，中國國民黨召開第六屆全國代表大會。吳稚暉與馬元放同為大會代表，吳稚暉當選為中央監察委員[7]，馬元放當選為中央執行委員。

臺灣孫文主義學會常務監事、海峽兩岸學術文化交流學會理事、臺灣國防大學醫學院前政治學科主任教授、臺北市武進同鄉會前常務理事、常州逸仙進修學校創校副董事長周振華先生，曾於2014年特撰文〈馬元放與吳稚暉〉寄予家父，以紀念故鄉武進兩位先人的情誼。

[3] 華晉吉：〈復蘇社〉，載於中國人民政治協商會議江蘇省無錫市委員會文史資料研究委員會編《無錫文史資料・第1輯》（1980年9月編印），第80、81頁。
[4] 朱幫華：〈無錫民國史話〉，載於政協江蘇省委編輯部《江蘇文史資料》（2000年1月編印），第238頁。
[5] 陸陽：《薛明劍傳》（北京：華文出版社，2013年），第124頁。
[6] 龍紅、廖科編著《抗戰時期陪都重慶書畫藝術年譜》（重慶：重慶大學出版社，2011年11月），第293頁。
[7] 劉維開編《中國國民黨職名錄1894-1994》（北京：中華書局，2014年）。

5.2 馬元放與薛迪功

　　薛迪功先生（1893-1951）年長於馬元放，是武進歷史上的一位知名人士。早年北伐軍到達武進縣時，是三位打開城門、迎接北伐軍進城的年輕人之一。北伐軍進城後，他擔任國民黨武進縣黨部黨報主任兼《中山日報》主筆。後擔任過國民黨縣黨部監察委員等職[8]。早年他以從教為職業，熱心文化教育事業，曾擔任武進教育會常務幹事至抗戰爆發[9]。他還是實業家，抗戰期間退居後方後，曾和他人一同開辦汽車運輸等業務，積極參與抗日救亡活動。抗戰勝利後回到家鄉武進，經營武宜長途汽車公司，並擔任武進縣長途汽車同業公會理事長。國民黨元老吳稚暉先生是薛迪功先生的表親，曾介紹薛迪功之子薛大元到國民黨海外部，在馬元放身邊工作，任助理祕書[10]。

　　抗戰爆發前，薛迪功先生在國民黨武進縣黨部服務時，馬元放在江蘇省黨部工作，既是同鄉，又同為黨務工作人員，自然關係親近。

　　抗戰後期，馬元放與薛迪功同在陪都重慶，常常一同參加武進同鄉組織的各種活動。有文獻記載，1945年3月，在國立中央大學和國立重慶大學執教的畫家、武進同鄉王挺琦在重慶夫子池勵志社舉辦水彩畫展，由吳稚暉領銜，二十多位社會名流為其刊登啟事，其中就有馬元放和薛迪功[11]。

　　抗戰勝利後，1946年常州紅十字會武進分會復會，薛迪功先生當選為常務理事，馬元放被推舉為名譽副會長[12]，一同為家鄉紅十字會效力。

　　同年10月10日，「武進建設協會」成立。23日，選舉第一次理事會，薛迪功當選為常務理事，且擔任下屬特種委員會之工商委員會主任委員。馬元放亦被建設學會聘為旅京（南京）同鄉聯絡員，他們共同為家鄉建設出過力。武進建設學會的宗旨是聯合當地熱心於地方建設人士及專門學識人士，共謀新武進之建設，並與旅外同鄉及國內外農工商學等團體取得密切聯繫以推進地方建設[13] [14]。

---

[8]　薛大元編《薛迪功研究資料集》（2015年印），第84頁。

[9]　張興華：〈對吳之光先生「質疑」的答疑〉，載於常州：《譜牒文化》2015年第2期。

[10]　丁言模、董昊：〈薛大元真實版的「潛伏」主角〉，《上海老年報》2019年10月28日。

[11]　龍紅、廖科編著《抗戰時期陪都重慶書畫藝術年譜》（重慶：重慶大學出版社，2011年11月），第293頁。

[12]　張濤：〈常州分會的復會〉，《江蘇省紅十字會官網》2015年7月17日。

[13]　〈武進建設協會決定初步計畫〉，上海：《申報》1946年10月15日。

[14]　〈學術團體，武進建設協會〉，武進史料（史料名稱不詳），第506頁。

5.3　馬元放與唐玉虬

　　唐玉虬先生（1894-1988），武進人，名鼎元，字玉虬，自號髯翁，以字行。醫家兼詩人。唐玉虬父親的嗣父和嗣祖父均以醫名於世，家中留有許多古醫書。在唐玉虬十七歲時，他從父命習醫。二十歲時，他又師從江南大儒錢名山，入常州寄園求學。抗戰時期，唐玉虬在成都行醫，1937年被聘為中華民國國醫館學術整理委員會名譽委員，後任華西大學國文教授。1956年起在南京中醫進修學校（1958年秋更名南京中醫學院）任教，從事中醫古文獻及古典文學研究，後兼任南京江城詩社顧問[15][16]。唐玉虬在寄園與程滄波先生相遇，同窗苦學。他國學、詩文功底厚實，作品甚多，有《唐荊川年譜》、《唐荊川著述考》、《唐荊川弟子考》、《唐玉虬詩文集（上下集）》等存世。

　　唐玉虬年長馬元放八歲，與馬元放同為農家出生，且家鄉比鄰，同受一方水土養育。他贈馬元放的詩文中有一句：「我里與君里，實為前後村。」[17]由此可見，馬元放與唐玉虬應該相識較早。他們同樣自幼家貧，發憤讀書，力學成才。他們還甘於淡泊，愛國憂民，雖未曾共事，但志同道合，成為摯友。

　　馬元放求學於南京的江蘇法政大學時，受惠於恩師鍾泰（鍾鍾山）先生。唐玉虬與鍾鍾山也交往甚多，在《唐玉虬先生年譜》[18]中收有鍾鍾山致唐玉虬信函，其中述及為唐玉虬夫人立傳一事。1955年玉虬夫人珊若病故，鍾鍾山為之立傳〈武進唐夫人傳〉，並請其姐夫（馬元放的岳父）、書法老人倪東甫代書撰文後寄達。

　　唐玉虬是愛國詩人，對人對事皆善於以詩歌表達心聲，故被稱為近現代「舊體詩大家」[19]。1938年初，馬元放受國民黨中央委派，重返江蘇從事地下抗日工作。1938年8月，國民政府委任馬元放為江蘇省政府委員兼教育廳廳長。馬元放受命後即自滬入川，到達陪都重慶，向教育部請示今後的工作

---

[15]　常州市哲學社會科學界聯合會、常州市社會科學院編《常州歷史名人大辭典》（上海：上海辭書出版社，2015年11月），第349頁。

[16]　唐玉虬後人口述。

[17]　唐玉虬：〈奉題　元放先生《歸漢記》〉，載於馬元放著《歸漢記》（重慶：大光出版社，1944年）。

[18]　唐蜀華、卜玲：《唐玉虬先生年譜》（南京：江蘇人民出版社，2020年2月），第411頁。

[19]　常州市哲學社會科學界聯合會、常州市社會科學院編《常州歷史名人大辭典》（上海：上海辭書出版社，2015年11月），第349頁。

方針。9月11日，馬元放特意前往唐玉虬寓所拜望，並一同探討當時之抗日形勢。唐玉虬特作詩〈張仲明馬元放枉顧大溪溝敝寓〉[20]，以紀念此次闊別二十年後的聚會。詩文為：

> 故里衡茅近，天涯道路重。廿年長不見，萬里忽相逢。
> 窮巷留芳躅，青山照夕峰。漫教回首望，廬嶽正爭鋒。

數日後，馬元放啟程返回江蘇省政府所在地淮陰，主持抗戰教育。臨行前，唐玉虬特贈詩二首予馬元放，以豪情滿懷的詩句為他壯行。其一〈二十七年秋在渝送元放重之淮陰〉見本書第二編《歸漢記》。其二〈題馬元放在淮陰寄我醴陵書〉[21]摘錄如下：

> 昔日文章秀，如今節概雄。江淮猶赤幟，雲漢到飛鴻。
> 吾眼元非謬，天心定許同。寄言高伯子，共建攘夷功。

1940年6月，馬元放被汪偽逮捕，囚禁三年餘始終堅貞不屈，終於獲國民黨中央營救回到重慶。1944年7月，馬元放著《歸漢記》出版，書中記錄了被囚禁的抗日人士受到種種磨難卻矢志不移的精神和多位烈士英勇就義的感人事蹟。

在《歸漢記》的正文之前，有唐玉虬題詩〈奉題　元放先生《歸漢記》〉。該詩是三百六十字長詩，論古言今，句句正氣凜然。詩詞中既歌頌了國家和民族，又讚揚了馬元放不畏艱險，矢志抗日的志氣。詩中還抒發了與馬元放的深厚情誼，並互勉立志，展示了願為國家和民族鞠躬盡瘁的心願。在《歸漢記》第二章節中，馬元放對昔日唐玉虬贈詩感慨自謂：「此次脫險歸來，玉虬先生賜書勖勉，謂余雖未建殊功，而立奇節，可謂不負此詩，讀之彌增慚愧。」

---

[20]　唐玉虬：《唐玉虬詩文集》（合肥：黃山書社，2014年11月），第387頁。
[21]　唐玉虬：《唐玉虬詩文集》（合肥：黃山書社，2014年11月），第388頁。

5.4　馬元放與程滄波

　　程滄波先生（1903-1990），原名中行，字曉湘，江蘇武進人。1925年畢業於上海聖約翰大學，後續讀復旦大學政治系進修，又於1930年赴英留學。他既是著名報人，曾任上海《時事新報》主筆、《中央日報》社長、重慶《世界日報》總主筆，以及上海《新聞報》社長、香港《星島日報》總主筆。又曾在國民黨及國民政府內任職，身居高位。赴臺後還曾在多所大學任教[22][23]。程滄波先生書法造詣高深，曾任臺灣中國書法學會理事長、中國新聞評議委員會主任委員[24]。

　　馬元放與程滄波先生年齡相近，既是同鄉，又是摯友，且同為文人書生，一生中多有共事或合作，交往甚多。

　　1933年，國民黨江蘇省黨部成立江蘇新聞事業委員會，由馬元放任主任委員。該委員會負責全省新聞事業之規劃、設計、指導、調查、聯絡、交流等事項。省黨部聘任了多位從事新聞事業、有豐富的新聞學識及經驗，且有一定聲望的新聞界人士為委員，其中就有程滄波先生[25]。

　　1935年9月20日中華民國法學會在南京正式成立[26]，1936年3月，法學會重要的下設機構——專門委員會和編輯委員會成立[27]。專門委員會分法制、政治、經濟三類，各專門委員會聚集了國內本學科的專門人才。馬元放被選為法制專門委員會委員，程滄波被選為政治專門委員會委員，並且兩人又同是編輯委員會委員[28]。1937年，國民黨中央為加強文化領域的指導工作，由中央文化事業計畫委員會聘請專家學者組成各專門研究會。馬元放和程滄波先生同為新聞事業研究會專門委員[29][30]。

---

[22]　「程滄波」詞條，《百度百科》。
[23]　常州市哲學社會科學界聯合會、常州市社會科學院編《常州歷史名人大辭典》（上海：上海辭書出版社，2015年11月），第412頁。
[24]　「臺灣中國書法學會」詞條，《百度百科》。
[25]　趙如珩：《江蘇省鑑（上冊）》（1935年出版），第24頁。
[26]　「中華民國法學會」詞條，《百度百科》。
[27]　裴豔：《留學生與中國法學》（天津：南開大學出版社，2009年5月），第225頁。
[28]　〈會務消息報告〉，載於上海：《中華法學雜誌》新編1卷1期（1936年9月）。
[29]　方漢奇主編《中國新聞事業編年史（中冊）》（福州：福建人民出版社，2000年9月），第1340頁。
[30]　吳怡萍：《文化統制與國家塑造：國民黨中央文化事業計畫委員會研究（1936-1937）》，第九屆兩岸三地歷史學研究生論文發表會（成都：四川大學，2008年9月25-28日）。

1945年，馬元放與程滄波先生同為中國國民黨第六屆代表大會代表，並一同當選為中央委員會執行委員[31]。

　　1945年8月抗戰勝利，中國紅十字會的核心事業從救護轉向社會服務。1946年初，國民政府遷回南京。行政院頒布了《復員期間管理中華民國紅十字會辦法》，要求原敵占區的紅十字會儘快恢復或重建。遵照行政院指示，同年6月1日，武進分會正式恢復建會。9月19日，武進縣分會第一次理事會在縣商會會議廳正式召開，馬元放受邀參加了會議。會上，馬元放和程滄波先生兩人同被推舉為常州紅十字會武進分會名譽副會長[32]。武進分會隨後積極參與歷次總會要求的「擴大宣傳、徵求會員、募集捐款」活動，成績極為突出。因徵募會員和募集捐款均「位居全國縣級分會之冠」，1947年6月18日受到總會表揚，並獲得總會頒發的甲等獎狀。

　　據《常州市教育志》[33]記載，現江蘇省常州高級中學在抗戰期間，因校舍被日軍破壞過半，學校只得借用他處堅持辦學。抗戰勝利後，國民黨江蘇省政府下達復校訓令，學校於民國35年（1946年）1月遷回原址。由於學校缺少經費，無力修復校舍。該年，校友馬元放、程中行（滄波）、潘序倫、趙棣華等二十人以捐款所得二千二百餘萬元（舊幣）捐於母校。學校得此資助，始於8月建造校舍。錢士鶴在2007年10月26日《常州日報》發表〈重振名校風範〉一文，也介紹了馬元放與程滄波等人募捐資助母校之事，並附有照片。

常州中學募捐建造的教學用房（摘自2007年10月26日《常州日報》）

---

[31]　江蘇省地方志編纂委員會編《江蘇省志・國民黨志》（南京：江蘇人民出版社，2006年），第549頁。
[32]　張濤：《常州分會的復會》，載於《江蘇省紅十字會官網》2015年7月17日。
[33]　〈學校選介〉，高天德主編《常州教育志》（上海：上海人民出版社，1990年），第331頁。

1946年10月10日，武進成立建設協會。該協會為馬元放發起，程滄波與張九如等參加，一同為武進建設出謀畫策，貢獻綿力[34]。

　　1948年，武進艾干聚米堂重修馬氏宗譜，族人邀請馬元放為之撰稿作序，並由滄波先生手書，兩人合作的序文流傳至今。2013年武進耆宿吳之光先生曾為本書賜序，序中對馬、程二位的合作讚譽有加：「馬元放與程滄波，同為武進才子，各有千秋。馬長程一歲，生於光緒二十八年（1902），馬為教育家，程主中央社兼《中央日報》主筆，可稱宣傳家。兩人均好書法，程更勝馬，《艾干馬氏宗譜・民國戊子序》為馬撰程書，文字書法堪稱合璧，世所少見。」

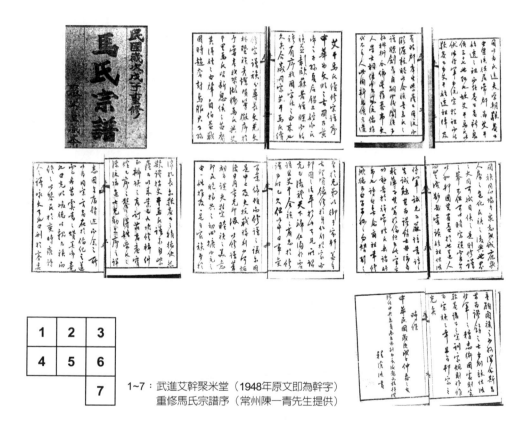

1	2	3
4	5	6
		7

1~7：武進艾幹聚米堂（1948年原文即為幹字）
重修馬氏宗譜序（常州陳一青先生提供）

---

[34]　〈武進建設協會決定初步計畫〉，上海：《申報》1946年10月15日。

程滄波先生後半生在臺灣度過，是臺北武進同鄉會發起人之一。自1968年6月召開武進同鄉會成立大會起，程滄波先生當選為理事長達三十三年之久。他為加深同鄉情誼、凝聚愛國力量、謀取同鄉福利，創刊了《武進鄉訊》，並購置同鄉會會所房產，創建同鄉靈塔等，盡心盡力，常有建樹。為紀念程滄波先生，武進同鄉會在會館內建滄波廳，並立先生塑像於廳內，以供瞻仰[35]。

臺北市武進同鄉會滄波廳

5.5　馬元放與高柏楨

　　高柏楨先生（1903-1939）也是武進人，是馬元放的大學校友，他進校時馬元放正好留校工作。他刻苦用功，成績極優，於1927年畢業。隨後兩人由同鄉、校友到同事，關係親密，情誼深厚[36]。

　　高柏楨畢業後，奉派到泰興縣政府擔任承審員[37]。1929年春回到家鄉武進縣，在國民黨武進縣黨部監察委員會任祕書。因武進縣黨務發生意外，省黨部派高柏楨等五人組成武進縣黨務整理委員會，負責重整武進縣黨務。1930年起，高柏楨由黨務整理委員，而執行委員，而監察委員，始終沒有離開黨部的崗位[38]。當時馬元放在國民黨江蘇省黨部工作，因工作原因兩人聯繫更加頻繁。

---

[35]　臺北：臺灣武進同鄉會會刊《武進鄉訊》。
[36]　馬元放：〈附錄三　追懷高柏楨同志〉，《歸漢記》（重慶：大光出版社，1944年）。
[37]　同上。
[38]　同上。

1931年5月，馬、高兩人同時當選為國民會議代表。在國民會議第8次會議上，馬元放、黃宇人與高柏楨等代表提出〈提高小學教員待遇，以增進教育效率案〉，獲大會通過，並由教育部訓令各省市制定實施辦法[39][40]。

1935年，江蘇黨務實行分區指導，馬元放任第一區黨務指導員，辦事處設在武進，便請高柏楨擔任辦事處總幹事[41]，區內工作都由他去開展。他工作努力，成績甚佳。

1938年初，馬元放奉派到江蘇堅持抗戰。在擔任淮陰區督察專員時，馬元放特邀請高柏楨由湘鄂返蘇一同工作，在行署任科長。兩人時常同去區內各縣視察督導，周歷城鄉各地，動員民眾，抵抗敵人，保衛地方。此後，馬元放擔任江蘇省教育廳廳長，高任教育廳祕書，並兼任省教育廳上海辦事處主任。在艱難的環境下，他全力協助馬元放一同工作，推進江蘇省抗戰教育的新局面[42]。

當時教育部鑑於戰區教育的重要，組織蘇浙戰區巡迴教學團，在江浙各地實施巡迴教學，團部設在上海。為此，馬元放推薦高柏楨兼任蘇浙戰區巡迴教學團副主任。1939年10月16日高柏楨由蘇北去上海赴任途中，因遭遇惡劣氣候發生沉船事故而不幸因公殉職，年僅三十六歲[43]。高柏楨遇難後，由武進錢伯顯先生等人為其裝殮[44]。

馬元放得知噩耗後，萬分悲痛。馬元放說：「柏楨死矣！我將從何處再去找尋這樣能講道義的朋友，更將從何處再會遇著這樣可共事業的同志？我欲哭無淚。我的悲哀，正因為無淚可揮，無從發洩，而永無止日。」[45]為了紀念高柏楨，馬元放與在上海的蘇省各校同仁在動盪的局勢下，集資建立了「松柏圖書館」[46]。1943年，馬元放脫離日偽的羈困返回重慶後，懷著沉痛的心情寫下〈追懷高柏楨同志〉一文，附於《歸漢記》內。該文又於1944年在重慶《復甦》、2007年9月25日在常州《橫山文化》刊載，以追思高柏楨。

---

[39] 同上。

[40] 〈教育審查委員會審查報告（第二號）〉，中國第二歷史檔案館館藏，《1931年國民會議》檔案。

[41] 馬元放：〈附錄三　追懷高柏楨同志〉，《歸漢記》（重慶：大光出版社，1944年）。

[42] 同上。

[43] 馬元放：〈附錄三　追懷高柏楨同志〉，《歸漢記》（重慶：大光出版社，1944年）。

[44] 錢伯顯：〈蘇浙戰區巡迴教學團情況〉，載於吳之光編《無愧時代——錢伯顯先生誕辰一百一十週年紀念文集》。

[45] 馬元放：〈附錄三　追懷高柏楨同志〉，《歸漢記》（重慶：大光出版社，1944年）。

[46] 同上。

抗戰勝利後，馬元放由重慶回到南京任職。隨後於1945年9月，馬元放與王海北等人為紀念高柏楨和發展地方教育起見，在武進創辦了「武進私立柏楨中學」[47]。9月29日呈請設立校董會，10月8日租定廟沿河瞿氏宗祠開學。建校初期開設高中二班、初中三班，首任校長為黃公望，校歌由馬元放作詞，蕭而化作曲。1949年「武進私立柏楨中學」一度更名為「常州柏楨中學」。同年，因學校具有國民黨三青團色彩，故被政府停辦[48]。

武進私立柏楨中學校史、校歌、校門、校舍[49]

5.6　馬元放與王振先

王振先先生（1905-1975），江蘇武進人。中國公學法政專業畢業，1928年加入中國國民黨，曾長期在江蘇省從事黨務工作[50]。馬元放長王振先三歲，

---

[47]　〈校史〉，載於《常州柏楨中學三七級畢業紀念冊》（1949年7月。常州蔣湧濤先生提供）

[48]　「第四節　中等學校」，常州市教育志編纂委員會編《常州市教育志》（上海：上海人民出版社，1990年），第46頁。

[49]　摘自《常州柏楨中學三七級畢業紀念冊》。

[50]　常州市哲學社會科學界聯合會、常州市社會科學院編《常州歷史名人大辭典》（上海：上海辭書出

164　無愧人生——矢志抗日、熱衷教育的馬元放

因是同鄉，又曾是同事，故彼此十分熟悉。家父回憶說，抗戰勝利後，王振先先生自鎮江來南京時，常常來家裡做客，家中老小也時常提起王振先這個名字。

馬元放和王振先曾一同從事國民黨的黨務工作。1929年馬元放在國民黨江蘇省黨部工作時，王振先在國民黨武進縣黨部工作，任縣黨部常委。1932年馬元放任省黨部常委，王振先在省黨部宣傳部任科長[51]。1938年馬元放離開省黨部在省政府工作，此時王振先擔任國民黨江蘇省黨部執行委員。1939年，馬元放回到國民黨省黨部任主任委員，又與王振先一同在江蘇省黨部合力推進全省國民黨系統的抗日工作[52]。

他們還曾一同從事新聞宣傳工作，一同辦刊物辦報紙，兩人都被譽為常州歷史上有名的報人[53]。1930年馬元放創辦國民黨江蘇省黨部機關報《蘇報》，曾親任首任社長。1932年王振先兼任《蘇報》編輯，1933年起擔任《蘇報》社長[54]，有史料稱是由馬元放推薦[55]。1933年9月，馬、王等九人發起成立江蘇新聞學社籌備委員會，並於1934年3月正式成立[56]。江蘇新聞學社對推動江蘇省的新聞事業，在新聞研究、聯絡人才、互通出版資訊等方面起到了相當大的作用。1936年5月（也有資料稱1935年10月）[57]，馬元放會同汪寶瑄、王公璵、劉季鴻、鈕長耀諸先生發起集資，組織董事會，創辦了《江蘇日報》，聘王振先為社長[58]。另外，當年在江蘇省還有《江蘇月報》，在省內具有相當影響力。翻閱《江蘇月報》，能看到馬元放與王振先常在同一期上發表文章。

王振先也是熱心教育事業的知名人士，對家鄉教育事業十分關心。1945年夏，為支持家鄉學子提高升學素質，武進同鄉有錢出錢有力出力，舉辦暑期義務教育。馬元放、王振先雖已不在家鄉，但還是和諸多鄉賢一同積極贊助。在

版社2015年11月出版，第34頁。

[51] 同上。

[52] 江蘇省地方志編纂委員會編《江蘇省志·國民黨志》（南京：江蘇人民出版社，2006年），第99頁。

[53] 王慶偉：〈常州民國報紙趣談〉，《凱迪網》2018年1月17日。

[54] 常州市哲學社會科學界聯合會、常州市社會科學院編《常州歷史名人大辭典》（上海：上海辭書出版社，2015年11月），第34頁。

[55] 何平：〈我所知道的馬元放和王振先〉，載於虞新華主編《武進文史資料·第19輯》（中國人民政治協商會議武進市委員會文史資料研究委員會，1997年10月）。

[56] 江蘇省地方志編纂委員會編《江蘇省志·國民黨志》（南京：江蘇人民出版社，2006年），第99頁。

[57] 〈鎮江民國報業一瞥〉，《金山網》2013年7與2日。

[58] 邢頌文：〈江蘇省會·報業概況又一補充報告〉，載於（臺灣）《江蘇文獻》第1卷第14期（1964年2月25日）。

眾多鄉賢的幫助下，「蘭陵暑期義務補習學校」得以順利開學[59]。

1946年9月18日，武進縣成立武進建設協會，馬元放和王振先同被聘為同鄉聯絡員，馬元放為旅京（南京）同鄉聯絡員，王振先為旅鎮（鎮江）同鄉聯絡員，一同為家鄉建設出過力[60][61]。

1949年末，王振先先生離開大陸移居臺灣，先後擔任「國民大會」及「中央信託局」理事會主任祕書[62]。

5.7　馬元放與家鄉教育和建設事業

馬元放雖已離開家鄉多年，但仍心繫家鄉。他十分關心家鄉的教育發展、中醫推廣以及建設事業。前文提及馬元放與程滄波等為常州中學募款復校，就是一例。

武進鄉親何平先生曾發表回憶錄〈我所知道的馬元放和王振先〉[63]，披露了馬元放幫助家鄉小學教育發展的往事。抗戰勝利後，馬元放在南京擔任副市長兼教育局長時，何平在南京一家報社擔任記者。因與馬元放是「武進鄉親」的關係，故常有採訪機會相見。何平回憶說，武進某鎮小學的校長，雄心勃勃，想擴充小學，擴建校舍，但苦於資金困難。為此，該校長便來到南京，約何平一同前去拜會同鄉馬元放。馬元放很客氣地接待了他們。當該校長說明來意後，馬元放滿臉笑容，連稱家鄉公益，理應效勞。當即在捐款簿上寫下一筆相當可觀的數字。憑著馬元放帶頭，該小學校長手持「捐款簿」，在南京、鎮江、常州、無錫、蘇州等地，四處「化緣」，終於擴建了校舍，增加了圖書、課桌等設備。

另有武進鄉親王坤一先生在《武進鄉訊》發表回憶文章〈蘭陵義教憶舊〉[64]，記述了馬元放等鄉賢對創辦「蘭陵暑期義務補習學校」的義舉。1945年抗戰勝利，戰時西遷的各大專院校均陸續回遷，招生復課，形成了升學熱

---

[59]　王坤一：〈蘭陵義教憶舊〉，載於臺北：《武進鄉訊》第7期（1969年3月）。

[60]　〈武進建設協會決定初步計畫〉，上海：《申報》1946年10月15日。

[61]　〈學術團體·武進建設協會〉，武進史料（日期、名稱不詳）。

[62]　常州市哲學社會科學界聯合會、常州市社會科學院編《常州歷史名人大辭典》（上海：上海辭書出版社，2015年11月），第34頁。

[63]　何平：〈我所知道的馬元放和王振先〉，載於常州：《武進文史資料·第19輯》（1997年10月）。

[64]　王坤一：〈蘭陵義教憶舊〉，載於臺北：《武進鄉訊》第7期（1969年3月）。

潮。而武進地區因曾經淪陷，文化教育與大後方有所脫節，故武進子弟較復員學生程度稍遜，投考錄取比例相形見絀。為提高武進子弟升學素質，馬元放、王振先、李渺世、駱東蕾、貢火生、是旭人、金國屏等十多位鄉賢積極贊助。邑中熱心公益、具有教學經驗之優秀教育人員義務參加，不收學生學費，免費供應教材。讀京滬等地大學的高材生也利用暑期回鄉服務。在諸多鄉賢鄉親助力之下，成立了「蘭陵暑期義務補習學校」。免費招收小學、初中、高中、簿記、珠算及應用文等科目學生近六百餘人，利用暑期辦學四十天，日夜授課，極大提高了蘭陵子弟的學識水準，收效頗豐。

馬元放除了努力促進國民基礎教育之外，對民族醫學的發展也極為重視。武進是文化之邦，亦名醫之區。但自清朝起，武進雖多出名醫，卻都學醫他鄉。1934年由武進名醫及有識之士創辦了「武進國醫講習所」，曾聘馬元放為常務董事[65]。該講習所曾為武進及周邊地區培養中醫，為民服務。後因常州淪陷，講習所關閉。抗戰勝利後，百廢俱興，武進國醫學會恢復。後在武進國醫講習所的基礎上，成立「武進國醫專科學校」，由馬元放任董事長，錢今陽任校長。《新中華醫藥月刊》1946年第11、12期，以及《國醫砥柱》1946年第4卷第10期均有相關報導。

馬元放還積極宣傳推廣中醫，有文介紹[66]：在一次南京的「武進同鄉會」聚會，國民黨元老葉楚傖，以及馬元放等武進籍人士均在場。當時葉楚傖講話時咳嗽不斷，正巧武進國醫專科學校校長錢今陽的姐姐、女中醫錢寶華也來到了同鄉會，馬元放等人隨即介紹錢寶華女士為葉楚傖開藥方一試。葉對大家的熱情不好推卻，其實他並沒有在意一個年輕女子的醫術。誰知葉回家服了三天中藥後，咳嗽痊癒了。於是葉楚傖會同南京的一些知名人士洪蘭友、王用賓等人，邀請錢寶華到南京行醫，治好了許多疑難雜症，弘揚了中醫中藥的精髓。

在江蘇省檔案館還尋得兩份檔案，一份是馬元放應聘為私立常州職業學校校董的應聘書，另一份是馬元放應聘吳縣私立聞天中學董事的應聘書。另據常州《牛塘鎮志》記載，馬元放曾於1942年受聘於武進私立青雲中學董事，後於1946年又擔任該校董事長。

---

[65] 〈國醫講習所董事會函告推選常務董事名譽所長〉，載於《武進國醫學會第一二屆會務特刊》（1934年）。

[66] 〈常州才女首創《中國女醫》雜誌〉，《常州日報》2017年3月5日。

此外，前文已述，1945年秋，為紀念因公殉職的武進同鄉高柏楨同志，同時也為了發展家鄉教育，馬元放與王海北等人創辦了武進私立柏楨中學，培養了初高中畢業生數百名。再有，為了省常中在戰後復建，馬元放等人積極籌款，資助校舍建設。

抗戰勝利後，武進急需恢復重建和發展生產。1946年10月15日《申報》刊載〈武進建設協會決定初步計畫〉一文稱，武進縣旅外人士積極支持武進建設，中委馬元放發起成立武進建設協會，中委程滄波、張九如等人均參加。協會於雙十節在武進成立，其初步計畫建設武進，發展土布生產，救濟農村等。先做試驗，一有成效即在全縣推廣。

武進文史材料也記有「武進建設協會」成立之事[67]，但與上述《申報》所述略有不同，稱武進建設協會成立於9月18日，協會聘請多名旅外人士，如聘馬元放為旅京同鄉聯絡員，王振先為旅鎮同鄉聯絡員等。姑且不論對「武進建設協會」的記載有所差異，僅就其曾經存在，且馬元放為其有所出力這一史實，應可採信。

5.8 馬元放與家鄉譜牒文化

常州是歷史文化名城，歷史名人輩出。常州的家譜文化傳承至今，在國內有很大影響。家譜又稱族譜、家乘、祖譜等，是一種以表譜形式，記載一個以血緣關係為主體的家族世系繁衍和重要人物事蹟的特殊圖書載體。家譜與國史、方志均為傳統文化的載體之一，同源分流，歷史悠久。明清至1940年代，常州修譜事業興旺發達，與浙東紹興、皖南徽州，成為江南譜事三大中心。在常州，幾乎村村有祠堂，戶戶有家譜。常州修譜之盛，為全國所少見。

常州地區家譜文化有深厚底蘊，現在又有極大發展。常州市譜牒與祠堂文化研究會建有常州家譜館，在家譜收藏、譜學研究方面成果豐碩。該研究會不僅在蘇南地區，乃至國內外都享有較高聲譽。該研究會主辦的期刊《譜牒文化》，也數次刊文讚譽馬元放，反映了家鄉民間對馬元放的肯定和紀念。

---

[67] 〈學術團體・武進建設協會〉，武進史料（名稱、日期不詳）。

吳之光老先生等常州鄉親與馬元放家屬等合影
前排左起：朱炳國、馬光忠、吳之光、章公臺
後排左起：秦薺芬、馬光義、張與華、江燕珊

常州市社科院特約研究員、常州市譜牒文化研究會會長朱炳國（左）
與家父合影

　　馬元放對家鄉的譜牒文化也曾甚為關心和重視。從現存的家譜資料中，可見馬元放留下的筆墨為數不少。例如：

　　1937年，家鄉鄰村周家村修譜《毗陵聚湖周氏家譜八修》（1937年），馬元放應邀為該譜題詞（周南平先生提供）：

粵維周氏　系出於姬　聚居吾邑　耕讀攘熙
貽謀燕翼　先德昭垂　繼往開來　念茲在茲

馬元放還為該譜特撰〈姨丈周公孟彪姨母金太夫人合傳〉及〈贈姨丈周翁銀生暨姨母金夫人合序〉（周南平先生提供）。

共十八卷的《霍氏宗譜》，是武進首位狀元霍端友（1066-1115）的宗譜，續修於1940年。該譜由馬元放作序，名《霍氏續修宗譜 序》[68][69]。

據馬元放義弟王鑄舜回憶，抗戰爆發之前，家鄉義父王堅白之王家宗祠修譜，馬元放曾撰文紀念義父，該文章被收於王氏宗譜。

抗戰勝利後的1947年，馬元放曾為常州《徐巷徐氏信譜》題寫封面並作序。

1948年，馬元放又為常州毗陵艾干聚米堂藏本《馬氏宗譜》（常州地區馬氏的另一分支）續修撰序，由書法家程滄波手書。

《武進新聞網》（2009年9月3日）載文〈馬家巷老譜難找，老祠堂更難覓蹤影〉稱，馬建超先生通過查詢一些資料得知，曾任南京市副市長、教育局局長的馬元放，也是馬家巷村馬氏祠堂的人，曾回故里為馬氏祠堂揭過牌匾。但是現在馬家巷村人很少知道這件事了。馬家村前輩馬介明先生也曾回憶說，1949年馬元放曾回鄉探親，還與其祖父談及續修家譜一事[70]。

2013年起，武進馬氏寶善堂《聚湖馬氏宗譜》第五次續修，由會長馬耀南、副會長馬東平、馬明忠、名譽會長馬浩進等十五名理事組成理事會。由於老譜難找，修譜有諸多困難。但是族人艱苦努力，2014年初終於完成修譜工作，全套宗譜共計十六冊。2014年清明節，馬氏族人歡聚一堂，舉行了盛大的頒譜大會。續修宗譜中載〈馬元放小傳〉及馬元放遺照，記述了馬元放的生平事蹟，為其正名，寄託哀思。家父馬光忠應邀在頒譜大會上發言，追思先人馬元放。在鄉親聯誼會上，父老鄉親也紛紛表示對馬元放的回憶和懷念，令家人十分感動。

68　馬奔：〈常州首位狀元霍端友家譜現身，共計十八卷〉，《中國日報網》2014年5月21日。
69　張軍：〈常州首位狀元家譜發現「早科坊」的爺爺〉，《中國江蘇網》2014年5月21日。
70　馬介明：〈關於馬元放的一些情況〉，2013年7月7日。

家父應邀在頒譜大會發言

馬家村部分鄉親合影

《聚湖馬氏宗譜》（共16冊）

頒譜慶典結束後鄉親聚餐

拜訪馬元放表妹金仁華（她回憶說馬元放曾教她唱歌）

　　在家鄉以外，馬元放也對譜牒文化鼎力相助。1983年南京市文物古蹟普查成果會上展出1948年續修之江寧《業氏宗譜》，該譜記載始祖李泌（位至唐朝宰相）及其後代一千多年的世系。為這部族譜寫序題字的有許多是歷史上的著名人物，如南宋的陸九淵、周必大，元朝的業福祿，明朝的陶承學、陳王道，清朝的查秉鈞，近代中國的洪蘭友、馬元放、李宗黃等。清代袁枚還專門為之題過詩[71][72]。

　　本節最後，抄錄前文提及的馬元放所撰譜序二則，讀其文可領略到譜牒文

---

[71]　竇天語、龐樹耕：《江寧》（南京：江蘇人民出版社，1988年10月）。

[72]　〈江寧一家族始祖被寫進《三字經》〉，《業氏網‧業氏新聞》2018年12月29日。

化的深厚底蘊，同時也可看出馬元放學識淵博，更可看出馬元放的家國情懷。

常州《霍氏續修宗譜 序》[73]：

> 譜牒之法，仿于唐，備於宋，蓋所以明親疏、別尊卑，意至善也。今者陳渡霍氏諸君子，有慮於事變之後，子姓流亡、支派混淆，競以敬宗收族為念，集議續修宗譜，稿成，請序於余。余敬按：霍氏受姓之由，為周文王第六子名度封於霍，以祀霍山之靈，後世遂以為氏。亙至炎漢以下，代有聞人，其中以博陸侯子孟，尤名震青史，功在社稷。然霍氏之有識者，雅不願依聲坿影，徒貽郭公之譏，惟以宋誠齋公為始祖。公諱端友，於崇寧二年舉進士第一，大魁天下。自後積厚流光，英俊輩出，或流芳於翰苑，或著績於宗伯，其顯貴無有逾此。霍氏之譜，不以子孟為始，而以誠齋為始者，水源木本，求其一脈相承耳。昔蘇子有言曰：家乘五年一小修，十年一大修。所以如此其急者，意在備遺忘，防散佚也。近考霍氏宗譜，自民國癸丑續修，迄今僅二十有七年，且又當此干戈擾攘，荊棘遍地，而霍氏諸君子族分尊貴麟、林海以及全錫、惠成、志龍等，獨能深明大義，不忘本源，能於危亂之際創議續修，以收敬宗睦族之效，始而採訪於槍林彈雨之中，繼而揮毫於酷日烈火之下。計自擇吉開盤以來，諸君子同心協力，遇事悉秉至公，時不數月而全部告竣。霍氏子孫可謂克盡孝思矣。余觀霍氏宗譜，深喜其體例明確，世次井然，親疏有別，尊卑有分，行見麇趾振振，蟄斯蟄蟄，而殿元公之餘緒，將必發揚光大，歷萬世而不墜。故不禁欣然而為之序。

> 時維民國二十九年九月，江蘇省政府委員兼教育廳廳長馬元放敬撰。

常州《徐巷徐氏信譜 序》[74]：

> 夫由家庭而氏族，而民族；由部落而宗邦，而國家。社會與政治之進化，近世學者言之甚備，血統為人類結合之初基，小之則為家，大之則為民族，為國家，初無二致，實不可分。孔門之言曰：家齊而後國

---

[73] 馬元放：《霍氏續修宗譜‧序》，載於《中國家譜資料選編‧序跋卷》（上海：上海古籍出版社，2013年11月）。

[74] 馬元放：《徐巷徐氏信譜‧序》，由常州市譜牒與祠堂文化研究會會長朱炳國先生提供。

治，是則欲治其國者，必先齊家，家之不能齊者，必將無與于其國，其故蓋有自矣。西洋之于古與吾甚相近也，迨產業革命而後揭自由競爭之說，於社會則倡，個人主義，不重家族，於生活則爭事物質，不尚倫理，斯風東漸，禮法寖漸，固不獨與吾國國情剌謬，抑亦與進化歷程相背，此言或當為警時者所議，然理無逾此，實亦為有心人所亟欲矯正，夫子孫繁衍，累葉相承，血統之支系，日以遠以疏，馴至相視于陌路，故欲尊重倫理，敬宗收族，則宗譜之刊這其尚歟，況政已民主，人與有責，人苟數典而忘祖，又矣，足進而與語眾人之事，家族為民族之本。國父固已垂諸遺教與焉，知宗譜之重，尤非公一姓一家事也，吾邑徐氏自宋末遷住小留，經元明清三朝迄已數百餘年，宗譜具在，凡經九修，今茲又有續修之舉，故家文獻易世不替，世其家者必有效于其國，吾乃以徐氏證之，故樂為之序。

中華民國三十六年五月一日
南京市副市長兼教育局局長馬元放拜撰

第六章 辭官為民，終了一生
（1948年-1952年3月14日）

6.1 辭官為民

　　抗日戰爭勝利後，國內又陷入內戰狀態，社會情勢日益動盪。馬元放雖然竭盡全力為國家和人民服務，但個人之力微不足道，從而他對工作逐漸喪失了信心。

　　1948年11月，小學教師罷教復課後，馬元放又多次懇辭本兼各職。12月15日《中央日報》以〈沈市長辭職尚未准，馬元放又辭本兼職，傳新閣組成後市長易人〉為題報導說：「京市副市長兼教育局長馬元放，前曾迭次請辭，均未獲准。上月十五日，馬氏續呈沈市長懇辭，以沈市長亦在辭職，故未批覆。茲聞馬氏在催請沈市長早予核准辭去教育局長兼職外，並已呈行政院懇辭副市長一職，聞辭意至為堅決。……向記者表示，此次辭職絕無絲毫畏難之意。……前在抗戰期間，輾轉大江南北，從事地下工作，……敵偽劫持，羈囚京滬三年，一切危難……在所不辭，惟自勝利復員之初奉命回京，任事……瞬逾三載，雖兢兢業業，未敢稍懈，終以材……無補時艱，故甚望能早獲核准。」

《中央日報》1948年12月15日

1948年12月26日《中央日報》又以題〈滕傑明日履新，馬元放辭兼職獲准，市府人事可能有變動〉報導：「京市副市長兼教育局長馬元放，前曾逕向行政院及沈市長懇辭副市長及兼教育局長職務。馬氏頃告記者稱：渠請辭教育局長兼職，已獲沈市長照准，請辭副市長一職，政院日內亦即可予批准。」

《中央日報》1948年12月26日

　　12月29日《中央日報》又繼續報導，題〈市府新任兩局長定明日正式視事，謝徵孚已調社部任司長，馬元放仍堅辭繼掌教局〉，稱：「兼職教局局長馬元放，鑑於滕市長竭力挽留繼掌教局，但馬氏辭意甚堅，為表示決心起見，今日起將不到局辦公，候新局長人選發表後再到局辦理交卸手續。在其離職期間，暫由主任祕書章柳泉代拆代行。又馬氏向行政院呈辭副市長職務，迄未接獲批示，昨（28日）上午十一時，馬氏特親持辭呈，赴行政院請辭。」

　　接著，12月30日《中央日報》又載文〈社會民政兩局長今晨分別接事〉，其中一則消息是：「教育局長馬元放堅辭後，昨（29日）上午九時該局全體同人假白下路民眾教育館舉行茶會歡送馬氏，以表惜別之意。馬氏於席間致詞謂：『三年來全體同人同甘共苦，堅守崗位，深表感謝』。」

　　1949年1月4日，行政院發布人字第二四五號訓令，馬元放辭副市長一職照准。至此，馬元放終於完全退出政界，棄官為民。馬元放辭任後，江蘇省主席丁治磐曾多次邀其出任省參議會代理議長[1]，均被謝絕，顯示出馬元放堅決脫

---

[1]　馬元放：〈自述〉（1951年）。

離政治之決心。

馬元放獲准辭去本兼各職後，放棄赴臺。1949年1月他攜家眷遷居上海，入友人開設的裕農畜植產物商行，任文書職員[2]。他以微薄的工資維持家用，過著普通百姓的生活。

馬元放在滬時，曾有多人勸其儘快離開上海，也被其婉言謝絕了。當時《中國人民解放軍布告》[3]（又名《約法八章》）已在全國公布，根據布告內容，馬元放不在懲辦人員之內，這也堅定了他留滬的決心[4]。

在一篇馬元放好友撰寫的悼念文章[5]中有一段話，即：「徐蚌會戰失敗後，南京即作遷都打算，我曾赴翠明村（馬元放宅——筆者注）拜訪他（即馬元放。——筆者注），問他作何計畫。他說：『有錢的遠走高飛，我的人口眾多，又沒有積蓄，怎樣走呢？自問向來我沒有做過壞事，問心無愧，將來移到上海慢慢過吧。』這時他已辭掉南京市的本兼職務了。」從這段簡單的對話可以看出，馬元放清廉做官、清白做人，並甘願棄官為民，決心留滬生活。這應該也是馬元放未去臺灣的樸實解答。

6.2 不幸離世，後人敬仰

1950年12月24日，馬元放被上海市公安局逮捕並押送武進，後轉押於南京[6]。1952年3月14日，南京市軍事管制委員會在南京《新華日報》刊登布告，指控馬元放為「反革命首要分子」，南京「下關事件」的主謀，以及鎮壓南京「五二〇」及「六二」學生運動的主要兇手等罪責。同日，馬元放離世。

（臺灣）《江蘇文獻》第4卷第20期（1975年12月）刊載馬元放〈抗戰時期在滬寧二地羈囚三年經過〉一文，以紀念這位抗日志士。同時，編輯部為該文撰寫了編者按語，稱：「在臺之親友，曾於民國四十七年（1958年）六月二十日在臺北市善導寺舉行集會悼念。」至此，馬元放的一生畫上了句號。

南京「下關事件」[7]是指，為了呼籲和平、制止內戰，1946年6月23日以民

---

[2] 同上。

[3] 毛澤東、朱德署名頒布《中國人民解放軍布告》，1949年4月25日。

[4] 同上。

[5] 驚鴻：〈悼馬元放〉，1952年3月29日（香港）《自由人》。

[6] 馬元放：〈自述〉（1951年）。

[7] 「南京下關事件」詞條，《百度百科》。

主人士馬敘倫、雷潔瓊等十一人為代表的請願團自上海赴南京向國民政府和平請願，在下關火車站遭到特務暴徒的襲擊，馬敘倫、雷潔瓊等均被毆傷。諸多史料和文獻均已明確，南京下關事件是由當年國民黨中央調查統計局所為。

《陳立夫大傳》[8]中對南京「下關事件」有如下記載：「根據陳立夫的授意，葉秀峰將津浦路特別黨部調查統計室主任陳叔平叫到局本部，指定由陳叔平負責組織『蘇北難民』。」「下關屬於中統南京區範圍，因南京區區長田純玉剛到職，對下關情況不熟，下關的任務也交給陳叔平。」「在上海和平請願團赴南京前，葉秀峰主持召開『丙種會報』商討對策。出席會議的有中統局局長葉秀峰，軍統局局長毛人鳳，中統南京區區長田純玉，軍統南京站站長黃逸公及憲兵司令部，首都警察厅等單位的代表。」「會後，葉秀峰召集陳叔平、季源溥、陳慶齋（中統駐上海專員）、黃九成（中統局科長）等具體佈置對付辦法。」「下關事件發生後，中外譁然。」「陳立夫與吳鐵城都埋怨葉秀峰計畫不周，不應打人，把事情弄得不好收場。」

蔣介石高級幕僚唐縱在6月25日的日記中[9]也有關於南京「下關事件」的記載：「經警察厅查明，下關事件系南京市黨部的領導，但馬元放始終未與中央聯繫。」「晚上，主席電話。囑葉秀峰、馬元放往見，並囑我陪見，余知必為下關事件。葉先至，我等馬後到。主席對葉痛罵，及我與馬往見，孝鎮謂主席怒甚，囑我等往葉處，當商量制止難民明日不得遊行請願。」

從以上記載可見，南京「下關事件」由中統局組織並實施。雖然唐縱日記中說「系南京市黨部的領導」，且又說「馬元放始終未與中央聯繫」。但是至今未見有市黨部領導的事實記載。《南京政黨志》[10]對國民黨南京市黨部與中統之間的工作關係有明確說明：「民國15年（1926），國民黨南京特別市黨部工作部門設部，民國23年（1934）5月改設科，民國34年（1945）8月改設處。其中調查統計室和通訊組，名義上屬國民黨南京特別市黨部，組織人事和工作安排都直屬中統。」這就可以解釋為何馬元放始終未與中央聯繫，以及為何蔣介石痛罵葉秀峰後無需再召見馬元放，因為馬元放並未介入此事件。

筆者在一舊報上尋得事發當年南京記者槐生的文章稱，馬元放「得悉下關

8　張學繼、張雅蕙著《陳立夫大傳》（北京：團結出版社，2008年7月），第280,282頁。

9　公安部檔案館編著《在蔣介石身邊八年——侍從室高級幕僚唐縱日記》（北京：群眾出版社，1991年8月），第626、627頁。

10　南京市地方誌編纂委員會編纂《南京政黨志》（南京：河海大學出版社，1997年3月），第314頁。

發生事故後，曾頓足謂『不可』。馬並謂，即欲行動，亦得先說之以禮，如不可理喻，再移請司法機關辦理。這是馬在電話中與韓文煥廳長（首都警察廳長——筆者注）通話時的意見，可見馬並不是主使人」[11]。此文亦是一旁證，說明馬元放對於當年發生的下關事件，是事情發生以後才得知，且不贊成打人。

「五二〇」學生運動[12]是指，1947年5月20日南京、上海、蘇州、杭州十六個專科以上學校的學生六千餘人以「反飢餓、反內戰、挽救教育危機」為主題，在南京舉行的「挽救教育危機聯合大遊行」。大學生們的請願對象是國民參政會、教育部和行政院，而非南京市教育局（因南京市教育局不管轄大學及大學生）。諸多史料和文獻顯示，平息學生運動的負責單位是國民黨中統、警察總署、首都衛戍司令部及憲兵司令部，行動單位是各有關軍警憲特。而所稱「六二」學生運動只是「五二〇」學生運動的後續活動，在南京並未發生軍警鎮壓。當年針對學生遊行，政府部門召開了多次會議，其參會人員名單中均無馬元放或南京市教育局。

今日，歷史的真相已經大白。1994年出版的《南京公安志》[13]、1997年出版的《南京審判志》[14]、2009年出版的《中共南京地方史1949-1978》[15]，以及2013年出版的《南京市志（第8冊）·黨政群團、政法、軍事》[16]等史志文獻中，均無對「反革命首要分子馬元放」的指控，而是寫明了「下關事件」和鎮壓南京「五二〇」學生運動的主使單位、主謀及主要兇手的姓名，並無馬元放。

《南京公安志》第194頁中的記載如下：「在被鎮壓的反革命分子中，有震驚全國的『5·20』慘案的主兇、首都衛戍司令部特務副組長鄒秉志、屈鳳敏等人，有在下關車站毆打馬敘倫等民主人士的主謀吳鳳鳴、伍家幹等人。」在「大事記」一節中，關於1951年大事記之第519頁說：「5月19日 鎮壓1947年『5·20』南京學生運動的兇手、主犯楊雄、張鐵、陳必吶、屈鳳敏、鄒炳智五犯被軍管會判處死刑，執行槍決。」

《南京審判志》第151頁中也有記載：「在處決的反革命分子中，有震驚

<hr />

[11] 槐生：〈悼馬元放〉，《上海日報》1952年4月1日（臺灣版）。

[12] 「五二〇學生運動」詞條，《百度百科》。

[13] 南京地方志編纂委員會編《南京公安志》（深圳：海天出版社，1994年9月），第190、194、519頁。

[14] 南京地方志編纂委員會編《南京審判志》（北京：方志出版社，1997年12月），第151頁。

[15] 中共南京市委黨史工作辦公室編著《中共南京地方史1949-1978》（北京：中共黨史出版社，2009年4月），第141頁。

[16] 南京地方志編纂委員會編《南京市志（第8冊）·黨政群團、政法、軍事》（北京：方志出版社，2013年2月），第257、258、642頁。

全國的『5‧20』慘案主兇、特務骨幹分子劉啟迪、王玉聲、吳衛華等人。」

《中共南京地方史1949-1978》第141頁的記載如下：「在被捕殺的反革命分子中，有製造南京『五二〇』慘案的主兇、特務骨幹分子劉啟迪、王玉聲、吳衛華等人。」「有1946年6月23日在下關車站毆打馬敘倫等民主人士事件的主謀吳鳳鳴、伍家幹及打手林子堯、張德培、周樹人等。」

《南京市志（第8冊）‧黨政群團、政法、軍事》也有多處記載。第257頁中說：「民國35年（1946）6月23日，上海市民十萬餘人舉行『反內戰、要和平』大會，推舉以馬敘倫為團長的十人請願團到南京請願，京區區長田純玉、秉承中統指令，與中統津浦鐵路調查統計室的特務，在下關車站組織所謂『蘇北難民』包圍毆打請願代表，製造『下關慘案』。」第258頁說：「民國36年（1947）5月20日，南京、上海、杭州地區十六所大專院校學生，在南京舉行示威遊行，提出『要吃飯、要和平、要自由』，中統令京區配合軍警鎮壓、打傷和拘捕學生百餘人，製造『五二〇』血案。」在第642頁中就「鎮壓反革命運動」又說：「在被鎮壓的反革命分子中，有震驚全國的『5‧20』慘案的主兇、首都衛戍司令部特務組副組長鄒秉志、屈鳳敏等人，有在下關車站毆打馬敘倫等民主人士事件的主謀者吳鳳鳴、伍家幹等人。」

還有其他諸多文獻史料及回憶錄[17]都記述了當年的「下關事件」、「五二〇」及「六二」學生運動，也均未見對馬元放的指控。

17　下列文獻：
- 張憲文等：《中華民國史‧第4卷》（南京：南京大學出版社，2005年12月），第54、55、143-149頁。
- 中共南京市委黨史工作辦公室編《南京人民革命史》（南京：南京出版社，1991年10月第1版，2005年5月第2次重印），第252-255、270-284頁。
- 南京市地方志編纂委員會編纂《南京政黨志》（深圳：河海大學出版社，1997年），第355、616頁。
- 南京市地方志編纂委員會、南京教育志編纂委員會編《南京教育志》（北京：方志出版社，1998年12月），第2060頁。
- 華彬清編著《五二〇運動史》（南京：南京大學出版社，1989年），第128、146、150頁。修訂後更名《五二〇運動史——1947年偉大的正義的學生運動》（北京：中共黨史出版社，2007年5月）。
- 羅炳權、王慧君主編《解放戰爭時期的南京學生運動》（南京：南京大學出版社，2002年5月），第105-155頁。
- 顏次青、朱成學：〈光輝的五二〇運動〉，載於許茌華主編《青春壯歌——全國五二〇運動親歷者回憶錄》（北京：中共黨史出版社，2007年5月），第55-75頁。
- 馬振犢：《國民黨特務活動史》（北京：九州出版社，2008年1月），第546、560-563、618頁。
- 張文：〈「中統」特務如何製造南京下關事件〉，載於中國人民政治協商會議全國委員會文史資料研究委員會編《文史集萃》（文史資料出版社，1983年10月），第46-52頁。

史志文獻是對歷史上發生的重大事件的真實記錄，馬元放原被控為南京「下關事件」的主謀，以及鎮壓南京「五二〇」及「六二」學生運動的主要兇手，按理應入志入史。但是，綜上可見，史志文獻記錄了事件真相，均不再有對馬元放指控的記載。說明是新時期求實存真、撥亂反正的進步，是以事實為依據，尊重歷史的體現。

　　綜上所述，不僅歷史的真相洗清了馬元放的「罪責」，而且自20世紀80年代末起，媒體陸續發表了不少懷念抗日志士、愛國教育家馬元放的文章，這些都是對馬元放人生的肯定，是對九泉之下馬元放的最好慰藉。馬元放在天之靈安息吧，您的一生是樸實、求是、堅貞、為民奉獻的一生，您的精神永遠留在世間。

‧ 張文：〈中統製造南京下關事件的內幕〉，載於中國人民政治協商會議江蘇省委員會文史資料研究委員會編《江蘇文史資料選輯‧第23輯‧中統內幕》（南京：江蘇古籍出版社，1987年1月），第105-110頁。
‧ 趙毓麟：〈中統我見我聞〉，載於中國人民政治協商會議江蘇省委員會文史資料研究委員會編《江蘇文史資料選輯‧第23輯‧中統內幕》（南京：江蘇古籍出版社，1987年1月），第236頁。
‧ 張學繼、張雅蕙：《陳立夫大傳》（北京：團結出版社，2004年1月），第491-496頁。
‧ 楊穎奇、張萬棟：《二號嫡系：一個中統大特務的自述》（青島：青島出版社，1999年9月），第242-251頁。
‧ 袁南生：《民國十大特工王》（北京：中國文史出版社，2009年10月），第420-421頁。
‧ 潘嘉釗等編撰：《蔣介石警察密檔》（北京：群眾出版社，1994年10月），第202-207頁。
‧ 沈存步整理：〈60年前發生在南京的「下關事件」〉，《南京晨報》2006年6月24日。
‧ 張文：〈「中統」製造下關事件始末〉，《南京晨報》2006年6月24日。
‧ 畢群：〈「下關血案」目擊記〉，《南京晨報》2006年6月24日。
‧ 潘振球編《中國民國史事紀要‧中華民國三十六年（1947年）四至六月份》，臺北：國史館，1996年6月），第627-628頁。

第七章　馬元放遺著和墨跡

7.1　專著

　　馬元放勤奮好學、知識淵博，並善於觀察、分析和研究。在他短暫的一生中，留下了數量頗多的遺作，共出版專著三部：《都市政策論》、《都市政治通論》及《歸漢記》。另見專著《中國市政論》及《中國政治組織》已發出版廣告。

7.1.1　《都市政策論》及《都市政治通論》

　　1926年馬元放奉省派參加南京教育界組織的赴日考察團，赴日本、朝鮮考察市政教育。先後至日本長崎、神戶、東京、橫濱、名古屋、京都、大阪、奈良、廣島、嚴島、下關等城市，及朝鮮釜山、京城、平壤，經大連、旅順等地回到南京。歸來後，他以考察所得編著《都市政策論》，於1928年4月由南京美利生印書館出版。馬元放時年二十六歲，名飲冰。《都市政策論》大32開，正文二百二十八頁。後將其補充修訂為《都市政治通論》，並附〈考察日本市政紀略〉，正文三百三十七頁，1932年11月由南京鍾山書局出版。遺憾的是，有關《都市政治通論》的資訊不多。

馬元放著《都市政策論》（右）及《都市政治通論》（左）

《都市政策論》是馬元放早期取得的重要理論成就。該書由國民黨元老、中國近現代政治家、教育家、書法家于右任先生題寫書名。江蘇法政大學王伯秋教授，以及南京市首任市長劉紀文先生、繼任市長何民魂先生分別為該書作序，並都給予高度評價和鼓勵。摘錄幾段，如王伯秋教授序言中：

> 馬君飲冰學政有年，夙究心地方自治，故於市政尤廣搜博採，有志撰述，期一一見諸事實，一雪捨本逐末忘實詢名之恥。前曾東渡為實地考察，見聞所及，纖悉靡遺，歸乃綜其所得，參以往昔所綴次者，成《都市政策論》一書。審視之，蓋皆伯秋所欲貢獻而未暇者。以視稗販一二西籍，與夫道聽塗說，捕風掠影，貿貿然求售於世者，則大有間。樂其書之成，爰述市政之源流，與進行之不易，以為之序。

劉紀文市長曾由中華民國廣東省政府派赴歐洲考察經濟，後入倫敦經濟研究學院及劍橋大學學習，畢業後又赴美國考察市政建設，是都市管理專家。劉市長在序中說：

> 我國都市除了外國人經辦的以外，我們的廣州市也起了新的建設了；此外因陋就簡，沒有一處可配說市政的。在這時候要談起社會化的政治，真令人汗流浹背了。在最近雖有人漸漸注意起來，然大都只有一種空漠的概念，其原理與方法還沒明白底蘊，所以灌輸都市行政的知識來喚起國人，也是一件重要的工作。馬君飲冰著《都市政策論》一書，我認為在我國是很有益的貢獻。
>
> 現在我們正在談政治社會化的時候，我們在把國家提高成國際平等的時候，都市行政的大計，萬萬不可忽略的。凡是市民，都應曉得一點市政智識，那末馬君這本著作，大家不可不人手一編。若是進而求歐美市制之得失，求完成我國都市創造的方略，那是馬君和讀者應該共同奮勉，共促實現，庶無愧乎迳談新政了。

何民魂市長也在序中稱：

> 都市生活與都市行政，它的主要成分，在協助精神，這是大多數學者所

肯定的。都市民眾，雖負有較重的納稅義務，但所得的一切權利，自非鄉村制度所可比。政府，市民—實行互助—建設—成為文化的中心，這種力量，不是空泛的議論，而為精神－物質的結合支配。」何市長還說：「馬同志有見及此，很努力的作成了這部書，對於市政原理及市行政等，揭櫫精詳。不特使辦理市政的同志們有所借鑑；就是一般民眾，對於市政也有認識機會。關於此類作品，仍望馬同志繼續努力！

馬元放對當時的市政問題闡述了精闢的觀點。他在《都市政策論》緒言中，用通俗易懂的語言和簡單明瞭的道理，提出了市政「三要件」，充分闡述了市政問題的方向和重要。摘錄部分如下：

都市問題，實居社會問題之重心。人之為田舍生活也。政治上、教育上、衛生上初無若何複雜問題之發生。及至多數人相集而為都市生活，種種狀態，始畢以表現於外。而今社會問題中，最生研究之必要者，亦主為都市人口之急激發達。人口稠密，土地之價格必增。其結果房屋建築勢必櫛比。大都市中之商業區及貧民窟，空氣日光常不能得充分之供給者，實基於此。於是衛生上之問題以生。人口增加，而所生之塵芥以多。市民往來頻繁，而道路之污損以易，於是掃除道路，去除污物之必要以起。此皆由於田舍生活所不易發生者也。且生存競爭最烈者，厥惟都市，而貧富懸隔最甚者，亦惟都市。故對於貧民如何為之普及教育，如何為之調劑金融，如何為之改良住宅，凡此雖屬社會問題，要亦屬於市政範圍之內。都市而能設施改良，社會問題即不難迎刃解決。東西各國對於市政之建設，莫不傾注全力者，即以此也。

市政之重要，已如上述。然經營市政之方法，果何如乎。吾謂經營都市，宛如經營一家然。吾人所住居之都市，實即吾人之一大家庭。無論何人，對其家庭，莫不思所以經營之。而於都市，固亦當如此。然則一家果如何經營之乎，余以為有三要件，即第一衛生，第二便利，此二要件達矣。然後求住居之舒適，於是第三美觀尚矣。經營都市，亦何獨不然。請一申論之。

經營都市之第一要件，厥惟衛生。蓋吾人雖居如何宏壯之大廈高樓，對於都市衛生，終難漠不關心，誠以住宅之內，清潔固矣。一旦驅

車馬出街路,泥濘沒其車輪,沙塵襲其車窗,如此則於道路修築問題,尚能淡視之乎。且如虎列拉等傳染病其襲人也,不限於貧民。而黴菌附著於魚肉菜蔬,亦何嘗不侵入富者之庖廚。如此則於設備下水,開立完全之屠獸場、魚市場、菜市場,尚可不熱心乎。故為都市之共同生活,絕非僅實行個人的完全衛生為已足。苟能講求公共衛生,則如虎列拉也,腸窒扶斯也,赤痢也,可以全滅,且亦不足為慮。以堂堂人類,困於黴菌,實文明之一大恥辱,且文明之程度即以都市衛生之程度測之。故吾人於都市衛生,實不可不注以全力也。

第二要件即為便利。文明之利器,不僅達衛生之目的為已足,並與吾人以非常之便利,時間者,金也。便利可以節省時間,而節省時間即不啻延長吾人之生命。例如設備水道,不僅為衛生上之原因,而便利亦其重要之理由。水之自來與夫由人工汲取,其勞逸之差,固甚相遠。又如裝置電燈,不僅取其光力之強,且亦可省點燃之勞。此外關於交通方面盛行電車汽車,並有敷設高架及地下線者。何一非由便利方面著想之所致歟。

第三要件即為美觀。經營市政之理想,即在以都市為一美麗之住所。住所不論外表內部,均須美觀,此固不待言也。故於道路則用土瀝青築造,並分立類別於其境界。植樹木,設花圃。使全市不啻為一大公園。此外市內一切建築設備,無不運以藝術之思想,以期合於美觀之條件。如此經營,固須巨額之金,但市民均能視都市為家庭。初不難行,彼如法都巴黎,非全市悉如公園乎?其道路之整潔,建築之奇麗,稱世界第一。故雖生活如何質素之巴黎人,一出家門,即不覺有忽入仙境之感。從知人生幸福,絕非僅賴一己之才智財寶,所能奏效。而欲達此目的,更不可不先謀吾人大住所之都市之發達也。

抑有進者,一國之政治,常人對之,恆漠無所關。而市政則直接關係切身之利害,決不能如隔岸之觀火,故欲培養一般人之政治思想,發達一般人之政治能力,更非致力於市政不可。人民既習於市政之訓練,擴而充之,以至一國之政治,亦皆有注意之興味,參加之能力,則市政問題,固非特關係一市本身之利害,抑亦一國健全政治之基礎也。

《都市政策論》系統和完整地研究了「都市」及「市政」,首先在都市發

展及市政管理方面提出了見解，隨後詳細介紹了都市的構成和規劃理論，以形成系統的都市政策理論。其內容豐富，且具有相當的科學性和社會實踐性，對於市政建設與管理具有實際的指導意義。

全書含總論、都市政治、都市計畫、都市設施、及都市財政。其內容全面，闡述清晰，便於研究。

在20世紀20年代能有《都市政策論》這樣的理論專著，足以看出當年的社會文明程度。該書不僅在當時的政界及學界起到了拋磚引玉的作用，而且對於市民來說，為能獲得更加優質的城市生活，也起到了科普作用。細讀《都市政策論》，可以看出即使是在當今，馬元放當年對都市發展和管理的觀點，也是現代人和現代城市規劃專家及學者們所不斷付諸實踐和追求的目標。

《都市政策論》出版七十多年後，依然受到重視，引起社會學者的探討。僅自2001年起，先後多篇社會學論文或專著對其評價如下：

浙江省社會科學院研究員張敏傑發表論文〈二十世紀中國社會工作的學科發展過程〉[1]及〈中國社會工作專業的學科發展進程〉[2]，均稱：「20世紀20、30年代，隨著現代意義上的社會工作開始在我國萌生，與社會工作相關的專業團體相繼成立。」「此階段一批重要的社會工作理論研究成果相繼問世，如胡均的《社會政策》、馬飲冰（即馬元放。——筆者注）的《都市政策論》、馬君武的《失業人及貧民救濟政策》……等等。」

隨後，范燕寧撰文〈社會工作專業的歷史發展與基礎價值理念〉[3]稱：「《都市政策論》是對中國社會工作學科產生了影響的論文和著作之一。」又見范燕寧、席小華主編的《矯正社會工作研究2008》[4]對《都市政策論》等書的評價稱：「一些學者潛心社會工作研究，進行了城鄉實地調查，寫出了一些對中國社會工作學科產生深刻影響的論文和著作。例如胡均的《社會政策》，馬飲冰的《都市政策論》……。」

在盧漢龍、彭希哲主編《二十世紀中國社會科學‧社會學卷》之第二編

[1]　張敏傑：〈二十世紀中國社會工作的學科發展過程〉，載於北京：《社會學》2001年第7期。
[2]　張敏傑：〈中國社會工作專業的學科發展進程〉，載於丁正中主編《改革‧建設與創新》（浙江工商大學教學研究論文集，北京：中國科學技術出版社，2006年），第143頁。
[3]　范燕寧：〈社會工作專業的歷史發展與基礎價值理念〉，載於北京：《首都師範大學學報（社會科學版）》2004年第1期。
[4]　范燕寧、席小華主編《矯正社會工作研究2008》（北京：中國人民公安大學出版社，2009年4月），第10頁。

〈二十世紀中國社會學各學科的發展與主要成就〉[5]一文中，筆者說：「不少學者還進行了實地調查，寫出了一些對中國社會工作學科產生影響的著作，如馬飲冰的《都市政策論》⋯⋯。」

谷迎春、楊建華主編《20世紀中國社會科學‧社會學卷》[6]之第五章第三節《「社會工作與社會保障研究」，作者對馬元放的《都市政策論》有與張敏傑相同的觀點。在焦金波編著《社會工作理論和方法》[7]之第二章第三節「近代以來中國社會工作的萌芽與發展」，以及張高陵著《中國共產黨與中國社會工作》[8]之第六章第一節「社會工作的萌生與新活力」中，作者的觀點與張敏傑的論述一致。

此外，1934年出版的《中國教育行政大綱》（張季信編）、1984年出版的《社會學參考書目》（中國社科院社科所與南開大學社會學系合編）、2004年出版的《市政改革與城市發展》（趙可著）、2005年出版的《南通近代城市規劃建設》（于海漪著），以及2006年出版的《改革建設與創新》（丁正中主編），諸文獻在論述近代城市規劃理論時，均提及《都市政策論》。

以上學者的評價，反映出當時年輕的馬元放有相當的學識見解和寬闊的社會視野，能結合國外考察所見，寫出了有一定水準的學術論著，對中國的社會科學工作做出了貢獻。

繼《都市政策論》之後，馬元放又著《中國市政論》及《中國政治組織》，均由鍾山書局刊登出版預告，但因歷史久遠，筆者未能尋得上述書籍的出版物。

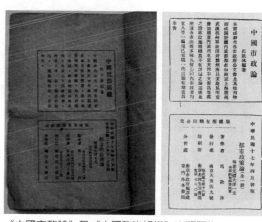

《中國市政論》及《中國政治組織》出版預告

---

[5]　盧漢龍、彭希哲主編《二十世紀中國社會科學‧社會學卷》（上海：上海人民出版社，2005年9月），第242頁。

[6]　谷迎春、楊建華主編《20世紀中國社會科學‧社會學卷》（南寧：廣西教育出版社，2006年10月），第373頁。

[7]　焦金波編著《社會工作理論和方法》（徐州：中國礦業大學出版社，2008年12月），第39頁。

[8]　張高陵：《中國共產黨與中國社會工作》（北京：中央文獻出版社，2009年1月），第156頁。

7.1.2 《歸漢記》

　　1940年6月馬元放在上海被日偽逮捕，1943年8月獲國民黨中央營救。他在離開南京返回陪都重慶的途中，回憶其在敵後工作的種種情況，以及被敵偽劫持羈囚而矢志不屈之經過，並懷念多位烈士的壯舉，寫成了《歸漢記》書稿。該書充分反映了馬元放本人，以及其他國民黨人士為國家和民族堅定抗日的史跡。

　　《歸漢記》先在國民黨《中央週刊》1944年2月10日第6卷第25至31期連載，編輯按語稱其是「富有歷史及文藝價值的報告」，後又散見於《中央日報》等報刊。1944年7月，重慶大光出版社將其出版成書。

《中央週刊》、《中央日報》等刊載《歸漢記》

　　《歸漢記》由國民黨元老吳敬恆（稚暉）先生題寫書名、作序，並致函，恩師鍾鍾山先生作序，國民黨中央黨部祕書長葉楚傖、著名詩人唐玉虹題詞贈詩。書中還插有多位詩人及社會人士的贈詩和題詞。

　　《歸漢記》主要內容有：〈一、重返江蘇〉；〈二、冒險到滬和被逮〉；〈三、敵偽輾轉引渡〉；〈四、解寧和押偽警廳〉；〈五、改押偽京區看守所〉；〈六、雨花臺畔弔忠魂〉；〈七、在偽感化院〉；〈八、羈棲生涯〉；〈九、攻心〉；〈十、珍貴的友情〉；〈十一、日寇的猙獰面目〉；〈十二、「前漢」和「後漢」〉；〈十三、「等天亮」〉；〈十四、脫險歸來〉；附錄：〈呈中央報告三年來在滬寧兩地羈囚經過文〉；〈獄中吟暨和作輯存〉；〈追懷高柏禎同志〉（含王公璵先生詩一首：〈哭柏楨〉）。

國民黨中央組織部部長朱家驊先生閱讀了《歸漢記》後，讚許有加，並且親自致函[9]馬元放：

> 元放志兄　大鑑
>
> 　此承　惠贈尊著《歸漢記》一冊，循誦再三，不肯釋手。貞而不諒，困而彌堅，卒能完節以返，甚為感佩。如何可言，輒復申謝。
>
> 順頌　臺祺
>
> 　　　　　　　　　　　　　　　　　朱家驊　11月9日

《歸漢記》出版後，先後又有多位愛國詩人有感於馬元放等抗日志士的抗日愛國經歷，題詞、贈詩以表讚譽。

夏勤先生曾在1946年11月28日《中央日報》上發表詩文〈讀癸未蒙難實錄即用寄馬元放先生原韻賦贈〉。

姚鵷雛先生的遺作〈蒼雪詞〉[10]中，錄有姚先生為《歸漢記》的題詞〈蘇武慢·馬元放《歸漢記》題詞〉。

詩人高二適先生題詞[11]：〈題《歸漢記》奉寄馬元放先生，寄棄子三絕〉。

詩人高燮先生也作詩[12]，題為〈滄叟次馬元放韻詩，命為同作〉及〈滄叟和馬元放詩多首，余亦再次韻一首，藉以抒懷，不必定為馬君也〉。

上世紀80年代以來，國民黨英勇抗日的事蹟在大陸逐漸得到宣傳。1989年，重慶出版社出版《中國抗日戰爭時期大後方文學書系》，將《歸漢記》中的〈寫在前面〉、〈敵偽輾轉引渡〉和〈雨花臺畔弔忠魂〉三個章節全文收入其第四編《報告文學》（碧野主編）第一

《中國抗日戰爭時期大後方文學書系》叢書

9　《朱家驊檔案》，臺北：中央研究院近代史研究所檔案館館藏檔案，檔案號：301-01-23-325（31）。

10　劉夢芙編著《二十世紀中華詞選·上》（合肥：黃山書社，2008年12月），第453頁。

11　高二適：《高二適詩存》（合肥：黃山書社，2011年7月）。

12　柳無忌主編《高燮集》（北京：中國人民大學出版社，1999年8月），第721、723頁。

集。該「書系」《編輯的話》稱,「書系」的出版得到了中共中央宣傳部、新聞出版署等上級部門領導的關懷;並稱「書系」作為一個偉大時代的苦難歷史見證,將永遠留給我們民族的子孫後代。該「書系」曾於1990年獲得第四屆中國圖書一等獎[13]。

此外,《歸漢記》部分章節或部分內容也被轉載或轉述。比如,2007年9月25日武進《橫山文化》轉載了《歸漢記》中〈追懷高柏楨同志〉一節,何署著《從中共高幹到國軍將領‧文強傳》[14]及撰文〈野玫瑰與大批判〉[15],付金豔撰文〈撥霧見日觀「玫瑰」〉[16],均轉述了《歸漢記》所述被敵偽殺害的國民黨烈士之英勇事蹟。

〈雨花臺畔弔忠魂〉一節中有記述烈士尚振聲事蹟的片段。2009年11月5日,尚烈士女兒尚慧潛女士在丈夫陪同下,自河南輾轉重慶後來到南京同家父見面,尋找《歸漢記》,搜集尚烈士在古都金陵的印記[17]。

《歸漢記》全書以第一人稱「我」,回憶敘述寫成文字,平白簡潔,其中蘊含著作者的愛國激情,洋溢著強烈的愛憎情感,以及對民族大義和氣節的熱誠推崇。閱之有較強的藝術感染力。書中記載的史實具有史料性,可供史學研究參考。

薛大元先生曾與馬元放一同在國民黨海外部工作,當時正值《歸漢記》出版。薛大元回憶說:「馬公元放著述的《歸漢記》在海外部內每人都由他簽名贈送一本。而海外部專門委員、緬甸僑領陳孝奇讀後嘆為『奇書』,私下央我向馬公要求再贈他一本,說要寄給他兒子作為愛國的教科書。其子名陳兆福,八十年代原任北京大學哲學系教授,退休後被聘為商務印書館編審。他與我一起到澳門參加『張東』中西哲學比較學術研討會時,他曾對我說,馬先生的《歸漢記》是他最愛讀的書之一,至今尚珍藏著。可見馬公對人影響之深。」[18]薛大元先生還撰文〈馬元放的《歸漢記》〉,載於顧國華編《文壇雜憶》,於2015年由上海書店出版社出版。

---

[13] 「第四屆『中國圖書獎』獲獎書目」,《作家工作協會網》2000年1月26日。

[14] 何署:《從中共高幹到國軍將領‧文強傳》(廣州:廣東省出版集團,2008年12月),第271頁。

[15] 何署:〈野玫瑰與大批判〉,載於太原:《黃河》1999年第3期。

[16] 付金豔:〈撥霧見日觀「玫瑰」〉,載於成都:《當代文壇》2007年第4期。

[17] 于峰:〈潛伏南京抗日特工後代來寧尋親〉,載於2009年南京:《金陵晚報‧老南京》第313期。

[18] 章公臺整理:〈滬寧讀者鴻雁傳書‧兩位歷史老人暢談歷史人物〉,常州:《橫山文化》2013年6月28日。

現今，《歸漢記》問世已有七十餘年之久，紙頁已泛黃，浸透了滄桑氣息，且可以看出該書的印刷裝訂很是簡單質樸，盡顯了抗戰時期物質匱乏的特徵。

2013年《重慶市志·文學志》[19]在〈第一章中華民國時期傳記文學與報告文學名錄〉中收錄了馬元放著《歸漢記》。

顧頡剛是中國著名學者和收藏家。2013年出版的俞國林編《顧頡剛舊藏簽名本圖錄》[20]中收入近五百幅書影，包括簽名本圖書一百九十六種、論文抽印本一百四十五篇，師友贈送之圖書三十三種，顧先生所校讀、題跋諸書四十二種。其中序號91為馬元放著《歸漢記》。《歸漢記》承蒙顧老簽名收藏，說明該書有一定的歷史價值和文學價值。

7.2 撰文

馬元放研究和關注的領域較廣，他一生發表撰文甚多，目前能夠查閱到的就有近百篇。其內容涉及市政、黨政、新聞、教育、文化、法律、漁業等多個方面。其成果不僅在當時，即使是在現代，也獲得了較高的評價。

據不完全統計，馬元放在以下書刊中發表過文章：《中山先生榮哀錄》、《五四時期期刊介紹》、《新教育》、《申報》、《民國日報》、《道路月刊》、《首都市政》、《首都市政公報》、《市行政選集》、《江蘇省上海市改進漁業宣傳會紀念冊》、《市政全書》、《名人講義集》、《江蘇月報》、《地政月刊》、《蘇聲月刊》、《報學季刊》、《民眾教育通訊》、《武進晨報》、《教育通訊週刊》、《建國教育》、《江蘇教育通訊》、《會議發言》、《中央週刊》、《中華基督教衛理公會通訊》、《復甦》、《華僑先鋒》、《國是》、《首都教育》、《中央日報》、《南京市政府公報》、《首都教育》、《華僑教育公報》、《航空建設》、《青薈月刊》、《新中華醫藥月刊》、《蘇報》、《童子軍教學》、《報學雜誌》、《都市體育》、《一中校聞》等。

馬元放發表的文章數量較多，部分文章搜集到了全文，有些文章僅查閱到題名。因此，筆者在此僅列出馬元放遺作的題名、報刊名及發表時間等。筆者計畫另行編輯馬元放遺作單行本，以留作紀念。

馬元放撰寫的論文（僅為本人已查找到的）按發表時間順序，排列如下。

---

[19]　重慶市作家協會編纂《重慶市志·文學志》（重慶：西南師範大學出版社，2013年12月）。
[20]　俞國林編《顧頡剛舊藏簽名本圖錄》（北京：中華書局，2013年）。

1925年撰文：

1. 〈輓中山先生〉，發表於上海：《民國日報》1925年3月24日。後收錄於：民權書局編《中山先生榮哀錄》（1926年4月），第32頁；劉作忠選編《挽孫中山先生聯選》（蘭州：蘭州大學出版社，2000年1月第1版），第189頁；陳蘊茜：《崇拜與記憶孫中山符號的建構與傳播》（南京：南京大學出版社，2009年8月），第362頁；盧海明：《南京歷代名號》（南京：南京出版社，2016年），第131頁。

2. 〈普及技術教育與急須建設技術博物館〉（譯文，原文作者：佐藤功一），載於上海：《新教育》1925年第5卷12號，第57-64頁。

1926年撰文：

3. 〈「讀書家」的孫先生〉，發表於上海：《民國日報・覺悟》1925年第4卷第14期；收錄於中共中央馬克思列寧恩格斯史達林著作編譯局研究室編《五四時期期刊介紹・第一集（下冊）》（1978年11月），第731頁。

1928年撰文：

4. 〈首都建設問題〉，發表於上海：《民國日報》《覺悟》副刊1928年2月10日；上海：《申報》1928年2月14日；南京：《首都市政週刊》1928年第6期；上海：《道路月刊》第23卷第1號（1928年）；上海：《中央日報特刊》1928年第2卷。

5. 〈首都建設問題（續）〉，發表於上海：《申報》1928年2月21日；南京：《首都市政月刊》1928年第7期。

6. 〈讀分區大學問題餘議後〉，發表於上海：《民國日報》1928年4月26日。

7. 〈對於中國市制的一點意見〉，發表於上海：《申報》1928年6月12日；北京：《京報・副刊：市政研究》1928年第2期。

8. 〈新都確定以後〉，發表於上海：1928年6月26日；南京：《首都市政週刊》1928年6月第25期。

9. 〈首都公安局的隸屬問題〉，發表於上海：《申報》1928年9月10日。

10. 〈對於首都社會設施最低限度的建議〉，發表於上海：《申報》1928年11月12日；南京：《首都市政公報・研究》（1928年）。

11. 〈江寧縣的存廢問題〉，發表於上海：《申報》1928年12月3日；南京：《首都市政公報・言論》（1928年）。

12. 〈**市區擴大以後**〉，南京：《首都市政公報・言論》（1928年）。

1929年撰文：

13. 〈**首都與南京**〉，發表於南京：《首都市政公報・言論》第33期
（1929年4月）；南京：《南京日報》2013年4月16日；收錄於丁帆編
《金陵舊顏》（南京：南京出版社，2014年8月），第94頁。

14. 〈**上水道**〉，載於顧彭年編《市行政選集》（杭州：長興印刷所，
1929年），第362頁。

15. 〈**下水道**〉，載於顧彭年編《市行政選集》（杭州：長興印刷所，
1929年），第373頁。

16. 〈**經營・管理・監理**〉，發表於南京：《首都市政公報・言論》
（1929年）。

1930年撰文：

17. 〈**對於常州紗廠之希望**〉，收錄於常州：《武進旅寧同學會雜誌》
1930年第1期。

1931年撰文：

18. 〈**考察日韓市政紀略**〉，收錄於陸丹林編纂《市政全書》（北京：中
華全國道路建設協會，1931年6月，第5版），第26頁。

19. 〈**日本之六大都市**〉，收錄於陸丹林編纂《市政全書》（北京：中華
全國道路建設協會，1931年6月，第5版），第39頁。

20. 〈**日本市政之社會化觀**〉，收錄於陸丹林編纂《市政全書》（北京：
中華全國道路建設協會，1931年6月，第5版），第55頁。

21. 〈**肇和軍艦舉義的經過**〉，收錄於柳宗浩編《革命紀念日名人演講
集》（上海：世界書局，1931年10月），第201頁。

22. 〈**改進漁業與發展生產**〉，收錄於上海市改進漁業宣傳會編《江蘇省
上海市改進漁業宣傳會紀念冊》（編者刊1931年12月），第35頁。

1933年撰文：

23. 〈**改造蘇政的根本觀念**〉，載於鎮江：《江蘇月報》第1期（1933
年）。

24. 〈**現行之行政督察制度對於蘇省設置行政督察專員之意見**〉，載於鎮
江：《江蘇月報》第2期（1933年）。

25. 〈**蘇省新聞事業研究・江蘇新聞事業**〉，載於鎮江：《蘇聲月刊》第

1卷第3、4期（1933年）。

1934年撰文：

26. 〈改善地方報紙之意見〉，載於上海：《報學季刊》創刊號（1934年
    10月10日）

27. 〈如何確定本黨的新聞政策〉，載於鎮江：《江蘇月報》第3期
    （1934年）。

28. 〈江蘇新聞事業鳥瞰〉，載於鎮江：《江蘇月報》第3期（1934年）。

29. 〈江蘇新聞事業委員會概況〉，載於鎮江：《江蘇月報》第3期
    （1934年）。

1935年撰文：

30. 〈幾句迂話：為二十四年元旦作〉，載於鎮江：《江蘇月報》第1期
    （1935年）；《武進晨報》1935年1月1日（新年特刊）。

31. 〈除舊布新（題詞）〉，載於《武進晨報》1935年1月1日（新年特
    刊）。

32. 〈一年來之本報〉，載於鎮江：《江蘇月報》第1期（1935年）。

33. 〈江蘇省第一民眾教育區民眾教育研究會第三屆大會會務報告·第五
    章演說辭匯錄·江蘇省第一區黨務指導員馬元放訓詞〉，載於鎮江：
    《民眾教育通訊》1935年第5卷第6期。

1937年撰文：

34. 〈姨丈周公孟彪姨母金太夫人合傳〉，收錄於《毗陵聚湖周氏家譜八
    修》（1937年）。

35. 〈贈姨丈周翁銀生暨姨母金夫人合序〉，收錄於《毗陵聚湖周氏家譜
    八修》（1937年）。

1939年撰文：

36. 〈最近之江蘇教育〉，載於重慶：《建國教育》1939年第1卷第3至
    4期。

37. 〈戰後江蘇之教育〉，發表於上海：《申報》1938年5月14日。

38. 〈一年來之江蘇教育〉，發表於重慶：《教育通訊週刊》1939年第
    1期。

39. 〈最近之江蘇教育（一）（二）（三）（續完）〉，分別發表於重
    慶：《教育通訊週刊》1939年第16、17、18、19期。

40. 〈召開江蘇省教育會議之意義〉，發表於上海：《江蘇教育通訊》
    1939年第5期。

41. 〈這次省教育會議之收穫和對於同人今後之希望九月八日——在江蘇
    省教育會議閉幕式中報告〉，發表於上海：《江蘇教育通訊》1939
    年第5期。

42. 〈敬告江蘇教育同人〉，發表於上海：《江蘇教育通訊》1939年第
    5期。

1940年撰文：

43. 〈馬元放在國民黨江蘇省第五區各縣書記長第二屆會議上的發言〉，
    檔案資料，1940年3月。

44. 〈霍氏續修宗譜‧序〉（1940年9月），載於《中國家譜資料選編‧
    序跋卷》（上海：上海古籍出版社，2013年11月）。

1944年撰文：

45. 〈雨花臺畔弔忠魂〉，發表於重慶：《中央日報》1944年1月17日；
    重慶：《華僑先鋒》第6卷第3期（1944年）。

46. 《歸漢記》，載於重慶：《中央週刊》第6卷第25~31期（1944年）。

47. 〈暗影籠罩下之寧偽組織〉，載於重慶：《中華基督教衛理公會通訊》
    1944年第21、22期；載於重慶：《復甦》第2卷第1期（1944年）。

48. 〈從淪陷區到後方：歸來記〉，載於重慶：《復甦》第2卷第1期
    （1944年）。

49. 〈獄中感懷（三十年六月）〉，載於重慶：《復甦》第2卷第1期
    （1944年）。

50. 〈追懷高柏楨同志（上）（下）〉，載於重慶：《復甦》第2卷第9、
    10期（1944年）。

51. 〈漢奸沒落的必然性〉，載於重慶：《國是》1944年第2期。

1946年撰文：

52. 〈發刊詞：古者謹庠序之教……〉，載於南京：《首都教育》1946年
    創刊號。

53. 〈實施衛生教育的中心人物〉，載於南京：《首都教育》1946年第
    2期。

54. 〈緊急的呼籲〉，載於南京：《中央日報》1946年8月25日。

55. 〈孟子人性論〉，載於南京：《中央日報》1946年8月27日。

56. 〈孔子的基本思想〉，載於南京：《中央日報》1946年8月27日。

1947年撰文：

57. 〈農民節展望〉，載於南京：《中央日報》1947年2月4日；《首都三十六年度農民節紀念專刊》（1947年）。

58. 〈徐巷徐氏信譜·序〉（1947年5月）。

59. 〈禁煙已到最後關頭〉，載於南京：《中央日報》1947年6月1日。

60. 〈禁煙與節約衛生〉，載於南京：《中央日報》1947年6月3日。

61. 〈國慶特刊〉，載於南京：《中央日報》1947年10月10日。

62. 〈教師的真價〉，載於南京：《首都教育》1947年第1期；雅加達：《華僑教育公報》1948年第5期。

63. 〈師範生宣誓的意義及其任務〉，載於南京：《首都教育》1947年第1期。

64. 〈南京市教育動向〉，載於南京：《首都教育》1947年第2期；南京：《南京市政府公報》第3卷第3期（1947年）。

65. 〈肺病臨床實驗錄·再版序〉，載於重慶：《新中華醫藥月刊》第2卷第5期（1947年）。

66. 〈現代青年的修養〉，載於南京：《青薈月刊》1947年第6期。

67. 〈「空」的新觀念〉，載於南京：《航空建設》1947年第8期。

68. 〈兒童教養問題〉，載於南京：《中央週刊》第9卷14至15期（1947年）。

69. 〈南京市立第一中學建校二十週年紀念·序〉，載於《南京市立第一中學建校二十週年紀念冊》（1947年11月）。

1948年撰文：

70. 〈新的認識和新的作風——給市立一中陳校長重寅的一封信〉，載於南京：《中央日報》1948年2月6日；南京：《首都教育》1948年第2期；《南京市教育概覽》（1948年）；以及南京：《南京市政府公報》第4卷第4期（1948年）。

71. 〈成人班婦女班的實際問題·序〉，載於朱經農、沈百英：《成人班婦女班的實際問題》（上海：商務印書館1948年2月）。

72. 〈希望於童子軍的四點〉，載於重慶：《童子軍教學做》第3卷10期

（1948年）。

73. 〈**新建設與新精神：三十七年四月十七日在市立第三女子中學成立典禮致詞**〉，載於南京：《南京市政府公報》第4卷第8期（1948年）。

74. 〈**都市的體育**〉，載於南京：《南京市政府公報》第5卷第4期（1948年）。

75. 〈**盡其在我**〉，載於南京：《南京市政府公報》第5卷第7期（1948年）。

76. 〈**自我做起**〉，載於南京：《南京市政府公報》第5卷第8期（1948年）。

77. 〈**任何新聞皆須淨化**〉，載於南京：《報學雜誌》第5次座談會發言稿（1948年）。

78. 〈**沈怡市長馬副市長「九九廣播詞」**〉，載於《都市體育》（1948年）。

79. 〈**馬局長閱「一中自我批評」後來書**〉（馬元放覆函），載於南京：《一中校聞》1948年第14期。

80. 〈**兩年來市教育工作之檢討**〉，馬元放在市參議會書面報告，1948年。

81. 〈**一年來教育概況及目前環境與需要**〉，馬元放書面報告，1948年。

82. 〈**聚米堂藏本馬氏宗譜·序**〉，1948年。

83. 《**歸漢記**》節錄（寫在前面、3.敵偽輾轉引渡、6.雨花臺畔弔忠魂），收錄於《中國抗日戰爭時期大後方文學書系第四編·報告文學第一集》（重慶：重慶出版社，1989年），第70-81頁。

84. 〈**追懷高柏楨同志**〉，載於常州：《橫山文化》2007年9月25日。

85. 〈**「首都」與「南京」**〉，載於丁帆編《金陵舊顏》（南京：南京出版社，2014年8月），第94頁。

7.3 墨跡

馬元放擅長書法。西泠印社2009年出版張根全編《中國美術家人名辭典增補本》，該辭典將馬元放作為中國美術家收錄其中，說明他的書法造詣得到了書法界的認可。編者張根全先生在《增補本》的內容簡介中這樣寫道：「每當我需要查找某個書畫家的簡歷時，首先想到的總是俞劍華先生1963年編、1981

年出版的《中國美術家人名辭典》。這是一本正宗的、規範的、靠得住的、可以令人信任的工具書。但是,在使用該辭典的過程中,我漸漸地發現,有很多書畫美術家,特別是1949年前的書畫美術家,因歷史、政治等諸多原因沒有被收錄在該辭典內。同時又發現,該辭典中收錄的一些人物的姓名、籍貫或生卒年月有明顯錯漏,不免使人有美中不足之嘆。由此,我想把俞先生編的這本辭典中有明顯錯漏的地方糾正過來,把許多沒有收錄進去的書畫美術家增補進去,以適應時代與現實的需要。為此,我從20世紀80年代起開始收集資料,窮三十年之功,總共收集了31,122人名成就此書。」張根全先生不辭勞苦三十載,以极大的膽識和學識完成此著作,尤其是他以公正客觀的態度對待諸多涉及歷史及政治原因的書畫美術家,突顯了其個人修養之高尚和人品之正直,筆者深為敬佩。

馬元放一生書法作品甚多。,尤其是在抗日戰爭時期,被日偽羈囚於南京期間,勤動筆墨,不僅堅定他的意志,也能使周圍的人得到鼓舞或警示。馬元放在《歸漢記》的〈攻心〉一節中寫道:「說到寫字,我從來也沒對臨習碑帖下過功夫,所以非常拙劣。但是在這三年多當中,這不成樣的字,竟大獻其醜。有的要求寫對聯或條幅,有的要求題詞,都以做紀念為辭,簡直無從拒絕。統計替人所寫的對聯、條幅,連同題詞等等,不下千餘件。南京裱畫店裡,隨時可以看到我的字,所以大家都說,馬某的字,在南京最時髦。現在回想起來,自己不禁失笑。又關於對聯的聯句和條幅題詞的內容,我都選擇前賢先哲含有樹節勵操較有意義的成句,或是格言之類,總想使受者得到感動和警惕,我的目的就算達到了。」

上海《海星》1946年第6期上曾有人撰文〈南京副市長馬元放獄中賣字〉,稱當年馬元放在獄中曾賣字換取微薄收入補貼自己及難友的生活。

小報《快活林》1946年第10期也有題為〈南京市副市長馬元放善寫大字〉的報導。說其「寫得一手好字」,「鐵劃銀鉤,對字學上曾下過一番苦功夫,故求者日多,馬氏亦以此為酬世之用,惟未訂潤例耳」。

遺憾的是,由於歷次政治運動,馬元放後人手中已無馬元放的真跡,也少見他的真跡在世。筆者經多方搜集,在他的千餘件問世作品中,尋找到的影印件也寥寥無幾。但是即便如此,我們後人還是能從僅有的影印件中看出他的書法造詣。

以下為馬元放手跡的影印件,按其問世先後排序。

左：為《江蘇月報》第2卷第6期「江蘇物品展覽會專號」題詞（1935年）
中：馬元放為常州《周氏宗譜》題詞（1937年）
右：馬元放為《江蘇教育通訊》題寫刊名（1939年）

左：馬元放寫楷書贈獄友李達三（1940年）
中：牆壁上掛著馬元放自書的座右銘（1941年前後）
　　「欲除煩惱須無我，歷盡艱難好作人」（錄彭雪琴句）
右：馬元放為市立師範學校學生畢業題詞（1947年）

左：馬元放為紀念椒卿老伯題詞（1947年）（王正銓先生存）
中：馬元放為常州《徐巷徐氏信譜》題詞（1947年）
右：馬元放題寫刊名（1948年）

馬元放與駿馬

馬元放簽名

　　馬元放喜愛駿馬，他後期簽名中的「馬」字頗有駿馬奔騰之形態。

　　據《南京報業志》記載，1946年《六合民報》復刊，由馬元放題寫報頭，但筆者未能親見。竇天語、龐樹耕著《江寧》中稱，馬元放還為江寧名門《江寧鄰氏宗譜》題過詞，但也未能搜集到實物或影印件。還有據薛冰著《校園書香閱讀文庫·檻外讀書》記載，《鍾英中學（現南京第二十三中學。——筆者注）復校後第三屆高中部畢業紀念冊》第二部分「題詞」中，有沈怡、馬元放、盧前等人的手跡，可惜也未能入手。

第八章 社會對馬元放的關注和歷史評價

8.1 1949年前報刊對馬元放的報導

筆者在搜集史料的過程中，發現1949年前的報刊對馬元放有大量報導，可見馬元放在當時有一定的社會影響，受到社會的高度關注。

從大量新聞報導中可以瞭解到馬元放的工作和任職資訊，特別是他領導抗日和被日偽逮捕後堅貞不屈，以及抗戰勝利後他主持南京教育工作的情況。從報導中既可看到他勤勉、廉政、親民的形象，也可感受到他有責任感，有擔當，有高尚的品德。

以下僅列出抗戰期間和抗戰勝利後以馬元放為題的部分資訊報導。還有很多社會消息中涉及馬元放，但因篇幅所限從略（筆者已將以民國年號標記的發行日期改為西元，有少數發行日不詳）。

1938年：

1. 〈昨行政院會議〉：內容之一，任命馬元放為江蘇省第七區行政督察專員兼保安司令。《申報》（漢口版）1938年4月6日。

2. 〈江蘇省教育近狀・新任江蘇省教育廳長馬元放擬月內就職〉：《申報》1938年10月13日。

3. 〈新任江蘇教長馬元放赴淮陰就職〉：《申報》1938年11月1日。

4. 〈江蘇馬教長積極推進蘇省教育〉：《申報》1938年11月28日。

1939年：

5. 〈教育消息蘇廳長馬元放蒞泰〉：《申報》1939年9月19日。

1940年：

6. 〈國民政府對國民黨地下抗日人員83人的通緝令〉：被通緝人員含馬元放。汪偽機關報《中華日報》1940年7月1日。

7. 〈馬元放等被誘捕經過〉：《申報》1940年7月8日。

8. 〈馬元放等就逮後叛徒潛匿不出〉：《句容甦報》1940年7月9日。

9. 〈偽組織肆意恫嚇另有暗殺名單，法租界當局態度軟弱，馬元放、崔步武被綁架〉：《大公報》（香港版）1940年7月13日。

1941年：

10. 〈陸玄南等遇害後馬元放仍未投降〉：《新蜀報》1941年5月14日。

1943年：

11. 〈開釋蔣伯誠、吳開先、馬元放、李明揚等36名重慶被捕分子〉：汪偽政府機關報《中華日報》及《救國時報》1943年9月17日。

12. 〈馬元放過桂來渝〉：《中央日報》1943年11月16日。

13. 〈馬元放由滬脫險抵渝〉：《中央日報》1943年12月3日。

14. 〈前江蘇省黨部主任委員馬元放脫險赴渝述職，蘇省民政廳長王公璵同行〉：《蘇訊月刊》1943年第51、52期。

15. 蔡成楠〈詩歌：馬元放先生脫險過衡有贈〉：《蘇訊月刊》1943年第51、52期合刊。

1945年：

16. 〈馬元放等過芷江飛京王公璵等來滬〉：《中央日報》1945年9月2日。

17. 〈蘇省府主席王懋功抵京　京副市長昨亦到達〉：《申報》1945年9月4日。

18. 〈王懋功、馬元放等連袂抵京〉：《中央日報》1945年9月4日。

19. 〈京市長昨日正式視事，接收委員會即將成立〉：南京副市長馬元放、率領祕書長陳祖平、社會局長陳劍如等官員前往接管偽南京特別市政府。下午馬超俊市長蒞臨，正式視事。《申報》1945年9月13日。

20. 〈馬元放副市長暢談南京近況〉：重慶《中央日報》1945年10月21日。

21. 〈馬元放副市長暢談南京近況：房屋缺乏，商業冷落，交通恢復，秩序良好〉：《申報》1945年10月23日。

22. 〈馬元放氏著《歸漢記》，詳述羈囚滬寧三年經過〉：《蘇訊月刊》1945年第59、60期合刊。

23. 〈馬元放六字贈言：開誠心，布公道〉：《復甦》月刊1945年第2卷第11期。

1946年：

24. 〈新任京市黨部主委馬元放今接事〉：《中央日報》1946年4月1日。

25. 〈市黨部主任委員馬元放昨視事〉：《中央日報》1946年4月2日。

26. 〈市府紀念周馬副市長報告〉：《申報》1946年4月9日。

27. 〈馬元放懇辭市黨部主委，職務由俞采丞暫代〉：《中央日報》1946年4月10日。

28. 〈市黨部聯電中央請慰留馬元放氏〉：《中央日報》1946年4月12日。

29. 〈要聞簡報南京電〉：京市黨部主委馬元放呈辭，經中央一再懇留，現已打消辭意。《申報》1946年4月22日。

30. 〈馬元放出任市教育局長〉：《中央日報》1946年7月12日。

31. 〈京市教育局成立，馬元放任局長，章柳泉任祕書〉：《申報》1946年7月14日。

32. 〈京市馬局長招待記者發表教育行政計畫〉：《申報》1946年7月18日。

33. 〈昨日中常會決議中訓團改隸政院，派蕭贊育接充京市黨部主委〉：南京特別市黨部主任委員馬元放辭職照准，遺缺派蕭贊育接充。《申報》1946年7月25日。

34. 〈京市教育會成立〉：馬超俊、馬元放等致詞。《申報》1946年7月29日。

35. 〈回應馬元放緊急呼籲紛紛籌款解救小學荒〉：《中央日報》1946年9月4日。

36. 夏勤〈讀癸未蒙難實錄即用寄馬元放先生原韻賦贈〉：《中央日報》1946年11月28日。

37. 〈京市二萬五千中學生將受十項體力測驗，今日召集體育教師示範〉：馬元放局長親自主持。《申報》1946年12月6日。

38. 〈王永清發還更審，馬元放稱為難友〉：《申報》1946年12月15日。

39. 〈還都之群：馬元放，現任南京市副市長，昔年地下工作……〉：《武宣青年》1946年第2期。

40. 靈芝〈馬元放愛惜白門柳〉：《東南風》1946年第3期。

41. 徐大風〈張北生無惡不作捉拿馬元放〉：《海花》1946年第4期。

42. 陶英〈南京副市長馬元放獄中賣字〉：《海星》1946年第6期。

43. 〈南京市副市長馬元放曾獄中賣字〉：《電報》1946年第3期。

44. 〈董事長馬元放先生（照片）〉：《國醫砥柱》1946年第4卷第10期。

45. 〈南京副市長馬元放善寫大字〉：《快活林》1946年第10期。

46. 〈堅貞不屈的一頁：馬元放、鄧達謐等的鐵窗風味回憶錄〉：《永生》1946年第10期。

47. 〈馬元放先生訪問記〉：《永生》1946年第11期。

48. 徐大風〈張北生誘捕馬元放記〉：《快活林》1946年第11期。

1947年：

49. 〈京國術館推定郝更生為館長，馬元放為董事長〉：《申報》1947年6月12日。

50. 〈劉志成同志獲同情，馬元放、汪祖華捐款〉：《中央日報》1947年6月30日。

51. 〈京中等學校開學延期，高初中收費標準均有問題，馬元放談正謀求合理解決〉：《大公報》1947年9月4日（天津版）。

52. 〈馬元放談話，以上海為榜樣不難超出五億〉：《中央日報》1947年9月6日。

53. 〈有錢出錢有力出力共同完成募集運動，馬元放談助學運動重要性〉：南京《和平日報》1947年9月6日。

54. 〈沈怡、馬元放捐廉助學〉：《中央日報》1947年9月7日。

55. 〈市運會籌備會今午討論市運會各重要問題，馬元放任籌備會主任〉：《中央日報》1947年10月20日。

56. 〈馬元放視察湯山區各校〉：《中央日報》1947年11月29日。

57. 〈馬元放下鄉視察各小學〉：《中央日報》1947年12月8日。

58. 〈小教寒衣費准照數借支，馬元放答覆各代表〉：《中央日報》1947年12月20日。

59. 〈京小教寒衣費市庫無力負擔，馬元放局長勉各教師共體時艱以渡此難關〉：《中央日報》1947年12月21日。

60. 〈馬元放視察鄉區各校〉：《中央日報》1947年12月25日。

61. 〈馬元放視察鄉區教育今出發十二區〉：《中央日報》1947年12月29日。

62. 〈論節約與奢侈：圖為各優良久任教師與本會徐代總幹事觀餘（左

及南京市教育局馬兼局長元放（右）合影〉：《新運導報》1947年第14卷第4期。

63. 〈首都警察訓練近況：馬副市長元放、唐署長縱參觀警察訓練所後與韓廳長文煥、副處長舒翔、吳副所長祖楠、周處長競人等合影〉：《警察畫報》1947年第3期。

64. 徐凰〈馬元放憐寒贈衣〉：《新上海》1947年第53期。

65. 〈馬元放以貧助友〉：《海潮週報》1947年第64期。

66. 〈馬元放反對拜年〉：《國際新聞畫報》1947年第75期。

1948年：

67. 〈京市各小學進步甚速，馬元放視察畢〉：《中央日報》1948年1月14日。

68. 〈進修金等問題市中教四要求馬元放已接受〉：《中央日報》1948年1月18日。

69. 〈全運會各項目本市均擬參加，馬元放將主持籌委會〉：《中央日報》1948年1月22日。

70. 〈馬元放談市教育〉：《中央日報》1948年2月2日。

71. 〈馬元放發表談話否認市校裁員說，各校結餘人員另有任用〉：《中央日報》1948年2月3日。

72. 〈馬元放告請願學生減收學費無法實現，教師進修金將另商辦法〉：《中央日報》1948年2月24日。

73. 〈助學金審核委員會今商各校名額分配，馬元放昨再度發表談話盼學生照規定繳費註冊〉：《中央日報》1948年2月25日。

74. 〈馬元放教育報告〉：《中央日報》1948年3月12日。

75. 〈馬元放代表市長慰勞京全運代表〉：《中央日報》1948年5月27日。

76. 〈馬元放報告京市禁煙工作〉：《中央日報》1948年6月1日。

77. 〈本市各級學校教部分別獎懲，馬元放局長獲嘉獎〉：《中央日報》1948年6月19日。

78. 〈京市教育人員教部分別獎懲〉：京市教育局長馬元放，辦理全市教育，頗著勞績，諮請市府傳令嘉獎。《申報》1948年6月19日。

79. 〈馬元放局長獲市府嘉獎〉：《中央日報》1948年6月24日。

80. 〈馬元放勤奮任事，市府已明令嘉獎〉：《和平日報》1948年6月

24日。

81. 〈市校教師草聘月中可發出，馬元放昨發表談話〉：《中央日報》1948年7月3日。

82. 〈中小學教師請願，馬元放有圓滿答覆，薪水聘書均可提前發出〉：《中央日報》1948年7月8日。

83. 〈京童軍會改組，馬元放任理事長〉：《中央日報》1948年7月9日。

84. 〈教部嘉獎馬元放〉：《新民報》1948年7月17日。

85. 〈小教講習班昨開學，馬元放提市教四大願望，完成三年計畫樹立基礎〉：《中央日報》1948年7月26日。

86. 〈馬元放已呈請辭教育局長兼職〉：《中央日報》1948年7月28日。

87. 〈馬元放打消辭意，昨已到教局辦公〉：《中央日報》1948年8月5日。

88. 〈馬元放昨午召集市中教職員談話〉：《中央日報》1948年10月2日。

89. 〈新生小學事件馬元放局長表示力謀合理解決〉：《中央日報》1948年10月19日。

90. 〈薪餉配米均無問題望各小學教師安心，馬元放否認有總請假事〉：《中央日報》1948年115日。

91. 〈小教發薪通盤籌畫本月份提前發放，馬元放向教師提出答覆市參會願墊借每人百元〉：《中央日報》1948年11月8日。

92. 〈沈市長辭職尚未准馬元放又辭本兼職，傳新閣組成後市長易人〉：《中央日報》1948年12月15日。

93. 〈滕傑明日履新，馬元放辭兼職獲准，市府人事可能有變動〉：《中央日報》1948年12月26日。

94. 〈市府新任兩局長定明日正式視事，馬元放仍堅辭繼掌教局〉：《中央日報》1948年12月29日。

95. 〈社會民政兩局長今晨分別接事〉：另訊：教育局長馬元放堅辭後，昨（二十九）日上午該局全體同仁假白下路民眾教育館舉行茶會歡送馬氏，以表惜別之意。馬氏於席間致詞謂：「三年來全體同仁同甘共苦，堅守崗位，深表感謝。」《中央日報》1948年12月30日。

96. 〈沈怡市長、馬副市長「七九」廣播詞〉：《體育月報》1948年。

8.2 臺灣報刊對馬元放的報導

　　馬元放1952年3月14日不幸離世後，在臺國民黨人士和馬元放的舊友紛紛撰文緬懷馬元放，並舉辦了追悼會。但是由於條件所限，以及年代已久，所以筆者搜集到的報刊消息甚少。現整理如下：

驚鴻：〈**悼馬元放**〉，臺北：《自由人》1952年3月29日。

槐生：〈**悼馬元放**〉，臺北：《上海日報》1952年3月31日。

儀君：〈**悼馬元放先生**〉，臺報（報刊名稱字跡模糊，無法辨認）1952年4月22日，。

邢頌文：〈**江蘇省會報業概況又一補充報告**〉，臺北：《江蘇文獻》第1卷第14期（1964年2月）。介紹馬元放對江蘇新聞報刊事業的貢獻。

馬超俊：〈**挽馬元放先生**〉，《馬超俊先生言論選集》（臺北：中國勞工福利出版社，1967年1月）。

邵鏡人：〈**蘭陵文教憶舊**〉，臺北：《武進鄉訊》第7期（1969年3月）。介紹馬元放等鄉賢熱心家鄉教育的往事。

童致祥：〈**馬元放先生年少零丁**〉，臺北：《武進鄉訊》第37期（1971年9月）。

馬元放：〈**抗戰時期在滬寧二地羈囚三年經過**〉，臺北：《江蘇文獻》第4卷第20期（1975年12月）。

作者不詳：〈**馬元放先生遺影**〉，臺北：《江蘇文物》第7期（1978年1月）。

朱斌：〈**孤島孤軍血淚流——掌牧民馬元放與上海抗建協會**〉，臺北：《中外雜誌》第32卷第3期（1982年9月）。

劉海若記錄整理：〈**南京副市長馬元放**〉，《丁延楣先生訪問紀錄》（臺北：中央研究院近代史研究所，1991年10月）。

周振華：〈**馬元放與吳稚暉**〉，2014年。

8.3 大陸及境外人士對馬元放的追憶

在馬元放離世三十餘年後，碧野主編的《中國抗日戰爭時期大後方文學書系·第四編·報告文學·第一集》選編了馬元放著《歸漢記》的部分內容。1989年該《書系》由重慶出版社出版，並獲得1990年全國圖書一等獎。由此再次引起社會對馬元放的關注，隨後多家報刊媒體陸續刊載介紹和懷念馬元放的文章，使人們再次認識了馬元放。主要有：

何平：〈**我所知道的馬元放和王振先**〉，《武進文史資料·第十九輯》（1979年10月）。此文早於上述《書系》。

王炳毅：〈**日酋出難題難不倒馬元放**〉，《南京晨報》2003年7月6日。

金萍、王磊：〈**愛國教育家馬元放的風雨人生**〉，《南京晨報》2003年11月30日。媒體按語：「本期記憶，《晨報》獨家首次披露馬元放先生的人生之旅，以紀念這位矢志抗日、熱衷教育的愛國志士。」

王炳毅：〈**愛國教育家馬元放的人生之旅**〉，《鍾山風雨》2004年第3期。卷首語：「本期〈愛國教育家馬元放的風雨人生之旅〉歷史地再現了馬元放矢志抗日、熱衷教育的人生經歷。」

王正銓：〈**追憶馬元放先生**〉，2004年。

周文傑：〈**緬懷傑出的教育家馬元放**〉，《澳洲漢聲雜誌》2005年第12期。

周文傑：〈**追念愛國教育家——馬元放**〉，《澳洲漢聲雜誌》2006年第1期。

邰聯元：〈**我所瞭解的馬元放**〉，《南京晨報》2007年4月14日。

金問信：〈**懷念尊敬的馬元放老伯**〉，《國立九中南京校友會簡報》（2008年5月）。

王炳毅：〈**老照片承載愛國教育家馬元放的風雨人生**〉，《收藏快報》2010年11月24日。

高良潤：〈**中央大學校名的由來**〉，《中央大學（含附中），南京大學、東南大學河海大學武漢校友聯合會校友通訊》總第20期（2011年10月）；中央大學、東南大學、南京大學校刊及常州《橫山文化》轉載。該文介紹馬元放提出「中央大學」校名之建議。

周文傑：〈**愛國教育家馬元放**〉，載於郭存孝、周文傑著《往事盡在笑談中》

（香港：中國國際文化出版社有限公司，2012年11月）。

高良潤：〈**民國時期愛國教育家馬元放（上）**〉，《南京史志》2013年第1期。

高良潤：〈**民國時期愛國教育家馬元放（下）**〉，《南京史志》2013年第2期。

高良潤、馬光忠：〈**武進民國人物——馬元放**〉，常州《橫山文化》2013年4月28日。

吳之光：〈**馬元放先生傳**〉，常州《譜牒文化》2013年第4期。

吳之光：〈**不畏浮雲遮望眼**〉，載於常州《譜牒文化》2014年第1期；又載於《樸耕齋續集》（南京：南京大學出版社，2015年9月）。該文為本書之序文。

吳以恕：〈**也說馬元放先生**〉，2014年。

高良潤：〈**對我影響至深的幾位教育家和文人**〉，載於《我與農業工程高等教育》（北京：中國農業出版社，2015年4月）。該文首先介紹了馬元放對作者教育生涯的影響。（高良潤口述，宋毅撰文）

薛大元：〈**馬元放的歸漢記**〉，載於顧國華編《文壇雜憶全編·五》（上海：上海書店出版社，2015年）。

薛孔：〈**中央大學之校名由來**〉，載於顧國華編《文壇雜憶全編·六》（上海：上海書店出版社，2015年）。該文介紹馬元放提出「中央大學」校名之建議。

馬光忠：〈**馬元放論教師的真價**〉，載於顧國華編《文壇雜憶全編·六》（上海：上海書店出版社，2015年）。

馬光忠：〈**忠貞愛國的馬元放**〉，載於顧國華編《文壇雜憶全編·六》（上海：上海書店出版社，2015年）。

馬寧：〈**矢志抗日的愛國志士馬元放**〉，《南京史志》2015年第1期。

以上撰稿人中，有歷史人物研究專家、中共黨史研究專家、大學教授、資深教師，也有熟悉馬元放的歷史見證人，還有馬元放的後人。他們均以史實為依據，實事求是地撰寫了馬元放的生平記事。感謝媒體界以公正客觀的立場，給予馬元放高度的讚揚。歷史是公正的，公道自在人心。對馬元放愛國精神的肯定，是對九泉之下馬元放的最好紀念和慰藉。

8.4　中國名人傳略文獻記載的馬元放

8.4.1　《中國當代名人傳》記載的馬元放

　　馬元放堅持敵後抗日，不屈不撓的事蹟被國人所知，備受讚譽。1947年上海世界文化服務社出版的傅潤華主編《中國當代名人傳》中收錄了〈馬元放〉，並於1948年再版。其中〈馬元放〉一文摘錄如下：

《中國當代名人傳·馬元放》（摘自網路圖片）

　　先生江蘇武進人，生於民元前十一年，西元一九〇一年。畢業於江蘇公立法政大學，經江蘇省特派為考察日本市政教育專員，博諮周訪，極具心得，歸著《都市通論》行世。初在南京市政府服務，旋任中國國民黨江蘇省黨部執行委員，在職多年，於黨務改進，及社會事業指導，頗著成績。二十五年十月，改任中央宣傳部主任祕書。

　　抗戰軍興，二十六年冬，派為江蘇省黨部常務委員，時省黨部遷駐淮陰，因又被任江蘇省第七區行政督察專員兼保安司令。嗣升任為江蘇省政府委員兼教育廳廳長。時江南盡陷，但仍兼籌並顧，教育設施，實際仍遍大江南北，砲火聲中，絃誦不絕。二十九年一月，奉派為江蘇省黨部主任委員，常親往各縣督導下層工作，出入前線敵後，夷然不顧，久為敵偽所注視追蹤。二十九年六月到滬，召集江南各縣黨部負責人商討祕密工作，竟於該月二十三日被敵偽劫持，初囚於上海，繼羈於

南京，歷時三年又二個月，百般脅誘，迄不稍屈，終於三十二年八月設法脫險，奔回重慶，當著《歸漢記》述其始末。

中央以其在敵後奮鬥，險阻備嘗，極為嘉勉，特發給獎狀，以資鼓勵，並派為中央海外部主任祕書。三十四年五月，中國國民黨第六次全國代表大會在渝舉行，當被選為中央執行委員。是年秋，日本投降，奉派為南京市副市長，飛京協同處理接收事宜。三十五年四月，兼任中國國民黨南京市黨部主任委員，七月又奉命兼任南京市教育局局長，遂辭去市黨部主任委員兼職，致力教育，僅任南京市副市長兼教育局局長。夫人倪昌齡，有子女五人，子光忠、光雄，女光瑋、光瑤、光琳，分別在大中小學肄業。家庭生活，極為愉快。

8.4.2　《常州歷史名人大辭典》記載的馬元放

2015年，上海辭書出版社出版了由常州市哲學社會科學界聯合會和常州市社會科學院聯合編著的《常州歷史名人大辭典》，其中有〈馬元放〉一節，摘錄如下：

《常州歷史名人大辭典・馬元放》

馬元放（1902-1952）原名飲冰。武進（今常州市區）人。字景逸、孟進。1922年江蘇法政專門學校畢業，次年回母校（時改名江蘇法政大學）工作並在研究科進修。1925年畢業後入江蘇省立第四師範學校任教。1926年參加赴日、朝市政教育考察團考察。1927年任南京特別市政

府祕書處編輯，不久加入中國國民黨。歷任編輯股主任、國民黨南京市黨部研究指導員及首都《新報》社務委員兼總編輯等。1929年末，調入國民黨江蘇省黨部，任宣傳部部長，常委，創辦江蘇省黨報《蘇報》，任社長，兼江蘇新聞事業委員會主任委員，兼第一區黨務指導員。1936年起先後任國民黨中央宣傳部主任祕書、中央組織部組織委員、中央文化事業計畫委員會新聞事業研究會專門委員。1938年蘇南被日軍侵占，被派往江蘇主持黨務，任特派員，兼任江蘇省第七區（淮陰）行政督察專員；8月任江蘇省政府委員兼教育廳廳長。1939年末任省黨部主任委員。1940年6月在上海因叛徒出賣被捕，後在組織營救下逃脫赴重慶。

1945年當選為國民黨中央執行委員。抗戰勝利任南京特別市副市長，負責接收汪偽政府，並任南京市抗戰損失調查委員會主任委員。1946年兼任國民黨南京市黨部主任委員，籌備重建教育局並兼任局長，竭力恢復與發展南京教育事業，獲教育部和市政府嘉獎。1948年底移居上海。著有《都市政策論》、《中國市政論》、《中國政治組織》、《歸漢記》等。

8.4.3　常州《譜牒文化》刊載的〈馬元放先生傳〉

常州地方文化、地方史志，以及譜牒文化的專家吳之光先生，撰文〈馬元放先生傳〉，刊載於常州《譜牒文化》（主編朱炳國）2013年第4期。摘抄〈馬元放先生傳〉如下：

吳之光：〈馬元放先生傳〉，《譜牒文化》2013年第4期

元放先生，原名飲冰，字景逸，號孟進。武進湖塘鎮蔣公岸馬家村人，生於光緒二十八年（1902），幼年時父母雙亡，靠族親呵護。稍長入牛塘兢進小學就讀，深得王孔誠校長喜愛，收為義子，悉心培養。1922年畢業於江蘇公立法政專門學校，次年改稱江蘇法政大學，入研究科進修，1925年畢業。1926年被江蘇省派赴日本、朝鮮考察市政教育，歸撰《都市政策論》1928年出版，補充後改稱《都市政治通論》1932年出版。該書於2001年被浙江省社科院社科所研究員張敏傑的論文稱為「我國20世紀二三十年代的重要社會工作理論研究成果之一」。

　　1927年，國民政府遷都南京，馬元放任南京特別市政府祕書處編輯，是時加入中國國民黨。歷任國民黨南京市黨部指導員及首都《新報》社務委員兼總編輯等。1929年末到鎮江（當年省會），1930年8月起，先後任省黨部執行委員兼任宣傳部長、常委兼第一區黨務指導員。第一區中心縣為武進，往來鎮、常之間。並主持省黨部機關報《蘇報》，兼社長。1931年他當選國民會議代表，在國民會議第八次會議上，馬飲冰（馬元放）等提出〈提高小學教員待遇，以增進教育效率案〉被會議通過並實施，為民國時期教師工資制度開「年功加俸」之先河。此事2001年被列入「中國教育百年大事」載於《中國教育大事典（1840-1949）》。1933年任江蘇新聞事業委員會主委。1936年2月，任國民黨中央文化事業計畫委員會祕書，10月改任國民黨中央宣傳部主任祕書，12月任國民黨中央文化事業計畫委員會新聞事業委員會專門委員。1937年4月，任國民黨中央組織部組織委員；6月，被派往日本考察社會事業。不久，七七事變，急令回國，任國民政府軍事委員會第六部視察員，前往安徽視察民眾組織及訓練活動。

　　江南淪陷，省府從鎮江遷往淮陰。1938年2月，在淮陰任江蘇省第七區行政督察專員兼保安司令，領導屬地民眾抗日鬥爭；8月，改任江蘇省政府委員兼教育廳廳長，推行抗戰教育。1939年12月，任省黨部主任委員，主持全省抗日反汪工作。在蘇北先後主持召開第四、五、六區各縣黨部書記長會議後，又在滬祕密召開有關會議，正擬返回蘇北時，1940年6月23日，因叛徒出賣而被捕。羈囚三年另二個月，矢志不屈，經國民黨營救，於1943年8月26日，離寧返渝。其間鬥爭經過，撰有《歸漢記》一書，在《中央日報》、《中央週刊》等抗日報刊連載。

1948年上海世界文化服務社出版傅潤華主編的《中國當代名人傳‧馬元放》中稱：「中央以其在敵後奮鬥，險阻備嘗，極為嘉勉，特發給獎狀，以資鼓勵，並派為中央海外部主任祕書。」1945年5月，國民黨六大選為中央執行委員。1989年重慶出版社《中國抗日戰爭時期大後方文學書系》（獲1990年第四屆中國圖書獎一等獎）將馬元放《歸漢記》作為優秀報告文學入選有關章節。近年出版的《江蘇省志‧國民黨志》對馬元放抗日事蹟高度評價：「充分顯示了威武不能屈、富貴不能淫的中華民族崇高氣節和愛國主義精神。」1945年8月抗日戰爭勝利，馬元放被派往南京，任南京特別市副市長。9月9日國民政府在南京接受日軍投降，馬元放參加了受降儀式，見證了日本駐華派遣軍司令岡村寧次等戰犯向中國政府和中國人民的投降。

1946年4月，馬元放兼任國民黨南京市黨部主任委員，7月准辭，後以副市長兼教育局長，致力於恢復與發展南京市的中小學教育事業。《南京教育史》稱，在馬元放「首都教育慘遭敵偽破壞，革新建設急不容緩，關於國民教育之發展，中等教育之擴充，社會教育之推廣，教育效率之增進，不得不有通盤籌畫，以利推行」的思想指導下，依據國民政府教育行政當局的各項法令措施，南京在戰後迅速著手教育復員工作，並取得較好的成效。

隨著內戰爆發，社會動亂，馬元放見國事不可為，乃於1948年7月請辭，年末獲准，移居上海，入上海裕農商行任文牘。1950年末被捕，1952年3月14日斃命，年僅50歲。當日《新華日報》刊載南京軍事管制委員會布告稱：「馬元放為南京『下關血案』主謀、『五二○』、『六二』等學生運動中迫害學生的主要兇手。」改革開放以來，媒體及史學界陸續公布了上述案件的事實真相及主要作案人。1991年出版的《南京人民革命史》、1994年出版的《南京公安志》、1997年出版的《南京審判志》、1998年出版的《南京教育志》，2006年出版的《中華民國史》、同年出版的《南京教育史》，2007年5月孫領撰〈紀念「五二○」學生運動〉南京五二○廣場碑文、2007年中共黨史出版社《五二○運動史──1947年偉大的正義的學生運動》等權威刊物中，均未有馬元放之罪責。2003年11月30日《南京晨報》，2004年第3期《鍾山風雨》及2013年《南京史志》等刊物先後公開發表馬元放先生的抗日愛國、熱

衰教育事業的光輝事蹟。可見史志界、輿論界秉筆直書，求實存真，見證了歷史的公平與正義。今將有關文獻史料彙編成冊，稱《無愧人生——馬元放先生誕辰112周年紀念文集》（編者注：即本書，副標題有變更）刊印存世，以慰先生在天之靈。

馬元放先生夫人及其子女，自先生歿世以後，深明大義，忍辱負重，奉公守法，奮發圖強，服務社會，個個有志，卓有成就，可謂積德裕後，光宗耀祖。

夫人倪昌齡，省立女師畢業，曾任小學教師。自長女出世後，相夫教子，主持家務。解放後，歷經坎坷磨難，堅強而自信，不懈家教，培養了女成才，堪以欣慰，1994年病逝，享壽九十歲。

長女光瑋，南京七中高級教師，英語教研組組長，中國民主促進會江蘇省委員會優秀會員。

次男光忠，農業部南京農業機械化研究所研究員，榮獲國務院特殊津貼，1988年任南京市人民政協委員。曾被評為農業部農業機械化系統先進工作者。

三女光瑤，武漢紡織機械廠總工程師、高級工程師、紡工部《紡織機械》期刊主編，國家科技進步獎紡織機械專業評審委員會委員，退休後移居澳洲悉尼。

四子光雄，江蘇科技大學學報編輯部主任，曾獲全國高校學報二等獎，高級工程師，曾獲科技進步三等獎。

五女光琳，鎮江市第一人民醫院主任醫師，兒科主任，鎮江市政協常委，曾獲全國三八紅旗手、鎮江市十佳醫師及江蘇省優秀知識分子稱號。

元放先生誕辰112週年，民族振興，國家富強，先生一生忠忱愛國，在天之靈，含笑泯恩仇，凝聚正能量。故為之贊云：

光芒四射《歸漢記》，忠忱愛國銘青史；
歷史檢驗真與假，笑泯恩仇未為遲。
暴風驟雨剎那過，雨後山河更壯麗；
後輩子孫皆英賢，振興中華正此時。

8.4.4　其他辭典文獻記載的「馬元放」詞條

　　自20世紀到本世紀，除以上文獻對馬元放有記載之外，筆者至少還見有以下「辭典」、「志書」、「大全」、「全書」等文獻中錄有「馬元放」詞條：

《武進縣志》：江蘇武進縣縣志編纂委員會編（上海：上海人民出版社，1988年）。

《中華民國國民政府軍政職官人物志》：劉國銘著（北京：春秋出版社，1989年）。

《民國人物大辭典》：徐友春主編（石家莊：河北人民出版社，1991年初版，2007年再版）。

《現代中國政界要人傳略大全》：廖蓋隆、張品新、劉佑生主編（北京：中國廣播電視出版社，1993年）。

《辛亥以來人物年里錄》：邵延淼主編（南京：江蘇教育出版社，1993年）。

《中國近現代人物名號大辭典》：陳玉堂編著（杭州：浙江古籍出版社，1993年初版，2005年增訂本出版）。

《常州市志第三冊》：常州市地方志編纂委員會編（北京：中國社會科學出版社，1995年）。

《民國職官年表》：劉壽林等編著（北京：中華書局，1995年）。

《南京政黨志》：南京市地方志編纂委員會編纂（南京：河海大學出版社，1997年）。

《20世紀中華人物名字號辭典》：周家珍編著（北京：法律出版社，2000年）。

《民國人物別名索引》：蔡鴻源主編（長春：吉林人民出版社，2001年）。

《中國國民黨全書（下）》：中國社會科學院臺灣研究所編，主編余克禮、朱顯龍（西安：陝西人民出版社，2001年）。

《常州市天寧區志》：常州市天寧區志編纂委員會編（北京：方志出版社，2003年）。

《中國國民黨百年人物全書》，劉國銘主編（北京：團結出版社，2005年）。

《中華萬姓譜》：淡泊著（北京：中國檔案出版社，2006年）。

《中國美術家名人辭典增補本》：張根全編著（杭州：西泠印社，2009年）。

《中國國民黨職名錄1894-1994》：劉維開編（北京：中華書局，2014年）。

《武進人物》：武進人物編纂委員會編（南京：南京大學出版社，2016年）。

　　另有網路資料《民國時期南京市職官年表》、《中國國民黨第六屆中央委員中央監察委員名錄簡歷》、《姓馬的江蘇名人大全》、《族訊》（馬氏）等。

　　以上文獻所載「馬元放」詞條的內容有詳有簡，其中有的內容因歷史原因而有所訛傳，但現今史學界求實存真，已逐步撥亂反正，還原真相。

　　此外，現在存世的各類書籍報刊中，出現馬元放名字的書籍及報刊文章有數百之多。

8.5　大陸史志文獻對馬元放的歷史評價

　　上世紀末以來，大陸文史界隨著改革開放的推進，尊重歷史、敬畏歷史，解禁了很多檔案史料。學者專家也發揚「求實存真」的精神，撥亂反正，還原了很多歷史真相。近年來，修史專家考證資料，實事求是，秉筆直書，陸續編纂出版了多部史志，其中多部專項志書中記載了馬元放的歷史事蹟。

　　2006年出版的《江蘇省志》是江蘇省人民政府主持編纂的大型地方史文獻。全志共九十二卷，約四千多萬字，內容從自然到社會，記述江蘇的歷史和現狀。《江蘇省志》總序（陳煥友撰）中說：「修志人員從研究情況、制定篇目開始，到搜集、整理、鑑別、考證資料，撰寫志稿，組織專家、行家多次評審，對志稿反覆修改編纂加工，最後定稿付梓，這是眾手成志的工作過程，也是一個相當嚴謹的科學的工作過程。」在2000年後出版的《江蘇省志·報業志》、《江蘇省志·教育志》、《江蘇省志·國民黨志》等省志中，以及《南京教育志》、《南京教育史》、《南京百年城市史（1912-2012）9教育卷》等，都以史實為依據，記錄馬元放的文字有數十處之多。

　　對馬元放的歷史評價主要體現在兩個方面：一是抗日戰爭期間不屈不撓堅持抗戰，二是抗戰勝利後竭力恢復和發展南京市的教育事業。

8.5.1　抗日戰爭期間不屈不撓堅持抗戰

馬元放1929年12月至1936年1月在國民黨江蘇省黨部工作。其間他曾擔任省黨部整理委員兼宣傳部長、省執行委員會常委、江蘇新聞事業委員會主任委員、江蘇新聞通訊社主任，並籌辦過江蘇新聞學社。他曾創辦《蘇報》並任社長，創辦《江蘇月報》並任主編，後又集資創辦《江蘇日報》。他始終注重發揚民族意識，宣傳勵志，主張抗日。在《江蘇省志‧報業志》[1]、《鎮江市志》[2]、《江蘇省志‧國民黨志》[3]中均有所記載。

特別是《江蘇省志‧國民黨志》對國民黨江蘇省黨部在訓政時期和抗戰時期的宣傳工作給予了較高的評價。該書第8頁中稱：「特別是訓政時期，貫徹地方自治，推行七項運動，大多數是公益性的建設事項。在新聞報刊方面也有空前的發展。這對於提高民眾參政意識有一定的積極意義。」第9頁中還說：「江蘇省黨部歷時二十餘年，做了大量的工作。特別是訓政時期、抗戰時期，所做的組織訓練宣傳教育，對提高民眾的覺悟、民族意識和愛國主義精神還是有一定的意義的。」在第305頁中又強調，國民黨「江蘇省黨部為完成訓政時期各項中心任務服務，遵照中央指示，大力發展新聞事業，加強黨報建設，扶持民營報紙發展，在江蘇歷史上形成空前的報刊通訊發展高潮」。馬元放於1930至1936年在國民黨江蘇省黨部的工作主要是從事上述的新聞宣傳管理工作，正值訓政時期。這些評價，也是間接地肯定了馬元放的工作成績。

抗日戰爭發生後，馬元放即在江蘇省抗日戰爭第一線從事抗日工作。1938年8月馬元放任國民政府江蘇省政府委員兼教育廳廳長。他不顧艱難險阻的戰時條件，勉力維持教育廳的日常工作，堅持反對奴化教育、樹立國家教育的目的。他積極開創江蘇省抗戰教育新局面的史實，在《江蘇省志‧教育志》中有多處記載[4]。

《江蘇省志‧國民黨志》對馬元放領導江蘇省國民黨系統的抗日事蹟亦

---

[1]　江蘇省地方志編纂委員會編《江蘇省志‧報業志》（南京：江蘇古籍出版社，1999年8月），第91、92、437、438頁。

[2]　鎮江地方志編纂委員會編《鎮江市志》（上海：上海社科院出版社，1993年12月），第1473、1483頁。

[3]　江蘇省地方志編纂委員會編《江蘇省志‧國民黨志》（南京：江蘇人民出版社，2006年），第8、9、133、134、305頁。

[4]　江蘇省地方志編纂委員會編《江蘇省志‧教育志》（南京：江蘇古籍版社，2000年），第1207、1208頁。

給與高度評價，其第133頁述及在整個抗戰時期國民黨江蘇省黨部的「省執行委員中，除個別人物依附汪偽叛變投敵以外，絕大部分委員均以高度的愛國熱情投入抗戰，深入敵後展開工作。其中最典型的當數省執行委員會主任委員馬元放，以及其後繼任的主任委員葛建時」。在第134頁稱馬元放被捕後對敵人的逼供、誘降，「始終堅貞不屈，不為所動，長達三年之久」，認為馬元放「充分顯示了『威武不能屈，富貴不能淫』的中華民族崇高氣節和愛國主義精神」。該志書中對國民黨江蘇省黨部，以及馬元放任國民黨江蘇省黨部主任委員時的表現給予了充分的肯定。在該志書的「大事年表」中還列入了馬元放被捕後堅貞不屈的事蹟。

8.5.2　抗戰勝利後全力恢復和發展南京市的教育事業

抗日戰爭勝利後，國民政府還都南京，馬元放擔任首都南京市副市長。為恢復和發展首都教育事業，南京市恢復成立教育局，馬元放親自兼任局長。他上任不久，鑑於首都教育慘遭敵偽破壞，革新建設急不容緩，特制定了《南京市教育實施三年計畫》，內容包括國民教育、中等教育、社會教育、教育行政等四個部分，並付諸實施。他兼任教育局長近三年，在經濟崩潰、社會動亂的時代背景下，借助市政府、市參議會等有關部門的大力支持，在教育局、教育界廣大同仁的共同努力下，南京市教育事業取得了顯著的成績。

徐傳德著《南京教育史》[5]的〈抗戰勝利後南京教育的起落〉一節（第285頁）中說：「1945年迎來了抗日戰爭的勝利，為了恢復教育元氣，清除敵偽的影響，國民政府曾採取一系列接收和復員的措施。與此同時，國民政府頒布法令和政策，對發展教育做出明確規定。在此形勢下，南京市教育主管部門也立即著手接收和恢復各級各類學校的工作，努力肅清汪偽政權奴化教育的影響，在隨後的兩年中，南京的教育事業達到了一個高峰。」在〈南京教育的復員與發展〉（第288頁）一節中又說：「南京教育的復員工作得到了政府官員的重視。江蘇省教育廳長（應為南京市教育局長。——筆者注）馬元放曾指出：『首都教育慘遭敵偽破壞，革新建設急不容緩，關於國民教育之發展，中等教育之擴充，社會教育之推廣，教育效率之增進，不得不有通盤籌畫，以利推行。』在上述思想指導下，依據國民政府教育行政當局的各項法令措施，南

---

[5]　徐傳德：《南京教育史》（南京：商務印書館，2006年），第285、288頁。

京在戰後迅速著手教育復員工作，並取得較好的成效。」該書2012年第2版又增添論述（第298頁）：「淪陷八年，敵偽盤踞，摧毀殆盡。復員後於1946年7月恢復市教育局，副市長馬元放兼理教育，收拾劫餘，力謀推進，以安定中求進步，互信中謀發展為政策。兩年以來，南京市教育在量的方面，已超過戰前，質的方面，亦頗能充實改進。」

1998年出版的《南京教育志》[6]和2014年出版的《南京百年城市史（1912-2012）9教育卷》[7]中，也記載了在馬元放的領導下，戰後近三年內南京教育取得了顯著的恢復與發展，並給予與《南京教育史》相同的評價。所以，無論是當年的國民政府，還是當今官方出版的教育史、志，均肯定了當年馬元放在教育領域的貢獻和所取得的顯著成績。

評價歷史人物，尤其是對近代分屬不同政治立場者，不以政治分野進行善惡批判，而是尊重歷史事實，從人文視角，給予實事求是的評價，反映了社會與歷史的進步。

8.6　日偽逮捕馬元放事件的訛傳與糾正

本節對日偽逮捕馬元放事件做一整理。1939年12月馬元放任國民黨江蘇省黨部主任委員，負責領導國民黨系統在江蘇全省的抗日反汪工作。因叛徒出賣，1940年6月23日晚在上海公共租界的遠東飯店，馬元放被中央捕房、日本憲兵隊本部及汪偽76號特工總部的大批憲警特劫持。同時被捕的還有省黨部委員崔步武、省政府祕書石順淵、參議掌牧民等人。被捕後，無論汪偽頭目李士群等如何軟硬兼施，馬元放拒不投降，被敵偽羈囚三年餘。後在國民黨中央的營救下，於在1943年8月潛行出南京中華門，經當塗、高淳，離開危險地帶，再經張渚、屯溪，轉歷浙、贛、閩、粵、湘、桂、黔各地，終於在12月1日抵達陪都重慶。

---

[6]　京市地方志編纂委員會編《南京教育志》（北京：方志出版社，1998年），第183、184、373、374頁。

[7]　徐承德、虞朝東：《南京百年城市史（1912-2012）9教育卷》（南京：南京出版社，2014年），第148、150、151頁。

8.6.1 文獻資料整理

國民黨江蘇省黨部主任委員馬元放及省黨部、省政府幾位主要幹部被日偽劫持，在當時曾轟動一時。因為此案在抗戰史及諜戰史上均屬重大事件，所以該案不僅被諸多文獻記載，還被寫入諸多抗戰和諜戰小說。案情細節的版本多樣，如案發地點、時間及具體情節等有錯謬，且對馬元放被捕後的立場也有正反兩種記載。有一些所謂「抗戰作品」甚至對馬元放被捕一案歪曲真相，虛構情節，且以訛傳訛，讀之感到困惑，甚至義憤。

筆者就收集到的相關文獻資料分類整理如下：

第一類資料：史記類文獻[8]

這類文獻有：《中華民族抗日戰爭史大事記・下編》、《中日關係五十年大事記1932-1982・第二卷》、《上海抗日戰爭史通論》、《近五十年中國與日本（1932）》、《江蘇省志・國民黨志》、《湖南文史・1999年第3輯總第87輯》、《汪精衛漢奸政權的興亡──汪偽政權史研究論文集》、《江蘇文史資料存稿選編・人物卷》，等等。這些文獻中明確記載馬元放堅貞不屈，拒不投降。其中，《江蘇省志・國民黨志》以事實為據，高度讚揚馬元放在敵人逼供誘降面前「堅貞不屈」，「充分顯示了威武不能屈，富貴不能淫的中華民族崇高氣節和愛國主義精神」。

8　以下資料：

- 方衡主編《中華民族抗日戰爭史大事記・下編》（香港：香港天馬圖書有限公司，2003年7月），第319頁。
- 張蓬舟主編《中日關係五十年大事記1932-1982・第二卷（1938-1941）》（北京：文化藝術出版社，2006年9月），第335頁。
- 唐培吉：《上海抗日戰爭史通論》（上海：上海人民出版社，2001年9月），第342頁。
- 張蓬舟主編《近五十年中國與日本（1932-1982）・第四卷（1940-1943）》（重慶：四川人民出版社，1992年1月），第71頁。
- 江蘇省地方志編纂委員會編《江蘇省志・國民黨志》（南京：江蘇人民出版社，2006年），第75頁。
- 曉晴：〈汪偽特工頭子暴死之謎〉，載於《湖南文史》1999年第3輯（總第87輯），第45頁。
- 復旦大學歷史系中國現代史研究室《汪精衛漢奸政權的興亡──汪偽政權史研究論文集》（上海：復旦大學出版社，1987年7月，第1版），第374頁。
- 石順淵：〈漢奸張北生投敵賣友始末〉，載於《江蘇文史資料存稿選編・人物卷（下）》（南京：江蘇人民出版社，2007年）。

第二類資料：汪偽舊人回憶錄或汪偽政權研究文獻[9]

這類資料有：《汪偽特工內幕——知情人談知情事》、《我所知道的汪偽特工內幕》、《汪精衛偽國民政府紀事》、《汪偽國民政府實錄》、《三十年見聞雜記》、《七十六號——汪偽特工總部口述祕史》、《賭國汪精衛》、《黑蜘蛛：國民黨特務網黑幕》、《中統內幕》、《汪偽七十六號特工總部》、《中國特務概觀》、《76號魔窟》等。此類資料中，如實記載了馬元放拒不投降的居多，但也有少數不盡真實之處。

第三類資料：各類報刊[10]

這類資料有日報、晚報、文摘報及一些小報，例如早年的上海《申報》、

9　以下資料：
- 馬嘯天、汪曼雲遺稿，黃美真整理《汪偽特工內幕——知情人談知情事》（鄭州：河南人民出版社，1986年12月，第1版），第67頁。
- 馬嘯天，汪曼雲遺稿：《我所知道的汪偽特工內幕》（北京：東方出版社，2010年6月），第71頁。
- 蔡德金、李惠賢編《汪精衛偽國民政府紀事》（北京：中國社會科學出版社，1982年7月，第1版），第75頁。
- 安慧：〈夢幻石頭城〉，載於《汪偽國民政府實錄》（北京：團結出版社，1995年10月，第1版），第159頁。
- 惲逸群：《三十年見聞雜記》（南京：金陵書畫社，1983年10月），第52頁。
- 蔡德金：《七十六號——汪偽特工總部口述祕史》（北京：團結出版社，2007年12月，第1版），第60～65頁。
- 何士夫：《賭國・汪精衛》（成都：四川人民出版社，1995年4月，第1版），第284頁。
- 劉冰：《黑蜘蛛：國民黨特務網黑幕》（長春：吉林文史出版社，2008年12月），第196頁。
- 陶蔚然、胡性階等：《中統內幕》（北京：中國文史出版社，2009年1月），第279頁。
- 黃美真：《汪偽七十六號特工總部》（上海：上海人民出版社，1984年2月），第90頁。
- 李繼星主編《中國特務概觀》（蘭州：敦煌文藝出版社，1996年2月，第1版），第360頁。
- 王曉華、蘇華：《76號魔窟》（北京：臺海出版社，2011年2月），第135頁。

10　以下資料：
- 〈馬元放等被捕經過〉，《申報》1940年7月8日。
- 〈偽組織肆意恫嚇　另有暗殺名單　法租界當局態度軟弱　馬元放、崔步武被綁架〉，香港《大公報》1940年7月13日。
- 〈陸玄南等遇害後　馬元放仍未投降〉，重慶《新蜀報》1941年5月14日。
- 〈馬元放由滬脫險抵渝〉，《中央日報》1943年12月3日。
- 〈前江蘇省黨部主任委員馬元放脫險赴渝述職，蘇省民政廳長王公嶼同行〉，《蘇訊月刊》1943年第51、52期。
- 《馬元放氏著〈歸漢記〉，詳述羈囚滬寧三年經過》，《蘇訊月刊》1945年第59、60期。
- 〈張北生無惡不作　捉拿馬元放〉，《海花》1946年第4期。
- 〈堅貞不屈的一頁：馬元放、鄧達謚等的鐵窗風味回憶錄〉，《永生》1946年第10期。
- 金萍、王磊：〈愛國教育家馬元放的風雨人生〉，《南京晨報》2003年11月30日。
- 王炳毅：〈愛國教育家馬元放的人生之旅〉，《鍾山風雨》2004第3期。
- 王炳毅：〈老照片承載愛國教育家馬元放的風雨人生〉，《收藏快報》2010年11月24日。
- 高良潤、馬光忠：〈武進民國人物——馬元放〉，常州：《橫山文化》2013年4月28日。
- 吳之光：〈馬元放先生傳〉，《譜牒文化》2013年第4期。

《大公報》、《新蜀報》、《中央日報》、《蘇訊月刊》、《海花》、《海星》、《快活林》、《永生》、（臺灣）《江蘇文獻》等，以及近年的《南京晨報》、《揚子晚報》、《鍾山風雨》、《收藏快報》、《橫山文化》、《譜牒文化》、《南京史志》等，均報導了馬元放等被捕事件，並且揭露事起叛徒張北生出賣，而馬元放寧願坐牢，拒不投降。

第四類資料：文創作品[11]

這類資料有：《上海特工戰》、《民國要案尋蹤》、《民國三大殺手》、《朝秦暮楚：民國漢奸粉墨春秋》、《國殤·第四部·國民黨對抗日戰諜戰紀實》、《長篇歷史小說·汪精衛·第三卷·矛盾三角》、《諜殤·中國特工對日諜戰紀實》、《王牌間諜》、《諜卒》，以及某些網路小說等等，不一一列舉。此類文創作品中，有的描寫較為接近歷史事件，但也有多部作品不尊重史實，胡編捏造虛假情節，把馬元放描寫成貪生怕死的叛徒，嚴重構成侵權，損害馬元放名譽，其典型代表作品是《諜卒》。

8.6.2　糾正訛傳以正視聽

如前所述，對於馬元放上海被捕事件，在虛構、醜化、編寫不實內容的文學作品中，尤以諜戰小說《諜卒》虛構離奇情節甚多，對馬元放名譽損害嚴重。

《諜卒》主要有以下幾方面的不實內容[12]：

其一，作者稱馬元放遭叛徒出賣被敵偽逮捕後即叛變投敵，出賣組織和部下，此類描述前後竟達十多處；其二，作者對馬元放身分胡編亂造，編造其任

　·馬寧：〈矢志抗日的愛國志士馬元放〉，《南京史志》2015年第1期。

[11] 以下資料：

　·沈立行：《上海特工戰》（上海：上海書店出版社，2000年3月，第1版），第50頁。

　·《民國春秋》編輯部編《民國要案尋蹤》（南京：江蘇古籍出版社，1996年10月，第1版），第232頁。

　·王建平編著：《民國三大殺手》（貴陽：貴州人民出版社，1994年8月，第1版），第180頁。

　·顧居編著：《朝秦暮楚：民國漢奸粉墨春秋》（北京：團結出版社，2011年4月），第259頁。

　·施原：《國殤·第四部·國民黨對抗日戰諜戰紀實》（北京：團結出版社，2012年1月），第186頁。

　·黃鶴逸：《長篇歷史小說·汪精衛·第三卷·矛盾三角》（太原：北嶽文藝出版社，1994年10月，第1版），第63頁。

　·南國生編著：《諜殤·中國特工對日諜戰紀實》（北京：團結出版社，2008年7月），第133頁。

　·王海：《王牌間諜》（北京：新世界出版社，2012年3月），第301頁。

[12] 沙錦程：《諜卒》（南京：南京大學出版社，2011年6月），第29、41、50、51、69、128、174、175、176、270頁。

國民黨軍統江蘇站站長，返回重慶後又當上了國民黨軍統總站二廳廳長兼重慶警察局局長；其三，書中多處將馬元放描寫成貪圖酒色之徒，筆墨中充滿嘲弄揶揄；其四，在尾聲一段裡作者再次胡編亂造，稱馬元放為保護蔣介石，親自開高射機關槍打飛機，擊斃日本特務，自己也被擊傷等等，令人啼笑皆非。

馬元放是歷史人物，矢志抗日之志士，愛國教育家，而《諜卒》作者對其毫無根據的虛構負面情節，肆意詆毀其形象。且《諜卒》出版商編審不力，共同造成不良社會影響。對此，馬元放後人向南京當地人民法院對《諜卒》作者及其出版商二被告對馬元放名譽侵權案提起訴訟，在眾多證據面前，法院支持原告，判決如下[13]：

一、沙錦程所著小說《諜卒》一書內涉及馬元放的內容構成侵權；對出版商已印刷但未進入流通領域的圖書，不得繼續銷售或以其他任何方式予以流通；在沙錦程對侵權內容予以刪改之前，該小說不得以任何方式流通；出版商應對此予以協助，在其網站上發布公告，要求銷售商停止銷售該小說。

二、沙錦程在《揚子晚報》上刊登聲明[14]，向馬元放及其後人進行書面賠禮道歉。

《諜卒》作者在2014年12月28日《揚子晚報》上刊登致歉聲明

13　江蘇省南京市中級人民法院民事調解書（2014）寧民終字第4645號。

14　沙錦程：〈致歉聲明〉，《揚子晚報》2014年12月28日。

通過法院判決和調解，《諜卒》作者登報公開道歉。這又一次肯定了歷史人物馬元放的真實面目，澄清了訛傳，在一定程度上消除了負面影響。

　　本書從第一章開始勾畫馬元放的生平，在此以上述法院對《諜卒》侵權案的判決作為結束。祖父馬元放一生閃亮，人生無愧，您將永遠活在我們許多人的心中。

第九章　馬元放年表

馬元放年表

1902年7月5日（清光緒二十八年6月1日）

　　生於江蘇省武進縣湖塘橋馬家村，名飲冰。後得知徐州有同姓同名者，故於1927年呈請改名元放。1927年之1931年間「飲冰」、「元放」皆有出現，在1932年後僅使用元放。

　　生父培生公，生母金太夫人。

1908年，6歲

　　生父離世，享年42歲。

1909年，7歲

　　生母離世，享年40歲。

1911年，9歲

　　被舅家（金姓）收養。

　　入武進私立兢進學校就讀，並被恩師王孔誠（號堅白）收為義子。

1917年，15歲

　　高小畢業，留校補習，同時受惠於省立常州中學。

1918年，16歲

　　赴南京，以同等學歷考取江蘇公立法政專門學校。

1922年，20歲

　　江蘇法政專門學校畢業。留校工作，初任書記，後任教務助理。

　　本年曾一度回到家鄉常州，在局前街小學教書。

1923年，21歲

　　母校改名江蘇法政大學，設研究科。本年回校入研究科學習。

1925年，23歲

　　江蘇法政大學研究科畢業。

　　江蘇省立第四師範學校（今南京寧海中學前身）任教。

撰《挽孫中山先生》，被送至北京孫中山公祭儀式的禮堂展出。

1926年，24歲

4月至8月，奉派參加南京教育界組織的赴日本朝鮮市政和教育考察團，團長為母校法政大學王伯秋老師。

1927年，25歲

由王伯秋老師介紹入南京市政府工作（首屆市府職員）。由朱養素介紹加入中國國民黨。先後任南京市政府祕書處編輯、編輯股主任、國民黨南京市黨部研究指導員、首都《新報》報社社務委員兼總編輯，並被推為首都市政研究會籌備會委員。

10月，提出南京市戶口調查之建議，被市政府採納，於次年實施調查。調查結果作為市政府制定相關市政建設及政策之依據。

本年，與法政大學恩師鍾鍾山先生之外甥女倪滄舲（又名倪昌齡、倪吉）成婚（婚後育二子三女）。

1928年，26歲

4月，所著《都市政策論》由南京美利生印書館出版。

同月，因在南京的國立第四中山大學發生改名風波，提議改名「中央大學」，被政府採納，受到學生贊同。5月該校正式改名為「國立中央大學」。

1929年，27歲

先後任社會局公益科科長，總務科科長，兼任南京市合作事業指導委員會委員。

9月，入國民黨中央組織部任總幹事。

11月，入國民黨江蘇省黨部工作，任第一期黨務整理委員會宣傳部祕書。

同月，義父王堅白病逝（享年47歲），回鄉奔喪。

1930年，28歲

8月，任國民黨江蘇省第二期黨務整理委員會委員，兼宣傳部部長。

創辦省黨部機關報《蘇報》，任社長。

1931年，29歲

1月，任國民黨江蘇省第三期黨務整理委員會常務委員。

5月，當選國民議會代表，與黃宇人、高柏楨等人提出〈提高小學教員待遇以增教育效率案〉，提議小學教員實行「年功加俸」，獲大會通過，政府實施。該提案被錄入《中國教育百年大事》。還提出〈國民議會接受孫中山遺教

案〉、〈保障言論自由案〉、〈扶植新聞事業，以謀輿論健全案〉、〈變更省縣行政組織以增進行政效率案〉，還參與〈催促國府尅日施行新鹽法並限期成立鹽政改革委員會案〉、〈請政府公布新鹽法以利民食案〉、〈請設立編譯館以促進科學教育案〉等提案。

9月，任國民黨江蘇省執行委員會常務委員（至1936年1月）。

11月，當選中國國民黨第四次代表大會代表。

1932年，30歲

4月，兼任江蘇省戰區救濟委員會常務委員。

所著《都市政策論》經增補修訂後更名為《都市政治通論》，由南京鍾山書局出版。另所著《中國市政論》及《中國政治組織》由鍾山書局發出版預告。

1933年，31歲

3月，國民黨江蘇省黨部在鎮江成立江蘇省新聞事業委員會，任主任委員。

4月，兼任江蘇新聞通訊社主任。

11月，創辦江蘇新聞事業委員會機關刊物《江蘇月報》，任主編。並籌辦江蘇新聞學社，任籌委會主席。

1934年，32歲

3月，江蘇新聞學社正式成立。

4月，兼任國民黨江蘇省黨部第一區黨務指導員。該區轄無錫、鎮江、丹陽、武進等7縣，辦事處設於武進。

6月，受聘武進國醫講習所董事、常務董事。

1935年，33歲

3月，受聘中華民國法學會法制專門委員會委員及編輯委員會委員。

7月，受聘江蘇省監察使署參贊。

11月，當選國民黨第5次全國代表大會代表。

1936年，34歲

3月，任中國國民黨中央委員會文化事業計畫委員會祕書。

5月，會同汪寶瑄、王公璵、劉季鴻、鈕長耀諸先生組織董事會，創辦《江蘇日報》。

10月，受聘國民黨中央文化事業計畫委員會新聞事業研究會專門委員。

同月，任中國國民黨中央宣傳部主任祕書。

1937年，35歲

3月，任中國國民黨中央組織部組織委員。

4月，奉派赴日本考察社會事業，不久抗日戰爭爆發，隨即歸國。

6月，當選國民大會代表。

9月，任國民政府軍事委員會第六部視察員。赴安徽安慶、桐城、合肥、六安、壽縣、蕪湖、宣城、休寧、屯溪、貴池等地，視察民眾組織及訓練活動之情況。

12月，赴漢口向中央彙報視察情況。

1938年，36歲

1月，國民黨中央任命韓德勤、馬元放、周厚鈞等7人為江蘇省黨務特派員，並指定韓德勤、馬元放、周厚鈞3人為常務委員。月底抵達江蘇省黨部所在地淮陰。

4月，任江蘇省第七區（淮陰區）行政督察專員兼保安司令，組織屬地民眾及武裝力量抗擊日寇。

8月，任江蘇省政府委員兼省教育廳長，負責主持江蘇省的抗戰教育。

本年，與江蘇法政大學同學掌牧民等在上海組織了「抗戰建國協會」，推掌為會長，積極支持抗日游擊活動。

1939年，37歲

10月，兼任「江蘇民眾不給敵人當兵同盟會」委員。

12月，任中國國民黨江蘇省黨部主任委員，負責領導江蘇全省國民黨黨務系統的抗日鬥爭。

1940年，38歲

6月23日晚，與省黨部委員崔步武、省政府祕書石順淵、省政府參議掌牧民等會面。因叛徒出賣，在上海遠東飯店遭日偽逮捕。輾轉關押於法租界中央捕房、日本憲兵司令部、汪偽特工總部（極司非爾路76號）。此案曾在上海引起一時轟動。

7月1日，汪偽機關報《中華日報》發布汪偽國民政府對83名地下抗日人員的通緝令，含馬元放。

7月7日，蔣介石批示〈葉楚傖呈蘇省黨部主委馬元放等同志被捕的報告〉。

7月15日，馬元放等被押至南京，囚禁於汪偽警察廳刑務所。汪偽政府軟硬兼施，馬元放仍堅貞不屈。

7月27日，國民黨中央組織部長朱家驊指示國民黨上海市黨部設法探視並慰問馬元放。

8月17日，轉入汪偽特工總部南京區寧海路看守所監禁（南京寧海路25號）。

1941年，39歲

10月31日，離開偽看守所，在友人家中暫住。

12月7日，移住感化院，軟禁。

1942年，40歲

5月17日，出感化院，監視居住。

曾與李達三同志祕密同去雨花臺憑弔陳三才、陸慶顒、陳覺吾（玄南）、邵明賢、黃逸光、強一虎等烈士。

1943年，41歲

8月26日，獲國民黨中央營救，與李文齋、王益崖、張百成一同潛行離開南京。出中華門後，經當塗、高淳，再經張渚、屯溪，轉歷浙、贛、閩、粵、湘、桂、黔等地，奔赴重慶。

9月17日，汪偽《中華日報》刊登〈開釋蔣伯誠、吳開先、馬元放、李明揚等36名重慶被捕分子〉。

12月1日，抵達陪都重慶。

返渝途中撰寫《歸漢記》初稿。

1944年，42歲

國民黨中央以其在敵後奮鬥，險阻備嘗，極為嘉勉，特頒發獎狀，以資鼓勵。

任國民黨中央委員會海外部主任祕書。

所著《歸漢記》在《中央週刊》連載，并散見于《中央日報》等。

7月，《歸漢記》由重慶大光出版社出版成書。

10月，任國民黨中央委員會海外部計畫委員。

1945年，43歲

5月，當選中國國民黨第6次全國代表大會代表，被選為主席團成員，並當選中央委員會執行委員。

8月14日，國民政府發令委派馬元放為南京市副市長。隨後飛赴湖南芷江。

9月3日，抵達南京。9日，參加接受日軍投降的南京受降儀式。12日，率

市府各局長正式接管偽南京市政府。

10月，視察南京市日僑集中營。

11月12日，國府頒布〈國府續頒給勝利勳章令〉，馬元放獲抗戰勝利勳章。

12月10日，兼任南京市抗戰損失調查委員會主任委員。同月，被公推為「首都抗戰蒙難同志會」負責人。

本年，被提名為第四屆國民參政會參政員候選人。

1946年，44歲

1月17日，兼任南京市立銀行董事。

2月，出席抗戰勝利後首都的第一個農民節慶典活動。

4月1日，兼任國民黨南京市黨部主任委員。隨即繼續請辭仍未准。同月，辭去南京市房地產糾紛處理委員會主任委員一職。

5月8日，兼任南京市修堤委員會副主任委員。同月，兼任江蘇青年協會常務理事。

7月16日，南京市教育局成立，兼任南京市教育局長，竭盡全力恢復和發展南京教育事業。24日，獲准辭去國民黨南京市黨部主任委員職務。同月，受聘「南京大屠殺敵人罪行案調查委員會」顧問，以及受聘私立常州職業學校董事。

9月6日，兼任首都抗戰蒙難同志會忠貞劇藝社負責人。7日至9日，教育局舉辦南京市首屆體育節活動，馬元放發表廣播講話。18日，受聘武進建設協會旅京同鄉聯絡員。19日，受聘常州紅十字會武進分會名譽副會長。同月，應邀擔任中國紅十字會南京分會會員與基金徵募隊副隊長。

10月31日，擔任蔣介石六十壽辰致謝專員。

11月8日，受聘南京市建設計畫委員會委員。同月，研討制定《南京市教育實施三年計畫草案》。同月，出席制憲國民代表大會。

12月30日，兼任南京市體育會常務理事。

本年，還受聘南京私立石城中學董事、武進國醫專科學校董事長、武進私立青雲中學董事長。當選江蘇建設協會常務理事。曾集資籌建南京新華中學。

1947年，45歲

1月，與市長馬超俊共同批准南京市政府授予美國公民司徒雷登南京市榮譽市民稱號。

2月25日，兼任南京市都市計畫委員會委員。

6月11日，兼任南京市國術館董事長。

7月1日，與沈怡市長一同為南京市新改建的體育場「南京市立體育場」題詞立碑。

8月，南京市相關單位開展「南京市清寒學生獎助金籌募運動」，聘馬元放為籌募委員會主任委員。

9月3日，抗戰勝利紀念日，首都各界在靈谷寺忠烈祠公祭陣亡將士，馬元放主祭。同月，與王海北等人為紀念高柏楨和發展地方教育起見，在武進創辦了「武進私立柏楨中學」，并為校歌作詞。

10月20日，兼任南京市第八屆運動會籌備主任。同月，兼任中國兒童福利協會南京分會常務監事。

12月13日，南京市為侵華日軍南京大屠殺死難同胞舉行公祭，馬元放發表講話。

本年，還兼任南京市青年救濟服務協會常務理事。

傅潤華主編、上海世界文化服務社出版的《中國當代名人傳》編入〈馬元放〉。

1948年，46歲

1月16日，兼任第七屆全國運動會南京代表選拔訓練委員會主任委員，代表隊總領隊。

2月，受聘吳縣私立聞天初級中學董事會董事。

3月5日，出席南京童子軍會在五臺山童子軍廣場舉行的第二十二屆童軍節慶祝大會。

4月3日，出席首都「國際兒童聯歡會」。4日，玄武湖公園翠洲音樂臺舉行兒童節慶祝大會，擔任大會主席，致開幕詞。

5月5日，與中國童子軍總會副會長戴季陶、首都衛戍司令官孫連仲、教育部次長田培林、南京市市長沈怡等官員一同檢閱南京首都童子軍操練。

5月前後，受聘句容長江中學董事會董事。

6月4日，受聘基本教育首都示範區計畫委員會常務委員。19日，因發展南京教育事業成績顯著，獲教育部嘉獎。24日，獲南京市政府嘉獎。

7月17日，因致力於南京市教育改進頗著勞績，獲教育部傳令嘉獎，並頒給「擘畫周詳勞績可嘉」獎狀。

7月，兼任中國童子軍南京市理事會理事長。月末，請辭教育局長職，因

市長、教育部長一再挽留，暫消辭意。

8月21日，兼任南京市衛生教育委員會主任委員。

11月，南京小學教師進行總罷教，馬元放與夏晨中等人竭力從中斡旋，得以和平解決。

12月，再次請辭南京市教育局長職務，於月底獲准。

1949年，47歲

1月4日，請辭南京副市長職務獲准。隨後攜家眷移居上海。

9月，入友人開設的裕農畜植產物商行任文書，以工資貼補家用。

1950年，48歲

12月24日，被上海市公安局逮捕並押往原籍江蘇武進。

1951年，49歲

轉押於南京。

1952年，50歲

3月14日，南京市軍事管制委員會在《新華日報》刊登布告，指控馬元放為「反革命首要分子」，南京「下關事件」的主謀，及鎮壓南京「五二〇」及「六二」學生運動的主要兇手等罪行。馬元放不幸離世。

1958年

6月20日，在臺之親友於臺北市善導寺集會，追悼馬元放，為他的一生畫上了句號。

上世紀末及本世紀初出版的南京市相關史志中記載的南京「下關事件」主謀及鎮壓南京「五二〇」和「六二」學生運動的主要兇手均另有其人，而非馬元放。許多有關上述兩案的史料中，亦無馬元放涉案的記述。現今，馬元放被主流媒體譽為矢志抗日、熱衷教育的愛國志士、愛國教育家。

後記

1. 2013年訪臺記

為了更多地搜集有關馬元放的史料，2013年筆者陪同高齡父母前往臺北。

6月23日，我們一家三人從南京祿口國際機場，搭乘中國東方航空班機飛往臺北桃園國際機場。到達臺北後，我們下榻在士林區的一家小型酒店。臺北的夏天和我們南京差不多，濕度高，酷暑悶熱。所以，在臺北的活動，主要是上午和晚飯後，下午時間都是盡量安排二老在酒店休息。在臺北，我們逗留了七天。

到達臺北後，我們首先探望夏祖麗、張至璋夫婦。

夏祖麗女士是家母的表妹，臺灣著名女作家林海音（著名小說《城南舊事》作者）之女。夏祖麗女士和張至璋先生都是知名華文作家，著作頗多，多次榮獲各類文學獎項。1995年，張至璋把自己與父親失散多年的經歷和長久的思念之情，以及在大陸尋父的經過，寫成短篇紀實作品《鏡中爹》，榮得了世界華文文學獎。2005年，《鏡中爹》成書，其臺灣版入圍臺灣圖書金鼎獎。2009年又出了大陸版，被評為大陸年度暢銷書。

我們赴臺期間正值祖麗夫婦自美返臺居住。24日，我們去他們新北市的新居造訪，這是期待已久的聚會，相見甚歡。祖麗夫婦在漁人碼頭的酒店安排了家宴，並請來了祖麗的五姨，以及五姨的小女兒霄芸。我們受到盛情款待，大家歡聚一堂。

祖麗夫婦一直很關心馬元放不幸離世一案。2005年就在臺灣為我們檢索到五十九條關於馬元放的歷史資料，對我們幫助很大。這次他們得知我們要赴臺搜集資料，便提前與臺北圖書館的友人取得聯繫，為我們提前做了準備。

在我們返回南京之前，祖麗夫婦又從新北市趕來臺北，與我們小聚並共進晚餐，十分愉快。

在臺北期間，除了探親，我們走訪了臺北武進同鄉會，以及史料保管單位，如中研院近代史所檔案館、國史館、圖書館等地，受到相關人員的熱情

家母與祖麗

家父家母與祖麗、至璋小聚歡談

接待。

　　經常州吳之光老先生介紹，25日，我們拜訪了臺北市武進同鄉會。在同鄉會館，遇見武進同鄉，大家一見如故，鄉親敘鄉情，由衷地愉悅。武進同鄉會是由大陸赴臺的武進籍程滄波先生等人創辦，數十年來為大陸赴臺的武進同鄉服務。在創辦初期，主要是幫助解決赴臺同鄉初抵臺灣後在生活和求職等方面的困難，團結同鄉，促進交流。隨著兩岸關係的改善，同鄉會又積極參與兩岸交流，尤其是促進臺北同鄉與大陸家鄉的交流。

26日，我們按著地址乘坐地鐵再換公車，到達位於南港區的中央研究院。中研院占地很大，院內丘陵起伏，林蔭小道，環境優雅。近代史研究所成立於1955年，六十多年來，秉持歷史學研究的良好傳統與基礎，在近代中國政治、軍事、外交、社會、經濟、文化、思想等各領域取得了豐厚的研究成果。按照指示牌，我們找到了近代史所。在近代史所我們拜訪了近代史的研究學者，並獲准利用檔案館。通過檢索，我們查閱複印到不少史料。尤其是親眼翻閱朱家驊檔案，其中有對馬元放被捕後拒不投降的調查結果（當時朱為國民黨中央組織部長），還有朱家驊先生閱過馬元放《歸漢記》後，以及後來馬元放兼任南京市教育局長期間（朱為國民政府教育部長）與馬元放的來往函件，這些資料非常珍貴，不虛此行。

家父家母在近代史所檔案館檢索資料

　　27日上午，我們去了臺北圖書館。在圖書館，我們收集到諸多有關馬元放的資料，包括《中央日報》、《申報》、《中國近代報刊線上資料庫》、《傳記文學數位全文資料庫》，以及1949年前南京、上海、常州等地報刊中有關馬元放的報導，複印的資料有厚厚的一大疊。

　　27日下午二老沒有休息，在高溫下走訪了國史館臺北閱覽室。通過檢索電子檔案資料，查閱到不少抗日戰爭時期有關馬元放的檔案。有國民黨中央對馬

元放被敵偽羈押期間，寧願坐牢、堅貞不屈的肯定；有周佛海致函汪精衛「遵諭予以感化並優待」，以及向汪精衛請示「因病保釋出獄，在京居住不得離開」等函件；有國民政府任命馬元放為江蘇省政府委員兼教育廳長之公文；有國民黨中央對馬元放在中央海外部工作期間的成績調查表和長官評語；還有抗戰勝利後，國民政府任命馬元放為南京市副市長之公文等。28日上午，我們又去了位於新北市郊區的新店閱覽室，查看到許多有關馬元放的檔案原件。熱情的工作人員還不厭其煩，為我們提供了掃描和複印服務。

新店閱覽室有關馬元放的部分檔案原件

28日下午，我們在返回南京之前，走訪了最後一個計畫中的去處，設於中國國民黨中央黨部內的中國國民黨中央文化傳播委員會黨史館。遺憾的是，黨史館資料庫正處於整理期間，暫不對外開放查閱。但是黨史館工作人員得知我們遠道而來，還是熱情地接待了我們，並在後期提供了有關馬元放的史料目錄。

在臺北期間，我們還利用晚間拜訪了家父的幾位老同學，他們都是在抗戰時期流亡於四川江津，就讀於國立九中。這幾位老同學們也曾非常熱心，為我們在各處收集有關馬元放的資料。此次赴臺，家父另一個心願就是要拜

見各位老同學，除了當面致謝外，還要傾敘離別思念之情，總算如願也。他們上次離別時還是毛頭小夥，而此次再會時已是耄耋老人了，真是歲月不饒人。衷心祝願幾位老人家生活愉快、健康長壽。

29日，我陪同父母離開臺北飛回南京，結束了難以忘懷的七日探親訪友和搜尋史料之旅。

2. 天地感應——筆者雜感

有幾件事情是搜集史料之後才得知，冥冥之中不知是天地感應還是機緣巧合？

其一：我出生後不久，正是上世紀六十年代初的困難時期。因營養不良，三歲時得了肝炎，父母便帶我去南京當年的江蘇醫院就醫。醫院就在玄武門附近的百子亭翠明村，就是今天江蘇省腫瘤醫院的位置。因我病情較重，即按醫生的安排住進了醫院。沒有想到的是，當年醫院的兒科病房是百子亭翠明村的幾棟小樓，其中就有我祖父攜家眷曾經住過的一棟（1946年至1949年1月）。抗戰勝利後，國民政府還都南京。祖父雖然擔任南京市副市長，負責接收南京市偽政府，且還兼任南京市房地產糾紛處理委員會主任委員，但是他沒有去「劫收」任何房產據為私有，而是租住了位於南京玄武門附近的百子亭翠明村的一座獨棟小樓（產權人曾養甫）。就這樣，我因病住院卻又住回了翠明村。我住的病房是6號，當年祖父一家是翠明村8號。先後相隔二十年，這是巧合？還是祖父的在天之靈對我的召喚？現在還有百子亭的地名，但翠明村地名已經消失。

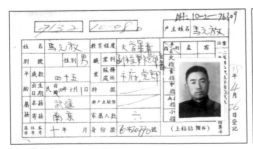

祖父馬元放的戶籍資料

其二：1969年末，大陸「文化大革命」期間，我父母的工作單位由南京下放至蘇北淮陰地區清江市（今淮安市清江浦區），我們舉家搬遷。我從小學三年級到高中畢業，後又進入工廠當了工人，直至大陸高考制度恢復後考取大學，共在淮陰生活了九年之久。可是，那時我們全家都全然不知我祖父曾在淮陰工作過。全國抗戰爆發後，國民黨江蘇省黨部遷至淮陰。1938年初，祖父曾以特派員的身份赴江蘇省黨部工作。後改任淮陰區行政督察專員兼保安司令，策動屬地民眾及抗日武裝力量的抗日鬥爭。我的這段淮陰經歷，似乎又是命運安排，讓我與祖父雖然陰陽相隔，但卻又曾在同一地域生息相伴。

其三：祖父早年曾赴日本大阪、神戶、京都等城市考察市政建設，回國後撰寫〈都市政策論〉，在城市規劃和市政建設方面有很深的學識與造詣。而我在大學是學的土木工程專業，後來又赴日本神戶大學繼續深造，畢業後從事於市政建設和城市規劃方面的工作。現在想來，我在遠離家鄉的日本神戶、大阪等地可能與祖父走過同一條路。而且，我還與祖父有過共同的專業研究。難道這又是一個巧合或者又是天意的安排？

我主觀上不信神靈，也不信天命之說，可是這客觀存在的與祖父密切相關三件事，又始終讓我百思不得其解。雖然也可以說這三件都是獨立無關的事情，但總感到與其說是巧合，不如說我更傾向於有天意的存在，天地感應使我不可抗拒地走在安排好的這條路上。

也正因為如此，近年來更堅定了我要完成這本書稿的信念，以寄託我對祖父的哀思。

3. 相識真是緣

老話說「相識便是緣」，事實上「相識」真的是「緣」。

我在查詢史料時，見到兩位故人的名字，一位是秦聯奎，另一位是顧毓琇。

秦聯奎是1930-1940年代老上海灘的著名大律師，無錫秦氏（秦觀）後人。我母親祖籍無錫（也是無錫秦觀後代），曾祖父是秦敦世，善書法。無錫太湖有塊石碑刻有「黿頭渚」三字，就是秦敦世所書。因母親的大姑母秦昭華嫁給秦聯奎為續弦（著名美籍華人記者秦家驄是他們的幼子），故秦聯奎成為我母親的姑父。在史料中發現，民國20年（1931）國民會議在南京召開，江蘇省代表二十九名，秦聯奎、馬元放同為江蘇省代表。秦、馬二人還同為民國35

年（1946）制憲國民大會代表。當年一起參會時，他們兩位至少應有一面之交，說不定還有過寒暄，甚至還有可能一同討論過某些會議提案。

顧毓琇博士也是無錫人。顧家與母親的秦家在祖上是姻親，顧毓琇的祖母是秦敦世的妹妹，所以顧毓琇長我母親一輩，與秦昭華同輩，並且很熟悉。秦昭華前夫秦聯奎去世後，顧毓琇介紹好友趙曾珏博士與秦昭華成婚。趙曾珏是交大著名校友、著名電子科學家，所以秦昭華義務為「美洲交大校友會」服務多年。他們夫婦還一起設立了「趙曾珏和秦昭華獎學金」，以資助交大貧困學生。顧毓琇的大哥顧毓琦是著名西醫。因顧、秦兩家關係密切，我母親幼年病多，家人都是邀請顧毓琦到家裡來診治。母親幼時討喜可愛，所以顧毓琦很喜歡秦家這位小病人。

顧毓琇是教育家，曾經做過中央大學校長。抗日戰爭早期，當時馬元放是江蘇省教育廳廳長，而顧毓琇是教育部政務次長，是馬元放的上級。

抗戰後期，馬元放獲國民黨中央營救後回到陪都重慶，此時顧毓琇也在重慶。一次，武進畫家王挺琦舉辦水彩畫展，吳稚暉、陳立夫、張道藩等二十多位社會名流為其刊登啟事，其中就有顧毓琇和馬元放。

抗戰勝利後，中國戰區日軍投降，顧毓琇與馬元放一同並坐參加了1945年9月9日在南京陸軍總部大禮堂舉行的受降典禮。之後，顧毓琇曾任上海市教育局局長，而馬元放為南京市教育局局長。

由上述可見，當年馬元放與顧毓琇在社會活動方面和工作方面想必會多有交往，當然是老相識了。

1986年，顧毓琇和趙曾珏秦昭華夫婦受邀自美國來到上海，參加交通大學九十週年校慶。我也是交大校友，當年也去參加了校友聚會。我母親也應秦昭華之約去上海見面，在上海陪同秦昭華出席了各項慶祝活動，自然也見到了久別的顧毓琇。可是，那時我母親並不瞭解馬元放的歷史情況，當然也就完全不會想到顧毓琇與馬元放曾經相識。

數十年後的今天，通過史料的挖掘，才得知原先不知的許多歷史故事。馬元放逝於1952年，秦聯奎於1959年在香港仙逝。顧毓琇於1950年後移居美國，2002年駕鶴西去。三位故人當年有緣相識，可是他們不會知道因自己後人的婚姻，使他們的緣份得以延續。在天堂，他們不僅是老相識，而且還沾親帶故呢。

緣，在漢語上的解釋是：「宿命論認為人與人之間命中註定的遇合機會，泛指人與人或人與事物之間發生聯繫的可能性。」上面的故事就是一例。

第二編：歸漢記

歸漢記[1]

馬元放　著
徐克謙　注釋

注釋者簡介：

　　徐克謙，江蘇南京人，復旦大學哲學博士，南京師範大學古代文學教授，博士生導師，著有《莊子哲學新探》、《先秦思想文化論札》等十多種。

《歸漢記》原書封面

《歸漢記》原書封二

《歸漢記》原書扉頁

---

[1]　《歸漢記》原版於中華民國33年7月由重慶大光出版社出版發行。為讓讀者更好地理解書中內容，特增注釋。

葉楚傖[2]先生贈詩

人未還鄉寇未平，不宜瑣縷及離情。
一江春水來千里，三字沉冤得再生。
盤錯之間成利器，春秋所誅是佳兵。
何當擊鼓鳴鐃日，百丈樓船返舊京。

元放先生陷於賊窟，凜然不屈，脫險來渝，握手如逢再世，欣慰之餘，作七律一章以贈，且志懷佩之弗諼也。

三十三年春日　葉楚傖

2　葉楚傖（1887-1946），江蘇吳縣人。著名的南社詩人，政治活動家。歷任國民黨中央宣傳部部長、江蘇省政府主席、國民政府委員、國民黨中央執行委員會常委兼祕書長、國民黨立法院副院長等。抗日戰爭勝利後，任蘇浙皖三省、京滬兩市宣慰使。

弁言

一、余於二十九年六月二十三日在滬被敵偽劫持，至三十二年八月二十六日，始克由寧脫險歸來，於十二月一日到達陪都。茲篇所記，原係在歸途中就記憶所及，拉雜寫成。自覺頗無系統，不過藉以告慰友好，兼示不忘。

二、本書曾陸續在《中央週刊》登載，並散見《中央日報》及其他報章雜誌，茲經重行整理補充，內容略有增加。

三、蒙吳稚老、鍾師、唐師賜序或題詩勖勉，極為感奮！在途中承張百成君為之謄校，到渝後又承侯木仲君為之整理，均深銘感，謹此誌謝！

四、在寧被繫，曾因根觸，賦成感懷諸章，乃蒙各方關愛，投以和作。不謂蕪詞，引來玉葉。茲謹附錄篇末，藉以觀風。惟賜和諸公，大都仍留淪區，以孤憤忠藎之思，言冰蘗霜操之志，故姓氏未便披露，以免敵偽陷害。

五、亡友高柏楨同志，十餘年盡瘁地方事業，卓著勞績，不幸於二十八年十月十六日，因公由蘇北乘江輪赴滬，中途覆舟罹難，中心哀痛，無時或已，爰於篇末附載〈追懷高柏楨同志〉一文，以誌悲思，用申紀念！

中華民國三十三年六月二十三日

——四年前在滬被逮之日，馬元放於陪都

吳稚暉[1]先生序（附函）

明夷，利艱貞，艱得貞而利，所謂貞吉也。

文王，箕子，皆以蒙大難。

讀元放先生《歸漢記》，益知古今猶旦暮，今之艱險，仍以貞而獲吉，無有他道。

貞之時義大矣哉！

民國三十三年六月二十三日　弟吳敬恆題

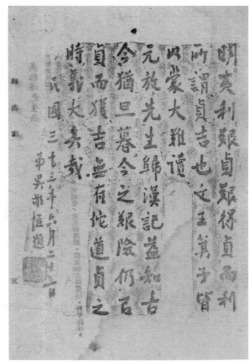

《歸漢記》原書內頁

1　吳稚暉（字敬恆，1865-1953），江蘇武進人，國民黨「四大元老」之一，中國近代著名思想家、政治家、教育家。著有《吳稚暉先生全集》。

元放先生勳右

大著循讀再三，語語誠摯，不僅

貞亮足以格天，即心平氣和，亦可為艱難中之至慰也。其名《歸漢記》，似比

他名為妥貼，矜平躁釋，名亦稱其實矣。若輩奸漢，

先生歸漢，語妙雙關，亦足以諷諭若輩，固不惟比德蘇子卿[2]，本乃紀實也。本

先生和平之恉，奉題數語，乃以代

先生垂教，非欽飾於萬一也。肅叩

道安

弟敬恆頓首　六月三十日

2　蘇子卿，即蘇武（前140年－前60年），西漢大臣，曾奉命持節出使匈奴，被扣留，歷盡艱辛，留
　　居匈奴十九年持節不屈。

鍾鍾山¹先生序

　　元放之被逮入偽京也，人或疑之，吾不疑也，人或慮之，吾不慮也。不疑者，信其必不屈也，不慮者，測其必不死也。或曰：信其不屈則可矣，測其必不死何說乎？曰：奸人之不憚於殺人也，蓋有二焉，不殺不足以張其威，則必殺之，不殺不足以固其位，則必殺之，不然者，威不以是而張，位不以是而固，而徒負殺士之名，取天下後世詬罵，黠者固避之矣！吾聞偽府初欲以某偽職啖元放，時任是職者為某，聞之大懼，則百計媒糵，欲置元放於死地，既知元放終不以是屈，其意乃安，謀亦遂沮。嗚呼！使當時元放意稍一移，或且死於斯人之手矣！然則惟必死乃所以不死，其理不甚明乎哉！元放嘗從余遊，其婚姻之好，余實主之，今蒙難艱貞，卒得完節以返，余之望為不孤，余之喜抑可知矣。元放既與余相晤於貴陽，出其所為歸漢一記示余，余曰：是不可不使苟生害義之倫讀之也，因泚筆為之序如此。

　　　　中華民國三十二年冬十一月，江寧鍾泰訒齋序於貴陽大夏大學文學院

---

¹　鍾鍾山，即鍾泰（1888-1979），號鍾山，江蘇南京人，著名學者、教授，著有《中國哲學史》、《國學概論》、《荀注訂補》、《莊子發微》、《春秋正言斷詞三傳參》等。

唐玉虯[1]先生題詩

奉題 元放先生《歸漢記》

　　昔讀〈正氣歌〉，今諷《歸漢記》，古今人豈遠，肝膽原一致。
腥腥鯨海風，吹我神禹域，哀我東南土，久淪為異國。
鍾山王氣沉，黯不見天日，慘真入泥犁，酷尤羅剎埛。
壯哉奇男子，於此戰鬼蜮，四年心不渝，屹秉蘇武節。
正氣目浩然，百沴何能賊，日月常在懷，萬怪空惶惑。
終見歸漢來，洪流一柱立，燃犀照魑魅，嚴辭出直筆。
風雷隨褚墨，冰雪凝胸臆，芒寒日色正，永世立人極。
蘭草化蒿艾，鸞鳳集鴉林，遇屯終不變，獨有貞士心。
一念縈私利，此躬不自有，一念克自主，牢籠把宇宙。
偉哉馬君常，奇氣貫牛斗，天半神龍行，萬類齊仰首。
此身陷戎虜，此志皦白日，不見蘇子卿，胡大嚼冰雪。
不待羝生乳，已感烏頭白。浩浩江東流，蕩蕩身西征，
百艱離虎穴，千載垂高名。我里與君里，實為前後村，
雲樹鬱相望，一水通兩門。君在志學歲，文辭早出群，
識君為偉器，忻乃符余言。今君立高節，使我心益尊，
長鯨未就盞，志士當奮身。君途日更邁，余為垂老人，
空有剚鯢志，難圖汗馬勳。翹首望故國，何年哭親墳。
（家君以前年歿故里）讀君《歸漢記》，涕淚長沾巾，
企盼熊羆師，雷霆止乾坤。

甲申仲夏弟唐玉虯作於成都

1　唐玉虯（1894-1988），名元鼎，字玉虯，號聱翁，江蘇常州人，著名中醫與詩人。曾任國醫館學術
　　整理委員會名譽委員，晚年在南京中醫學院任教。

寫在前面

獄中感懷

茫茫人海復何求，悄悄無言獨倚樓，
卅載浮生渾似夢，四郊縱目但增愁；
空餘熱淚傷京國，敢望殘軀葬故丘，
最是無情江上水，依然不盡向東流。

久羈感賦

忽忽羈棲歲幾遷，輊庸深幸得休肩；
早甘淡泊堪明志，且避紛囂學悟禪；
屈子離騷留一卷，文山正氣抱遺篇；
此心皎皎猶如昔，明月時縈魂夢邊。

羈囚三載偶感

江淮行役愧無功，三載羈囚足反躬；
每念全軀違素志，敢云仗節矢孤忠；
澄清有願寧辭瘁，冰蘗能甘詎怨窮，
報慰故人惟一語，艱虞歷盡氣逾雄。

　　我對於詩，一向不很發生興趣，所以從來就很少作。在被敵偽迫害的期間，空餘的閒暇，固然較多，同時，一腔憤慨，也感覺無處發洩，於是，有時藉著翻詩韻，學吟哦來排遣。上面錄出的是三首舊作，第一首是作於三十年六月，正是被敵偽囚繫的一週年，又當四十初度，有所感觸，賦以抒懷。本來，在我被迫害之初，敵偽就加我以「危害民國要犯」的頭銜，我早存了必死的決心，那時只在等候就義日子的來臨，所以有「空餘熱淚傷京國，敢望殘軀葬故丘」的句子。第二首和第三首是作於三十二年六月，那時是被幽繫的三週年，雖是敵偽已經讓我離開偽看守所，改為限制居住，然而我死事之念，和不望生還之心，卻始終如一。所以又有「屈子離騷留一卷，文山正氣抱遺篇」和「每

念全軀違素志，敢云仗節矢孤忠」的感想。詩以言志，言為心聲，或者從這三首舊作裡，也可以表出我當時臨難不求苟免的決心。

我是在二十九年六月二十三日，在上海被敵偽劫持，至七月十五日，被送至南京，先被押於偽首都警察廳，嗣於八月十七日，改押於偽南京區看守所。直到三十年十月三十一日，敵偽看我矢志不屈，久羈無益，乃讓我離開偽看守所，旋於十二月七日，又被邀移住偽感化院，至三十一年五月十七日，遷出另住，過著軟禁生活。迄至三十二年八月二十六日，始脫離虎口，重睹光明。總計在滬寧兩地，被囚繫的時間，歷三年二個月有三日，現在回到陪都，回憶以前種種，好像一個很長的和惡魔猛獸艱苦奮鬥的噩夢。

在離開偽看守所以後，我在自己居室裡，經常懸掛著陳鴻壽[1]所書「修清滌俗，樹節寶真」的對聯，和一位南京畫家所畫的「蘇武牧羊圖」，一方面是用以自勉自勵，一方面也正是給敵偽以暗示，表明了我堅決坦白的心跡，使他們放棄了說服的企圖。然而，蘇子卿在匈奴守了十九年，方始仗節歸漢，而我，僅僅守了三年多，就脫險歸來，比之先賢處危若安、履險如夷的精神，實相差遠甚，子卿有知，不免要在地下笑我了。

自從被難以來，一直到脫險入川，始終蒙一般親友們關心我的安危。來渝以後，更接受了很多的慰問，摯熱的情誼，使我感激，也使我感動。現在特把這次的經過，拉雜寫出，藉以告慰，並為我自己留一點紀念。

---

[1] 陳鴻壽（1768-1822年），錢塘（今浙江杭州）人，清代書畫家、篆刻家。字子恭，號曼生、曼龔、曼公、恭壽等。

一、重返江蘇

　　江蘇是我的故鄉，是我的桑梓之地。我在十八年十二月，就開始在江蘇省黨部服務，留蘇共有六年多的時間。到了二十五年二月，才回到中央，先後在中央文化事業計畫委員會，中央宣傳部，中央組織部供職。嗣赴日本考察，不久歸來，值抗戰軍興。我於二十六年九月，奉軍事委員會第六部之命，派到安徽視察民眾組織訓練的情形，周歷了皖北皖南好幾十縣。到了十一月回到南京，其時蘇省方面軍事情況緊張，政府業已準備西遷，我就匆匆回到常州，先把家眷送到湖北蘄春，暫行安置，自己即赴漢口報告視察經過。不料中央以為我過去曾在江蘇擔任黨務工作多年，忽又派我回蘇仍舊從事黨務。其時江蘇的江南，幾已全部淪陷。江北也有好多縣不守，省黨政機構，設在淮陰，中央和蘇北的交通，全靠隴海一線，但津浦線也十分危急，徐州不斷遭敵機轟炸。從武漢去淮陰，一定要經由平漢轉隴海東段，逾越徐州，才能到達，一路備受敵機威脅。而且，如果徐州一失，江北各地，便立刻變成孤島，再無法和中央覓取聯絡。我覺得受命於艱危之際，雖面對著這種現實的險惡環境，不敢稍存瞻顧之心，就敬謹接受了這個任務。同時我由蘄春到漢口的目的，原是為了述職，初不料有這回蘇的新命，因工作關係，不敢多耽擱時日，連蘄春也不及再回，僅僅寫了一封信通知家內，自己便於十二月十五日匆匆離開漢口，循平漢線到了鄭州，再轉隴海到徐州，賽跑似的沒有多停留，就由徐州一直奔赴淮陰，於二十七年一月，到了江蘇省黨部的所在地。在抗戰時期中的黨務工作，完全著重於民眾組織與訓練，所以就積極推動各縣黨務，發揮民力，以期配合軍政，增厚抗戰的力量。二十七年二月，我又兼任了蘇省第七區行政督察專員。這第七區，就是淮陰這一區。當時蘇北局勢，非常緊張，敵人常常蠢動，我自己雖是文人，也因為肩了區保安司令的名義，就周歷了區內各縣，策動民眾自衛。到了是年八月，我以半載以來，毫無成績，就堅決的把專員職務辭去。同時因為自己是江南人，對江南情形，比較熟悉，想到江南淪陷區內策動民眾的對敵游擊，遂於八月三日到了上海。不料到滬沒有幾天，忽見報載中央發表我為江蘇省政府委員兼教育廳長，我當時立即電辭，不准；親自到渝堅辭，又不准；只得又於十月間由渝回滬，重赴淮陰，於十月六日到教育廳就職

視事。在那時那樣的動亂局勢之下，談辦理教育，根本困難，縱能整理擴展，其所表現的成效，也很微薄。不過其時江蘇教育方面，有一特殊現象，即自江南全部淪陷以後，所有原有各中等學校，都紛紛遷到上海復課，學校單位有五十多個，教職員和學生有二萬多人。在最初一個時期，因為各自為政，情形相當紛亂，教育廳方面，對於這許多的學校，很費一番整理功夫，才漸上軌道。我自己也曾到過上海幾次，一般教職同人，認識都很清楚，信念也很堅決，所以不久，就同在教育救國的一致目標之下，齊一步驟，而收到很多效果，這是值得一書的一件事。到了二十八年十二月，江蘇省黨部改組，中央派我擔任主任委員。那時淮陰及其附近各縣，亦已淪陷，省黨部遷於興化，蘇北局勢，和前更不相同，工作環境，格外艱困。但是敵人的飛機大炮，不足以震撼我的心房，也不足以摧殘我的意志。而在在足以阻礙工作開展的，卻另有內在的種種原因，省黨部在那個時候，只有盡其在我，在自己的範圍內，能有一分力，就做一分事。同時也希望一切情況，能以改善，從檢討反省，而達到一致團結努力，健全本身，發揮民力。所以決定分區召開各縣書記長會議，商討一切。我自己親自出發督導，以期能實際推動各縣黨務。一面又發起一個江蘇節約會，希望從節約著手來轉移社會風氣。當時按照交通狀況，順次開了第六區第五區第四區各縣書記長會議，沿途視察督導，於二十九年六月到了上海。不久就遭了敵偽的劫持。

二、冒險到滬和被逮

江蘇省黨部為了實際推動各縣黨務，配合軍政，發揮抗戰力量，決定分區召開各縣書記長會議，我依當時交通情況，順次參加了第六區、第五區、第四區各縣書記長會議。為了要參加第二區、第三區各縣書記長會議，就於二十九年六月，到了上海。那時，偽組織已經成立，傀儡戲已經登臺，對於中央工作人員，偵查很嚴，大家早已視上海為危險區域。但為了工作，明知危險，也不去顧及。而且，為了推動江南黨務，也只有到了上海，才有辦法。到滬以後，順利地開過三個會議，兩個是第二區和第三區各縣黨部書記長會議，另一個是江蘇遷滬復課的各中小學校校長談話會，是為了奉到中央命令要推展學校黨務，特地召開這個談話會，來決定一切推進辦法。任務完成以後，正想回到蘇北，再到徐海各縣召開第七、八、九各區書記長會議，不料於臨行的時候，突被敵偽偵知，遂遭劫持。

我們的被逮，是一九四〇年六月二十三日的晚上。在這以前的十幾天，原已遇到過一次危險，那時江蘇省和上海市兩黨部的負責人，都在一起，敵偽顯然是預先得到確實情報，準備來一網捕盡的。幸而主人機警，臨時替我們換了個談話地點，探捕從前弄進來，我們察覺就從後弄從容離去了。經過此次危險，我們就格外戒備，我個人的行蹤，也就相當祕密。然而事情往往出於意外。在那時，我對於美國林肯忽然發生特別景仰的情緒，很想找本林肯傳看看。後來在友人紀君處借到這書，看完後派人送還，本已完事，不知如何又和紀君通一電話，問他收到沒有，不料紀君在電話裡堅邀我到他家去談談。於是在紀君家遇著崔步武，崔君很高興的對我說：「踏破鐵鞋無覓處，今天總算遇到了，張北生[1]要約我們談談。正苦無處找你。」我以為過去也曾和張北生會過幾次，不慮有他，就接受這個要求。過一天，就是六月二十三日，我、張北生，和另外三個友人，就在遠東飯店闢室晤談。是下午去的，晤談後，同去晚餐，餐畢再回旅社，大約是九點鐘了。公共租界中央捕房、敵憲兵隊本部，和

---

[1] 張北生（1902-1954），江蘇南通人。曾任中國國民黨中央黨部幹事、國民政府內政部編審委員、嘉定縣縣長、南通縣縣長、國民黨江蘇省黨部委員等職。抗日戰爭時期附汪投敵。歷任汪偽江蘇省警務處處長、偽江蘇省政府委員、偽政務廳廳長等職。張解放後在南通被鎮壓。

偽特工總部的大隊兵警來了，一擁而入，不問情由，大肆搜查以後，便把我們上了手銬，帶入捕房。經過幾度審問，除了張北生當晚釋放之外，我們就都被收押在普通犯人室內了。

~~~~~~

二十七年秋在渝送元放重之淮陰

唐玉虬

> 天涯纔聚首，江上復分襟。我向華陽道，君還淮水陰。
> 此途堪再去，當軸有深心，虎穴班超入，龍城李廣臨，
> 殊勳待奇士，多難豁忠忱。余昔寸懷壯，而今華髮侵，
> 無人為拂拭，長路感崎嶔，已矣溝中瘠，傷哉海畔裘。
> 看君畫麟閣[2]，收淚為君吟。

此次脫險歸來，玉虬先生賜書勗勉，謂余雖未建殊功，而立奇節，可謂不負此詩，讀之彌增慚愧。

~~~~~~

---

[2]　畫麟閣：指蘇武留居匈奴持節不屈，十九年後歸漢，去世後，漢宣帝將其畫像與其他漢代功臣懸掛於麒麟閣，以彰顯其節操。

三、敵偽輾轉引渡

在中央捕房被押的普通犯人室，是一間約二丈見方的小房間，下面是水門汀墁的地。幾個人合用一條污穢不堪的破氈毯。光線當然談不到，黑暗非常，不見天日。室內已關了十多人，不是盜匪，就是竊賊。拿當時的情況來說，盜匪竊賊比之那些全無心肝的奸偽，還要稍勝一籌，把我們和盜賊同處似乎對我們還不算最大的污辱。自從進了中央捕房，耳聞目睹，都是些不平等的事情，因而更深切的感覺到租界非早日收回不可。同時又感覺到一國的國民，在失去了國家保護的時候，他的痛苦，真不堪設想。再在捕房和憲兵隊，見到外人對我們的藐視輕蔑，和敵寇的橫暴情形，隨時隨地感覺著需要國家保護的迫切，也更堅定了我圖強雪恥的意志。

我參加革命，早已許身黨國，所以我的態度，在被捕的一剎那，就毅然決定了。生死已置之度外，所深深內疚的，是奉了中央命令返蘇工作，工作沒有做好，反而身被敵偽劫持，無論是出於何種原因，自問總不能免去未能克盡厥職的罪名。同時，我覺著，在過去所擔任的職務，無論是教育和黨務，都是忝居指導地位，平時訓導別人，勉勵別人，我所期望於人的，人所期望於我的，和我自己期望於我的，也只是這點成仁取義的決心。現在，正是我現身說法的時候，我絕未存臨難苟免的心理，卻反增強了我不屈不撓的意志。第二天早上，我告訴同時被逮的幾位，希望他們趕快決定態度，免得精神上痛苦。隔了幾天，有朋友到捕房來看我，問我有沒有什麼話要帶到蘇北，我就說：「並無別話，只說我絕不會使朋友失望。」另外，我又設法找到一張紙條，在上面寫了「稍讀聖賢之書，當知所以自處之道」的兩句話，託人想法寄到重慶，以安一般朋友的心。我當時心境很覺泰然，有如王陽明所說：「險夷原不滯胸中，何異浮雲過太空。」也正如領袖告訴我們的話：「以不變應萬變。」

我們這次被逮，顯然是被人出賣。究竟是誰在出賣我們呢？雖然一般人都說是張某[1]，但我仍不敢肯定說是他。在捕房的第二天，捕房工作人員就來對我們說：「我們對你們很同情，但現在的工部局，已為日人所控制，實在

---

[1] 張某：指張北生。

是愛莫能助。同時你們要知道，這次完全是你們朋友出賣的。」並且把他們的登記簿給我們看，在張某的名字下面，他們已經注明了「漢奸內線」四個字。我們看了，啼笑皆非。那時捕房裡的華籍人員，確實對我們很表同情，稱我們為「四君子」，真使我們愧悚交並。同時被逮的幾位，以為案子的關鍵全在張某，應該對他特別客氣點。在移到偽特工總部的時候，他們曾向我表示這個意思，但我根本就沒有理會。有一天，張某到我被押的房裡來。那時因為我案情較重，在偽特工總部裡，我是獨押在一室，其他幾位，另是一室。我就對他說：「我們這次被逮，在你，絕不會承認是你出賣，也許你還自以為是善意，想使大家來參加所謂『和運』[2]。可是，事情絕不應該這樣做的。將來我死之後，我的鬼魂雖不致來找你，但我的朋友，絕不會饒恕你，我的子孫，更不會放過你。」他當時面紅耳赤，表示惶恐萬分，立刻對我發誓說：「假如我張某做了這事，先死父親，再死兒子！」我當時就說：「你也不必發誓賭咒，我的話也盡於此了。」由於上面的經過，他既肯拿死父親、死兒子的話來發誓，似乎我還不必定以小人之心揣度他，肯定了他是出賣我們的人。可是後來和別人談起這事，就有人說：「先死父親，後死兒子，是當然的道理，這個誓等於沒有發。」我聽了只好付之一笑。

雖然古人說過：「士可殺，不可辱。」可是在被劫持的時候，也只能自己不辱沒自己，要想別人不來凌辱，就很難適用了。我們被逮以後，敵偽並不立刻把我們殺掉，然而一切的侮辱，實在難受。那時是，求生既無此想，求死亦不可能。種種的侮辱，我個人除了忍受之外，別無其他表示。古人也說過：「忍辱負重。」負重，那時是當然談不到；忍辱，總算確實做到了。現在回想，正好藉以解嘲。

我們在中央捕房押了幾天，就被移到敵憲兵隊本部，隔離的分別押在幾個房裡。我所住的一間房裡，有一位二十多歲的青年，精神萎頓不堪的躺在地下，據他向我說，已被敵人上過七次電刑。我對他萬分同情，同時，看到他的身體，並不算好，尚且能經七次電刑，自己身體似乎比他強健，再酷一點的刑罰，大概也沒有什麼受不了。敵人，只能給我們以肉體上的打擊，打擊不了我們的精神，不知不覺間，我更增加了我的勇氣，堅強了我的決心。後來敵偽方面派人訊問了很多次數，威脅利誘，無所不用其極，我多不以為意。

---

[2] 和運：是汪精衛等宣導的所謂「和平運動」的簡稱，實質是主張放棄抵抗，向日本投降。

過了一個時期，又被移到偽特工總部，就是所謂「極司非而路七十六號」。離不了又是那套威脅利誘的把戲，先由李逆士群[3]訊問，他開門見山的說：「別人並不重要，只有你，是主持江蘇全省抗日反汪工作的人，注意你已一年多了，照理是應該死罪，但我很願意和你做朋友，希望大家一起參加『和運』工作。」我當時只對他說：「你說我有死罪，就請你執行好了。我已被你們逮捕，別無話說。」後來其他審問的人，更是說些卑鄙無恥不倫不類的話，什麼「你肯做官，給你的官，總比你現在的要大多啦，不然的話，一切刑罰受不了呀」，一面還要你表現工作，供出所有工作人員。這些話，聽了更增憤慨，惟有一概置之不理。

　　如是過了幾天，敵偽看到一無結果，又把我們送回敵憲兵隊本部，又由敵憲兵隊本部送回中央捕房，然後才正式引渡，照原來移解的過程，引渡到偽特工總部。輾轉遞解，受了種種凌辱。敵偽完全蔑視了國人的人格，以為大家都是怕死愛錢；所以，在那時，他們發出的恐嚇信，都是畫著一個人，一手執手槍，一手拿鈔票；認為這樣一恫嚇，一般愛錢怕死的都可以投奔過去了。所以，對於被劫持的人，也就惟以嚴刑相脅，重利相誘。同胞受其荼毒的正不知凡幾。我是早已抱定了一死的決心，和敵偽奮鬥到底，要使敵偽知道國中並非無人。任他輾轉遞解審訊，我都矢志不移，上海方面的敵偽，毫無辦法。到了七月十五日，我們就被送到南京偽政府去了。

　　我們被捕的消息，最初，敵偽還保守祕密，並未公布。到了七月一日，偽組織方面，發表了一次所謂通緝令，把蘇省與上海市黨務負責人員和上海市內經濟、教育、新聞各界人物，都包括在內，列名的共計八十三人。在七月十四日又發表了所謂二次通緝令，增加了四人，認為都是破壞「和運」的分子，一律予以通緝。我們被逮諸人，都列在名單之內。我們被逮的消息，直到這次通緝令發表以後，方在偽報上發表，自然是意在威嚇繼起者。我想真是繼起的人，豈威嚇所能奏效？受不得威嚇，也談不上繼起了。

---

[3] 李士群（1905-1943），浙江遂昌人，抗日時期漢奸之一。早年曾加入共產黨，後叛投國民黨。抗戰期間又投靠日寇，組建76號特務組織，殘酷迫害抗日軍民，製造多起血案。後被國民黨軍統局設計毒死。

四、解寧和押偽警廳

　　二十九年七月十五日，我們被敵偽解送到南京，先被押於偽首都警察廳。到京以後，偽組織方面，就在偽報上大事歪曲宣傳，說我們都已願意參加偽方工作。又於七月十七日，在偽警政部招待所謂中外新聞記者，報告我們被逮經過，並用盡各種方法，欺騙我們各別出席和新聞記者見面。當時我曾簡單致詞，說明我是奉中央命令到蘇工作，未有建樹，反而身遭劫持，失職誤公，非常慚愧。報載我是危害民國的要犯，今天還有機會能和各位見面，深感榮幸。我是被捕的人，沒有意見可以發表。但我們大家應該知道，中國抗戰，為的是求中國獨立、自由、平等。只希望中國能夠真正獨立、自由、平等，個人生命是無足重輕的，一聽此間處置好了。在退席的時候，各記者紛請簽名，我亦不疑有他。隔了幾天，我祕密說通偽警廳的監視人，設法取到那天的報紙一看——誰知道所登出的談話與自己所說的，完全不同，而自己的簽名，又顯然刊載在那篇捏造的談話後面。看了又氣又恨，但又無法更正。敵偽的無恥無聊，真不值識者一笑。或者，有一部分人，看了那張報紙之後一時為之惶惑，不免懷疑到我的做人態度上去；然而一個失去自由的人，又有什麼方法可以聲明？在我，自然是問心無愧；在知我者，也自會洞燭其奸的。

　　我們由上海解到南京的時候，傀儡組織已經成立，很想拉攏一些人出來支撐場面，對於我們，仍以重利相誘，希望能參加他們工作，所以，沒有直接押到偽看守所去。和我們同押一處的，尚有陳君三才[1]，他是於七月九日在滬被捕，和我們一同由滬解京的。我們在偽警廳時，分押在兩個室內，我就和陳君三才在一室，其他諸人另是一室。據說我是危害民國要犯，他是暗殺兇犯，二人情節最重，所以押在一起。我們留在偽警廳的時間，共有一個多月。在這時間以內，最感厭煩的，就是偽組織派來的所謂說服人員，天天糾纏不清，仍離不了那套威脅利誘不值一笑的把戲，老是那樣說：「現在只有兩條路，一條路是參加『和運』，另一條路是上雨花臺槍斃。」我也老是這樣答覆：「參加『和運』我是做不到，至於上雨花臺與否，悉聽尊便。」結果，他們總是廢

---

[1] 陳三才（1902-1940），名定達，江蘇崑山人，曾留學美國。抗日戰爭期間參與刺殺汪精衛未成，被76號特務逮捕，被殺害於南京雨花臺。

然而去。後來，敵偽又想出一個互相牽制的辦法，說如果馬某不參加工作，其他的人，雖想參加，也難釋放，使得同時被捕的人，也幫同來逼我。我那時就很嚴正的對他們說：「我的態度，早在上海中央捕房時和你們說明了。人各有志，不能相強。以我個人環境說，我是一介寒士，毫無積蓄，而且子女很多，一死之後，誠然不免有許多困難，但是事到今日，根本不用去多考慮這些問題，雖考慮亦復何益？我志已決，不容稍變，還請各自珍重吧！」後來羅逆君強[2]諸人也以此來相勸說，我也對他說明，這互相牽制的辦法，不合情理，只是一個幼稚的手段。各人有各人的志向，誰願參加，即可釋放，不願參加的，槍斃或禁閉都可，絕無同時、同樣解決的道理。幾經說明，始克分別解決。我因態度堅決，就和陳三才君一同於八月十七日改押於偽特工總部所屬之偽南京區看守所，其他諸人，不久就離開警廳，去參加偽方工作了。

---

[2] 羅君強（1902-1970），湖南長沙人，早年曾加入共產黨，後脫黨並加入國民黨。抗戰期間淪為漢奸，擔任偽司法行政部長、偽上海市政府祕書長等職。抗戰勝利後被判無期徒刑。著有《偽廷幽影錄──汪偽情況回憶紀實》一書。

五、改押偽京區看守所

　　偽特工總部所屬的偽南京區看守所，就是所謂「寧海路二十五號」。我和陳三才君同被移押之後，因為我堅決的態度，已為敵偽所共知，所以，雖然仍有所謂說服人員來麻煩，但比之在上海和在偽首都警察廳時候，情形已好得多，我就可以稍稍安心讀書寫字了，但是使我精神上最最難受的事，又常常的發生。我被押的一間小房，是在偽看守所的三層樓上，多的時候，也住到五六個人。該所最底下一層有一個房間，就是偽南京區司法科的審訊室。每遇審訊的時候，一般被難同志，受了嚴刑後慘號之聲，響徹層樓，不忍卒聽，實在使我精神上萬分痛苦。每遇一次審訊，精神上就必有一次刺激。遇到被難同志慘遭不幸的時候，也使我萬分悲憤。如陳三才、陳覺吾[1]、陸慶顒[2]、邵明賢[3]、黃逸光[4]、強一虎[5]諸烈士之死，我都是目睹著他們由偽看守所押送出去就義，精神上的苦痛，更難以形容。真不知汪逆是何心肝，忍心害理，演這一幕幕的慘劇！這種種的情形，至今每一回憶，不禁猶有餘痛！

　　最無恥的，要算陳逆璧君[6]了。二十九年十二月九日那一天，由李逆士群等陪同她到偽看守所來視察，巡視了各室之後，大概見了被押同志之多，認為滿意，竟恬不知恥的出獎金五千元，獎賞偽南京區的職工，而一般職工，亦恬不知恥的歡躍非常。陳逆在淪陷區，攬權納賄，囤積謀利，種種醜行，不一而足，真是人人得而誅之的妖孽，也正是國家民族的不幸。

1　陳覺吾（？-1940），南京人，抗戰期間作為國民黨中統局情報人員潛伏在南京開展地下工作，後身分暴露被捕，1040年11月19日被殺害於南京雨花臺。
2　陸慶顒，南京人，國民黨南京特別市地下黨部委員，抗戰期間奉命打入汪偽南京市黨部，後因組織被破壞，被捕遭殺害。
3　邵明賢（1903-1940），字輔華，浙江省分水縣百新鄉人。1939年奉軍統局長戴笠指派潛入南京汪偽政府，尋機刺殺汪精衛；後被汪偽憲兵隊偵知，於1940年11月9日被捕，同年12月17日在南京雨花臺就義。
4　黃逸光（？-1940），廣東赤溪人，墨西哥華僑，抗戰開始後回歸參加抗戰。後受國民黨軍統局指派，赴南京刺殺汪精衛，事泄被捕，在南京雨花臺英勇就義。
5　強一虎（？-1941），陝西西安人，國民黨軍統特工。抗戰期間潛伏南京從事抗日活動，多次策畫暗殺汪偽漢奸，1941年被汪偽特務機關逮捕，犧牲於南京雨花臺。
6　陳璧君（1891-1959），字冰如，大漢奸汪精衛之妻。抗戰勝利後被國民政府以漢奸罪逮捕，1959年病死於獄中。

我在看守所中，常常聽到一般難友談及過去一位女難友就是葉華同志的事，她的丈夫是周尚同志，一向在教育界服務。二十八年夏，汪逆在滬開始活動，偽特務人員誘捕周君，她用盡方法使周君避開，自己冒著危險挺身代行；當於二十八年十一月二十一日下午被禁於偽特務機關，百端脅誘，勸其通知周君參加「和運」，她均未置理，遂於同年十二月三十日解往南京，拘押於偽看守所中；直至二十九年五月六日，因為分娩關係，始行保釋。她在所中，大家稱她「大姐」，對她都是稱頌不止。

還有一位李達三同志，是京滬、滬杭甬兩路特別黨部的委員，於二十八年十月二十日，在滬被逮，十二月七日解寧，關在看守所裡一共有二十個月。偽組織方面，雖是常常對他威脅利誘，始終沒有動搖他的意志，是一位矢志不屈的同志，我在一般被難同志中對他最是欽佩。他到三十年十月十一日才被釋放，後來不久就輾轉各地回到了陪都。

我在偽看守所中，一共被關了十四個月。在這個長時期中，說到自由被剝奪，我是早已下了決心，已經視為當然，並無什麼不慣；至於飲食方面，藜藿自甘，更無什麼難受。到了後來，一般被難同志，已可常常接近，精神上的慰藉，和物質上的接濟，也可稍盡心力。「早甘淡泊堪明志，且避紛囂學悟禪」，這是我的兩句舊詩，正可以代表我在看守所時期的生活。

到了三十年十月，敵偽見我久押不屈，已知我不能再為所動，長期拘留，毫無效果，很想變更辦法。那時適值我患痔疾甚劇，在偽看守所中醫治不便，於是許我暫釋出外就醫，我就於十月三十一日離開偽看守所。但是，仍有不得離開南京的限制，暗中還派人監視，從這天起，我又從幽囚的生活，一變而為軟禁的生活了。

我在這六七年來，未曾流過一次淚，可是我在以前是常常會流淚的。有一次，我曾寫信告訴內人倪吉，她回信說：「因為你飽經憂患，淚泉已涸，所以無淚可流了。」但當我將離開偽看守所的時候，在所中一棵松樹下面，徘徊多時，不知何故，幾欲盡情一慟。真是：「知我者謂我心憂，不知我者謂我何求？悠悠蒼天，此何人哉！」[7]

7　引詩見《詩經‧王風‧黍離》。

六、雨花臺畔弔忠魂

　　我於二十九年六月二十三日，在滬被敵偽劫持，到去年八月二十六日，才脫險歸來，計在滬寧兩地過著三年又兩個多月的羈囚生活。使我在精神上最感難受的，莫過於在偽看守所的一個時期。因為在偽看守所中，目睹一般被難同志遭受敵偽的凌辱殘害，不由得你不悲憤填膺。所以當我離開偽看守所的時候，第一件事就是和李達三同志祕密到雨花臺去憑弔幾位國殤。李同志是一位矢志不屈的志士，先我一個多月出看守所，那時還在南京，就約了他一同前去。在荒煙蔓草中，對著故國河山，憑弔被難同志就義之處，低徊多時。那時的心潮起伏，真是不可名狀，同時對於幾位烈士，也深深感著慚愧！

　　自從汪逆到滬發起所謂和平運動以後，中央派赴淪陷區的工作同志，慘遭殘害的，就不知有多少。因為起初都是祕密處死，簡直無從統計。到了陳三才烈士的就義，偽組織才開始對外發表，所以陳烈士是公開就義的第一人。他是江蘇崑山人，清華大學和美國哥倫比亞大學畢業，在上海擔任北極公司的副總經理；因為不忍目睹國家斷送於汪逆之手，就不顧一切，毅然決然的參加暗殺汪逆的工作；不幸於二十九年七月九日被逮，七月十五日和我一同解到南京，押於偽首都警察廳。偽組織方面，認為我和他案情最重，遂被指定關在一室。後來在八月十七日又和我一同改押於偽京區看守所。十月二日下午，被偽組織以暗殺罪名押送雨花臺遇害。在他就義的前一天，這不幸的消息，我已微有所聞，但又不便對他直說。我想盡方法，要他寫下一份遺囑，我祕密的對他說：「現在這裡被關的人，講到案情，我和你二人最重，真是今天不知明天事，我們也該有個準備。我有一個朋友從上海來，我已寫下遺囑，託他帶滬。希望你也寫下一份，我可以託他一同帶去。」我相信他也是早抱必死決心的血性青年，果然經我這般一勸，也就毫不遲疑地把遺囑寫好交我。我當時內心的難受，比什麼都痛苦。到了第二天，他就慘遭不幸了。在十月三日的偽報上，都披露了陳烈士就義的消息，內中有份《南京新報》在新聞裡，竟誤登了我的相片。我那時想，這或許是我成仁的預兆吧。誰知到了現在，殘軀猶存，真是感觸萬端，有後死之愧。

　　陳烈士是一位完全技術人才，據他對我說，他在研究發明冷氣裝置的新設

計，已快要完成，今竟功虧一簣，很是可惜！陳烈士在學校畢業以後，並沒有擔任黨務或政治方面職務，這次參加暗殺汪逆工作，完全是激於愛國熱忱，雖未成功，但已成仁。他那種純潔的胸襟、朗爽的性情，使我永久留著深刻的印象。

陳烈士就義後的一個多月，又有陸慶頤、陳覺吾兩位烈士的被害。陸、陳二烈士都是南京人。陸烈士字玄南，曾在日本早稻田大學肄業；二十八年七月，擔任南京特別市黨部委員；到南京以後，為了便於工作進行，特地就了偽組織中央法制專門委員會的委員，做種種祕密活動。陳烈士是南京特別市黨部的書記長，也是特地擔任偽南京市黨部裡的工作，以為掩護。二人同時於二十九年八月八日深夜被捕，後來在十一月十九日上午，被偽組織以「反間」罪名，在雨花臺遇害。陸烈士在那年八月七日，曾到偽首都警察廳會我，傳達中央意旨。當我在八月十七日，改押偽京區看守所時，忽見陸烈士也做了被難同志、驚愕不置，後來才知道他是在會我後的第二天，就遭逮捕了。

再隔一個多月，又有邵明賢、黃逸光兩位烈士的被害。邵烈士係浙江餘姚人，浙江警官學校畢業，擔任調查統計局南京區電臺主任。到了南京以後，特意就了偽首都警察廳督察處長，旋又擔任偽中央組織部第四處處長，以做掩護。後來在二十九年十一月九日被逮。黃烈士係廣東赤溪人，墨西哥國立師範學校及墨西哥民用航空學校畢業，一九三〇年三月曾和同志三人，以童軍資格，做徒步旅行全世界的壯舉，歷時將及六載，經中南北美洲、西印度群島、歐洲巴爾幹及非洲等地。到一九三八年三月，才由非洲趕回祖國，投效空軍服務。同年九月，調至昆明空軍軍官學校受訓，後又奉調擔任成都轟炸總隊隊員。因為他曾在法國和汪逆精衛會過數次，就請求去南京擔任祕密工作。到了南京以後，假意投入偽組織航空署服務，以便遇有機會接近汪逆時，即實行除奸工作。不幸在二十九年十一月五日，與其夫人于者香女士，在中央飯店一同被逮。後來，邵明賢、黃逸光兩烈士，便被敵偽以「反間」、「暗殺」等等罪名，在二十九年十二月十七日上午，同時在雨花臺就義了。

邵烈士的遺囑一向由我代為保存，用盡種種方法才得面交其繼娶夫人張鳳山女士。我這次脫險來渝，路過浙西時，又另繕一份，寄到他分水家裡，我的心願才了。他在遺囑裡寫著：「現在正在英年有為之際，理宜為大眾服務，為國家宣勞，以不虛吾生，不虛父母之生我也。然而今一切已矣，乃是是非非，自古莫由定論，何況紛紜雜遝如今之世乎。臨死之人，勿復言矣。即個人之是

非，亦只有待於國人之評判，是者是也，非者非耳。」於此亦可略見邵烈士生平志趣和從容就義的精神了。

黃逸光烈士，體格魁梧，臂力極大，曾經和猛虎搏鬥過。據他夫人說：只要有機會和汪逆接近，就可徒手把他處死。可惜約會幾次都未能如願，齎志以死，可為浩嘆！黃烈士曾為我題詞：「美麗的中華，我愛你，我為你而狂歌，我更願為你而死。」黃烈士已為中華而死，他求仁而得仁，可以無憾了。他的遺墨很多，有一部分已代為帶出保存。他的夫人于者香女士，和他結婚僅及二月，在偽看守所中目睹其夫之死，悲痛可知。黃烈士就義後，于女士仍被收押，直到三十年三月五日，才被釋放返平。

我想到邵黃二位烈士的遇害，不能不致恨於錢逆新民[1]，雖然錢逆已經被殺，究還不能寬恕他的自私。他於二十九年十一月七日在滬被捕以後，他所屬的工作人員竟都由他供出，先後被捕的，共有二十多人。但據案內人談，他的幾位親戚，卻不在內。更屬荒謬的，邵黃二烈士的被逮，都是他率同偽特工人員前去捉拿，當黃烈士在被審問的時候，他居然在隔室偽作受刑慘呼之聲，騙黃烈士承認所任的工作，試想他的無恥到了何種程度？凡是做一個負責人，都應該犧牲自己，成全大家。錢新民只為怕死，竟不惜犧牲大家，保全一己，可說是毫無人格！但是後來，到了三十年一月，他仍為偽組織認為不忠實把他處死。怕死的結果，還是一死，這樣不光明的死，有誰可惜他呢，真是死有餘辜了。

到了三十年六月九日，又有強一虎烈士的遇害。強烈士是陝西西安人，先在忠義救國軍江北行動總隊，擔任第十八大隊附；中間曾因他故，到京擔任偽方南京區下關警察分隊長等職，後來仍回行動總隊服務，在南京祕密擔任暗殺工作。不幸在三十年四月二日被捕，同年六月九日上午在雨花臺遇害。他的夫人也被捕去，在他被害的前一天，方才釋放，她的哀痛也可想見了。

尚振聲[2]烈士是河南羅山人，河南大學畢業後，又在中央軍校第六期畢

1　錢新民，原國民黨軍統南京區區長，抗戰時期潛伏在南京從事抗日活動。1940年11月被汪偽特務逮捕後叛變投敵。

2　尚振聲（1903-1942），河南省羅山縣人，國民黨軍統少將，抗日志士，抗戰前夕，調至南京區副區長。南京淪陷後，尚振聲潛伏於南京，從事抗日活動。1940年遭叛徒出賣而被捕，後詐降，暗中架設電臺與軍統局長戴笠取得聯繫，升任軍統南京區區長。暗中策動汪偽第一方面軍第七旅軍官反正，準備於站崗時包圍汪宅，刺殺汪精衛。因事機不密，再次被捕。1942年1月8日被日寇殺害於上海，年僅三十九歲。

業。曾任第六十四師政訓處長等職。後來擔任調查統計局南京區副區長，受錢新民的牽累，於二十九年十一月八日，在滬被捕解到南京，押在偽南京區看守所，至三十年四月七日才被釋放。離開偽看守所後，他假意擔任偽方獨立第七旅參謀長，仍祕密進行恢復南京區的工作，受任南京區區長。不幸於三十年十一月八日晚，又被偽方發覺被捕，同月十五日解到上海。三十一年一月八日在滬遇害。尚烈士在南京曾識一女子，名楊靜涵，有生死之約。生有遺腹子一。我在南京時常去存問，也時予接濟。每逢談到尚烈士，她總淚流不止。尚烈士在就義前幾天，曾祕密發出一函，裡面有一段：「余奔走國事，將及十年，方期有所成就，有所努力，今若竟不幸而犧牲，雖不無遺憾，然勢已決定，夫復何言？讀『出師未捷身先死』之句，想古今同此遺憾者何獨予一人，此亦無足傷者。」他又曾為我題過一首詞：「烽火遍神州，殘缺金甌，傷亡離亂幾時休？昔日繁華今瓦礫，盧舍墟坵。莫負少年頭，素志當酬，同心共挽此狂流，收拾山河，興故國，賴我同儔。」由此可以想見他的抱負，我想任何人看了，都不能不為之一掬同情之淚的。

我們同志為敵偽殘殺的，原是很多。以上所寫的幾位烈士，都是和我同押在偽南京區看守所的。除了尚振聲烈士係在滬就義之外，其他幾位都是我親眼目睹他們由偽看守所拉出去被害的。他們在雨花臺就義的時候，沒有一位不是很從容的。這種壯烈的精神，就是一般漢奸也無不為之讚服，可見只要有為國犧牲的決心，就能慷慨赴死，就能從容就義，再沒有什麼難易之分啊！

記得汪逆精衛，曾在庚戌年，謀弒遜清攝政王戴灃。昏庸的清廷，尚且能貸其一死，而現在，汪逆自身已一變而為暗殺的對象，反不能自知省悟，還想用殘殺手段懾服國人！殊不知國人之欲得獨夫汪逆而甘心的，正不知有多少，縱然大肆殺戮，我們的同志，前仆後繼，再接再厲，不稍氣餒，反以殺愈多而我們的剛鋒愈厲。汪逆在他的所謂「豔電書後[3]」裡還這樣寫著：「我記得一件舊事，我於庚戌三月在北京被捕的時候，警察在我身上搜出『革命的決心』幾篇文字，問我道：『帶這些文字做什麼？』我答道：『沒有什麼，這些文字，從前以墨寫出來的，如今想以血寫出來。』」汪逆，他現在要拿同志的血，寫他的降敵狀了，拿殺害我們的忠良同志，來向敵人表示忠實了。我想汪逆終有一日會上了斷頭臺，明正典刑，來償這筆血債的。

---

[3] 豔電：指汪精衛1938年12月29日發表的致蔣介石的電報式聲明，表達其支持對日妥協的政策。因29日的韻目代日為「豔」，故稱「豔電」。

七、在偽感化院

我離開了偽南京區看守所以後，就被友人張君邀到他家內暫住，招待殷勤，盛意可感。那時正是偽感化院改組的時候，新任偽院長馮某就是我以前由滬解京的押送人員，他聽到我已經離開偽看守所，就堅邀我到他院中去住。一般朋友聽到這個消息，紛紛來對我表示異議：有的以為才離開看守所，又移住感化院，遠地友人，不明真相，一定以為又生問題，徒增懷慮；有的以為如果住到感化院去，恐怕別人要懷疑是去擔任工作，發生意外的誤會。他們這種種意見，實在都是很善意的。但我那時的心，已不屬於自己。在上海和南京，被幽囚了十六個月，目睹著一般被難同志的痛苦情形，心中一刻也難安。佛家說：「我不入地獄，誰入地獄？」自然我還不能做到這個地步，但是怎樣盡一己之力，想法解除被難同志痛苦的念頭，卻無時不縈繞我心。馮某既然有意邀我去住，我認為正是為被難同志盡力的機會，所以就力排眾意，不顧一切，接受他的請求，於三十年十二月七日搬到偽感化院去住了。

到了三十一年五月，感化院改組，馮某他調，吾就在五月十七日搬到王益厓[1]君處居住。我在偽感化院留住半年的時期中，處處相機運用，不啻做了一位無名顧問。在南京偽方所辦的訓練班等等機關，都有所謂「和平理論」及「領袖言論」一類的可笑的課程，但在偽感化院中，我就設法把這類課程取消了。被難同志的待遇，也做到相當改善的程度。同時，被難同志方面，因為我住在裡面，多了一位心心相印的朋友，精神上也可以得到不少安慰。至於物質上的接濟和其他可能幫助的地方，我都已盡我心力而為之。凡此種種，在當時或許是不易看出來，但到了後來，就很明顯的覺到了。馮某去職以後，繼任的是鮑逆君甫[2]，他到了偽感化院以後，對於被難同志任性凌虐，偶爾搜查到

---

[1] 王益厓（1896-1976），江蘇常熟人，本名王鍾麒，以字行。地理教育學家，抗戰時曾任國民黨戰地黨政委員會指導員。關於他的生平，請參閱任建偉〈淮中歷史上的傳奇校長——王鍾麒〉，《文史淮安全球資訊網》2019年8月14日。

[2] 鮑君甫（1893-1969），又名楊登瀛，廣東香山人。早年留學日本，回國後加入國民黨，逐漸成為國民黨中統特工，任國民黨中央組織部調查科駐上海特派員。後又與共產黨人接觸，成為雙面間諜，多次向共產黨提供重要情報，營救被捕的中共要人。後事發被捕，出獄後被安排在反省院任副院長，既脫離了國民黨特工系統，與共產黨也失去了聯繫。抗戰爆發後，國民黨特工總部西遷，他留在了南京。1969年在南京去世。

香煙等類物品，就把人吊在樹上，或綁在廁所旁邊，任意拷打，簡直是極盡侮辱惡毒之能事。被難同志忍無可忍，曾經絕食二次，表示反抗，我也在外面為之奔走援助，但都毫無結果，他還是安然做他的偽院長，直到三十二年五月，他才去職。從這看來，覺得我以前住在偽感化院，對於被難同志，多少有些益處，沒有辜負我的始願，也不是全無意義的了。

　　一般漢奸，可說是毫無心肝。偽感化院原是占用蔣姓的房屋，其中有一部分稍有花木之勝，後來忽然把這一部分劃去，改為所謂陸軍同學會俱樂部，主持其事的就是汪逆之子汪孟晉，常常率領一批狐群狗黨，在裡面抽煙、酗酒、賭博、狎妓，直鬧得烏煙瘴氣，昏天黑地。但咫尺之遙，就是幾百位被難同志正在度著呻吟宛轉痛苦萬分的極不自由的生活，卻於他們不能發生絲毫反應，試問他們還有心肝沒有?!

~~~~~~

木道人詩

　　淪陷區內，常有乩詩祕密流傳，類皆暗寓最後勝利之意。在滬有所謂來蘇社者，以木道人為號召，更風靡一時。余於三十二年春到滬就醫，以友人慫恿，未能免俗，亦去一試，所得乩詩如下，特錄之以博閱者一粲。

　　　世事方多亂，英雄未許閒。渴思巫峽水，夢繞賀蘭山。
　　　乘勝風千里，行空月一彎。佇看凱旋處，拍手唱刀環。

　　此馬應非常馬，白門楊柳，黃埔江聲，豈甘戀乎？壯心在抱，伏櫪暫守。新仇未報，舊主難忘。還當斂其鋒芒，以待時至。庶幾騁逐沙場，大展身手，翹首可待。詩意善自味之味之，由於環境及其他種種，不便多贅。

~~~~~~

八、羈棲生涯

　　當我要搬出偽感化院時，友人王益匡君，邀我到他家裡去住。王君在教育界服務多年，二十八年五月，受任戰地黨政委員會指導員之職，駐在上海工作。後來不幸在那年九月十三日被敵偽所逮，押在偽特工總部多時，到二十九年六月十三日才被釋放，就遷到南京，以子平之術[1]避世。我住他家裡，熱忱招待，很感不安，後因他的寓所前進，正好空了一間房子，就由我向房東賃住下來。在這個期間，友朋饋贈，原是很多，但我絕不敢厚以奉己，記得有一友人送我兩瓶白蘭地酒，保存多時，後來還是變賣了，把所得的錢，充作日常零用。我的日常生活，只是藜藿自甘，轉覺別有一種淡泊滋味。對於人世一切富貴窮通，早已譬諸浮雲。古人說：「進思盡忠，退思補過。」盡忠這一點，在我還不敢說，但當這自由被剝奪的時期，也正好讀書補過。旁人視此孤寂生涯，多以為苦，在我則只覺不改其樂。各人志趣不同，苦樂也就很難相像了。

　　在我被劫持之初，偽組織才成立不久，很需要一般人代它撐持場面，中央所認為要不得的人，到了南京，都成了要角，還在偽報上用特號標題，大事宣揚，說是「渝方黨政要員，來京參加和運」。因此，偽組織對我確是百端拉攏，並且還拿「你是被捕的，不是自己跑來的，一般人當可對你諒解」來替我設想。屢次勸說，吾只是對之一笑而已。偽組織中一般地位較高的漢奸，都是講究私人享受，聲色犬馬，窮奢極侈；有一部分人見我過著很簡單的生活，就來勸我：「人生為的是什麼？能有機會享受，又何必自苦？」這真是「以不入耳之言，來相勸勉」，我也只好一笑置之。甚至還有許多人替我嘆惜，說我坐失富貴良機，說我不會享受，目為呆人做呆事。我更不解他們是什麼意思。「浮雲心事誰能識，明月襟懷只自知。」[2]仇讎未滅，生死且不足論，還計及到個人的享受麼？

1　子平之術：指為人占卜算命。得名於北宋隱士徐子平（名居易），他精於星相學，發明了一套獨特的占卜算命的方法，為後人所宗，後世占卜算命書多以「子平」為名。
2　此二句，上一句取自唐代白居易七律詩〈贈張處士山人〉，原詩為「浮雲心事誰能識」；下一句取自唐代錢珝七律詩〈客舍寓懷〉。

在這個時期當中，前南京特別市黨部主任委員李文齋[3]同志，也是三十一年三月十八日在上海被逮，敵偽用嚴刑拷訊，李同志始終不供一詞。敵人以英雄要識時務勸他，李同志卻以「深愧英雄能識事，激於義理不貪生」兩句話來做答覆。後來到六月二日也解到南京押在偽南京區看守所裡，李同志態度始終不變。敵偽無可如何，到三十一年八月二十日就把他釋放改為軟禁。從此，我又多了一位志同道合，可以推誠相見的朋友；後來一切活動，我們都是協力進行。有時我們還一同遊遊山，一同釣釣魚，藉這閒情逸致，以避敵偽的注意，因此，亦覺深得淡中之趣。

以前我在蘇北，遇到了十分煩惱的時候，往往有遁世之想，常說要去做二三年短期和尚，過一個短時期的清靜生活，不料而今竟成讖語。我自二十九年六月二十三日被逮，到三十二年八月二十六日脫險，羈囚生活一共三年二個月又三日，這時期的生活，在我的心境上，簡直是「興味蕭然似野僧」[4]，不是等於做了一個短期和尚麼？前面所載〈久羈感賦〉的那首詩，正可為我解嘲，也可為這時期的整個生活寫照了。

---

[3] 李文齋（1899-1988），原名恭安，山東曹縣人，抗戰時期任國民黨南京市黨部主任委員及中央黨部組織部設計委員。抗戰後當選「制憲國民大會」代表、「立法院」立法委員。
[4] 詩句出自北宋王禹偁七絕〈清明〉。

九、攻心

　　我在滬寧兩地過了三年兩個多月的羈囚生活，究竟為的什麼呢？這真是豫讓[1]的一句話：「凡吾所為者極難」，我自維是一個黨員，擔任過黨務工作，同時也曾從事過教育工作。我有我的地位，我有我的尊嚴，我有我的人格，我不能自輕，我不能自卑。所以，當我被敵偽劫持的時候，就決定了「不能為不義屈」。先哲說過：「生，人之所欲也，所欲有甚於生者，死，人之所惡也，所惡有甚於死者。」[2]一個人如果不能光榮的生，反不如光榮的死。敵偽在當時，可說是完全蔑視國人的人格，以為無論何人，都可以死相脅，以利相誘。所以他們所發出的恐嚇信，都是畫著一個人，一手執手槍，一手拿鈔票；認為沒有一個人不怕手槍，也沒有一個人不愛鈔票。我當然要保持我的正氣，絕不能使敵偽蔑視我的人格，也不能使敵偽輕量天下士。所以，我甘居囹圄而不辭。敵偽嗣又拿長期監禁，來迫我降心相從。在這一年又四月的幽囚期中，敵偽更常常派人來威脅利誘，我仍是一概不理，敵偽才知道長期監禁，依然無效。於是又變更辦法，讓我出了偽看守所。在他們以為我目睹了一般漢奸奢靡生活，一定會受到誘惑，動搖意志，不料我又出人意外的搬到偽感化院去寄住了半年。以後遷出另住，我更是安心過著極簡單的生活，一切無動於衷。敵偽才認清我的人格，知道我不是威武所能屈服，富貴所能動搖。於是，始也對我敵視，終也對我尊敬了，這不是很可笑的一回事麼？

　　老實說罷，我在這三年兩個月的當中，無時不在向敵偽發動攻心工作，我不容敵偽對我輕視，我更輕視敵偽。到後來，敵偽不特不再輕視我，反而對我尊敬，這不是我的目的，這不是我的勝利，我不敢以此自滿，我只是認為我的意志，始終未曾動搖，差可問心無愧罷了。

　　我離開偽看守所以後，一般漢奸，初次見了面，不知不覺的都要對我道聲慚愧。不管他這一聲慚愧，是不是從內心發出，但我不能不承認是我的攻心工作已經發生相當作用。又有很多將要參加偽方工作的人，也常常來試探我對他的態度，或是向我訴述他的苦衷，更可見我的攻心工作，對於他們，也已發生

---

[1]　豫讓：古代著名刺客。此語見《史記‧刺客列傳》。

[2]　語見《孟子‧告子上》。

了反應了。

　　羈棲的生活，論理是應當很空閒的，然而事實上卻並不如此，反覺每天沒有空的時間。普通說忙裡偷閒，我反是閒中鬧忙了，也真是費解的事。

　　在這時期，我最感冗忙的，就是會客和寫字，「座上客常滿，手中筆不停」，可以做我這時期的生活寫照。在偽看守所中，會客是有限制的，自從出所以後，會客就相當的忙，多的時候每天都有十幾位，一直到離開江寧，都沒有改變。人家看著，固然奇怪，我也說不出一個道理；但我從沒敢放棄我的責任，每次見客一有機會，我總隨時暗示出抗戰必勝的道理。在偽方擔任軍事工作的人，平時和我接觸的亦很多，我更暗暗勸勉他們養精蓄銳，待機報國。自然，所得的反應，不盡相同，但是凡足以予敵偽以打擊的，我無不盡心力而為之。所謂行吾心之所安，何況這其間也不無收到一些成效！

　　說到寫字，我從來也沒對臨習碑帖下過功夫，所以非常拙劣。但是在這三年多當中，這不成樣的字，竟大獻其醜，有的要求寫對聯或條幅，有的要求題詞，都以做紀念為辭，簡直無從拒絕。統計替人所寫的對聯、條幅，連同題詞等等，不下千餘件。南京裱畫店裡，隨時可以看到我的字，所以大家都說，馬某的字，在南京最時髦。現在回想起來，自己不禁失笑。又關於對聯的聯句和條幅題詞的內容，我都選擇前賢先哲含有樹節勵操較有意義的成句，或是格言之類，總想使受者得到感動和警惕，至少能發生一種消極作用，我的目的就算達到了。

　　此外，更奇異的，在我出了偽看守所以後，竟有好多人來找我證婚。尤其可怪的，是好幾位偽方特工人員，不去找他們的長官證婚，卻反來找我，這完全可以看出他們心理上的反應，我也就不便分別涇渭，只好一律答應了。

　　諸如此類的情形，不一而足，讚美我的人，竟說我在南京，好似中央的象徵。這句話，在我何以克當？不過淪區人心未死，對於堅守中央立場的人，特別表示關切，這確實是事實。這完全是中央德威遠播所致，不是我個人精神上能有這麼大的感召力量啊！

獄中雜題

　　余向不解吟詠，在獄時，難友常以小冊或畫圖索題，難於拒卻，遂亦不能計及工拙，只得隨意亂題。茲就記憶所及，錄布若干首，亦可藉此略見余當時之心境也。

題某君小冊
徂征三載各西東，重見無言百慮空。君作其難余作易，平生不負兩心同。

題山水圖
久厭塵囂汩性真，遇佳山水輒馳神。不知此願何時遂？白水青山一放人。

題松圖
富貴曇花何足驕？心無欲擾自高超。歲寒松柏期同勉，莫畏風霜便早凋。

題菊圖
我愛陶先生[3]，孤高莫與京。此心誰復識？獨與黃花盟。

題紫藤花圖
看爾累累似冕旒[4]，迎風招展抑何柔？劇憐衰衰紫衣輩，粉飾直同優孟[5]流。

題雁圖
烽火連天景色淒，猶相偎倚樂沙堤。微禽不解今何世？依舊遑遑為食迷。

---

[3]　陶先生：指陶淵明。
[4]　冕旒（ㄇㄧㄢˇ ㄌㄧㄡˊ，miǎnliú）：古代帝王的禮冠及禮冠前後垂下的玉串。
[5]　優孟：春秋時楚國宮廷藝人，此處代指戲子。

題雁圖

逍遙萬里似遊仙，我已倦飛只愛眠。書慰故人煩繫足，早將名利譬浮雲。

~~~~~~~~~~~~~~~~~~~~~~~~~~~~~~~~~~~~~~~

十、珍貴的友情

　　我這次被敵偽劫持，一般朋友對於我的關懷，真使我非常感激，又非常慚愧。聽說在我被逮的時候，朋友中，有的為我數日不食，有的為我痛哭了好幾夜。在我被關押的期間內，有的想盡方法來會我，有的送了許許多多東西。離開偽看守所以後，一般朋友，更不斷的接濟。這種種珍貴的友情，使我永生難忘。同時，這種種珍貴的友情，也無異給我一個很大的鼓勵，使我更不敢自暴自棄，辜負了許多真摯熱烈待我的朋友。

　　離開偽看守所以後，知道外間流傳關於關懷我的詩很多，現在就我記憶最真的，抄兩首在下面：

（一）

檻車[1]一去返無期，正是知交祖道[2]時；
賣友有人師酈寄[3]，錄囚何日釋鍾儀[4]？
名懸鈎黨宜遭忌，地接華離易蹈危；
我望江天思舊雨，神龍盼汝暫潛姿。

（二）

幽竹發新篁，呢喃語梁燕；燕歸人未歸，花落紛如霰。
憶昔與君遊，情好意綢繆；八表多風雨，慷慨賦同仇。
仇讎猶未雪，忽痛隔吳越；應知相見難，林外鵑啼血！

　　第一首聽說是徐慕杜[5]先生做的，第二首則是王公璵[6]先生做的。所謂

---

[1]　檻車：囚車。
[2]　祖道：為出行者祭祀路神，設宴送行。此處指送別。
[3]　酈寄：西漢初年人，曾出賣自己的朋友呂祿。事見《史記‧呂太后本紀》。
[4]　鍾儀：春秋時楚國人，被晉國人俘擄，在獄中戴南冠，操南音，以示不忘故國。事見《左傳》成公九年。
[5]　徐慕杜（生卒年不詳），教育家，曾任江蘇省立第六師範學校校長。
[6]　王公璵（1902-1983），江蘇連雲港人，國民黨政府時期曾任江蘇省政府祕書長、江蘇省民政廳長兼徐海行政公署主任、國民政府軍事委員會侍從室督導委員、江蘇省政務廳長等職。1983年病逝於臺

「神龍盼汝暫潛姿」，和「林外鵑啼血」，對我是何等的關懷。又有陳含光[7]先生贈我「蘇武弓邊胡地月，鍾儀琴裡楚人風」對聯一副，和「冰天雪窖」圖一幅，對我又是何等的期望！三年多的羈囚生活，雖然沒有稍變所守，但總覺還無以副一般朋友的熱望，也只有圖奮勉於將來了。

「四海之內，皆兄弟也」，在我住南京三年多當中，深深感覺到這句話的確切性。在偽看守所和偽感化院裡，東西南北的人，我認識了許許多多，大家不論在公的和私的方面，都建立了相當的友誼和特殊的關係，所以大家心心相印，感情特別濃厚。曾有一位被難同志，拿了一張被難同志的簽名紀念單，要我在上面題幾個字，我就毫不遲疑的寫了「人各一面，面面崢嶸，人各一心，心心皎潔」的四句成語。因為這許多被難同志，都是為著國家、為著民族而來蒙難，由於內心的忠貞堅定，形之於外的，沒有一個不是激昂慷慨，頭角崢嶸，胸襟皎潔；這種心心相印，互相瞭解的情誼，當然更值得寶貴了！

經濟方面，我向來是抱定不稍苟得的態度的。我想，凡是知道我的人，都可相信這句話的真實性。但在這患難期間，我的想法又稍有不同了。固然，一般朋友對我的盛情，我不便拒絕，也不能拒絕；同時，我還有許許多多的被難同志，在偽看守所中，在偽感化院中，度著艱難困苦的生活，我正也該盡我力之所能盡，給他們相當的援助。因為我在偽看守所裡一年四個月，偽感化院裡半年，目睹著被難同志種種困苦情形，實不忍不為他們想些辦法；但一個寒士，毫無積蓄的我，真是心有餘而力不足。經過多次的考慮，我才決定，凡是朋友所贈的款項，能收的都收了下來，把這些珍貴的友情，轉贈給這些同樣需要的被難同志。總計先後收到的贈款，一共有十四萬餘元。除了我個人日用之外，大部分都用於轉贈接濟被難同志。自己從沒有稍存自肥和提高享受之念。我也常常想到這些贈款，事實上等於我欠了朋友一筆債，實不知何年何月才能還清，在我這樣一介寒士身上，不能不說是一件很大的心事了。

北。著有《畸園殘稿》等。

[7]　陳含光（1879-1957），名延韡，江蘇揚州人，清光緒舉人，近現代著名書畫家、文學家、史學家。

十一、日寇的猙獰面目

　　日寇的對外侵略企圖，並不是近年間才產生的；遠在過去的那些倭寇，由於它國內幕府之爭而向外伸展的掠奪竄擾，早經成為我國邊患的那些事件，且不必說。單論它的所謂「大陸政策」，也早在明治維新伊始，就確立了。一八七〇年（同治九年）明治維新第三年，這新生的東方資本主義的幼孩，竟也派了柳原前光[1]、伊達宗城[2]到我國來，要求援照西洋各國的例子締結通商修好條約，想把觸角伸到中國大陸來了。它的企圖，顯然是想先把琉球臺灣奪了去，再吞朝鮮，進而囊括滿蒙，滅亡中國。一八七四年，果然藉口琉球漂民被殺事件，大舉出兵臺灣。至於琉球，原是世奉中國正朔，稱臣入貢，為我藩屬，歷明清兩代都無變易；但在明治嗣位之初，即誘其承認為日寇屬國，也可說是日寇侵略我國的初步試探。由於一八七四年臺灣事件中清廷屈辱苟安，使日寇軍事侵略第一步就僥倖成功；此後中日糾紛，一天多似一天，到了一八九四年（光緒二十年），便發生了甲午之戰，朝鮮入於倭寇之手；臺灣也整個割讓。從此日寇侵略我國的橋樑和基地，便完全建立妥善了。一九〇四年的日俄之戰，日寇占我南滿的旅順、大連，鞏固了海軍的根據地，滿蒙從此遭受蠶食。一九一四年（民國三年）日寇藉口維持遠東和平，依據英日同盟條約，對德宣戰，出兵山東，攻占青膠，又在我山東半島上築起軍事侵略的營壘，侵略勢力，伸到華中。到了一九二八年（民國十七年），又二次出兵山東，公然阻擾本黨北伐，不齒炫耀它在華北的強盜姿態。這其後，破壞東北的向心統一，武裝走私，傾銷敵貨，擾亂我國金融，摧毀我國經濟，無所不用其極。直到一九三一年（民國二十年），更發動九一八事變，侵占我東北，於是它滅亡中國的陰謀，就完全暴露於世界了。因為侵略東北，沒有遭遇到強烈的打擊，日寇的野心，更加擴大起來，對我國壓迫欺凌，也日甚一日。一九三七年（民國二十六年）七月七日，竟又發生盧溝橋事件，我中國臨到這最後關頭，忍無可忍，為了確保國家的生存，為了爭取民族的自由，為了拯救整個國家民族的危

---

[1]　柳原前光（1850-1895），日本幕末至明治時代的貴族，曾任日本駐北京公使、駐俄國公使，並曾任日本皇室樞密院顧問。

[2]　伊達宗城（1818-1892），日本幕末時代的大名、宇和島藩第8代藩主，明治維新時期的政治家。

亡，就不得不燃起了全國一致的全面抗戰的烽火，予打擊者以打擊，艱苦奮鬥，爭取最後勝利。

依著日寇的本心，始而妄想「不戰而屈」。等到我們被迫應戰，又想「速和速結」。看到我們意志堅強不可屈辱，又想「速戰速決」。這種種荒謬的企圖，都被我長期抗戰國策所粉碎，於是它也不得不高唱所謂「戰爭百年化」和「長期作戰，以戰養戰」的論調。其實他早已在泥淖之中，愈陷愈深，不能自拔，所以現在也只好發出「帝國興廢，在此一舉」的最後悲鳴，而要求它的「臣民」整個「玉碎」了。

日寇想要滅亡我國，是它一貫的國策。花樣雖然時常翻新，它國內所謂「政治家」的態度和主張，雖然也有穩健和急進的區別；但它的終極目的，則是始終不變的。從民國三年它向中國提出的二十一條件，以哀的美頓書強迫袁世凱承認的一件事看來，已很顯明的使我們瞭解它的野心了。一九二七年（民國十六年），日寇首相田中義一更在他滿蒙政策的奏摺中，明白說出：「按明治大帝之遺策，第一期征服臺灣，第二期征服朝鮮，皆已實現；惟第三期滅亡滿蒙，以便征服支那全土，尚未實現。」又說：「欲征服支那，必先征服滿蒙；如欲征服世界，必先征服支那。」更是具體的暴露日寇的侵略企圖。由於日寇麻木無狀、荒謬絕倫的妄想，它竟始終以我中國為它侵略的目的物，最好一口吞滅，其次把中國變成被保護國，最不得已也要視作禁臠，獨占一切權益，不許他國染指。一九三四年（民國二十三年）四月十七日，日寇外務省情報司天羽竟發表聲明，說：「（一）日本在中國有特殊關係，故日本的態度，應與各國不同；（二）日本為保持東亞的安定，故對中國不得不採取單獨的行動；（三）日本反對中國利用他國勢力以圖抗拒日本的任何行動；（四）滿洲上海兩事變後，凡國際與中國技術上或金融上的援助，要釀成共管或瓜分中國的局勢，日本決然反對之。」這荒唐透頂的聲明，一面是要封鎖中國的門戶，一面是要驅逐英美的在華勢力；顯然要把中國降為日寇的保護國了。其次年即一九三五年（民國二十四年）日寇廣田外相復發表所謂對華三原則：「（一）中國應根絕抗日運動；（二）承認偽滿洲國；（三）簽訂防共協定。」更是拿中國當屬國來對付了。到一九三八年（民國二十七年）十二月二十二日，日寇近衛首相復發表聲明：「日滿華三國，將以建設東亞新秩序為共同目的而結合，以期善鄰友好，共同防共，經濟提攜之實現。」更拿我中國看做和它一手造成的傀儡偽滿，一視同仁了。它的花樣愈多，而它滅亡中國的毒計，也就格

外來得厲害了。

　　日汪密約，本定於二十八年十二月中簽訂的。因為給高宗武等一宣布，只好暫緩，延至二十九年十一月三十日，才簽訂了「關於中華民國日本間基本關係條約」和「附屬議定書」，其後又發表了「中日滿共同宣言」和「中日兩國全權委員間關於附屬議定書瞭解事項」幾種文件，就這對外公布的幾件，已可看出汪逆出賣民族和他自己賣身契的內容，其他不能公布的密件，當然還很多，那內容更其不問可知了。在日寇方面，或者還躊躇滿志，以為利用傀儡，換到這幾個條約，就可制中國於死命；但這白紙黑字的條約，又有什麼用呢？一張廢紙，從何兌現？徒然在歷史上多留一種污穢的痕跡而已。

　　日寇最無恥的，往往歪曲事實，來掩飾它的罪惡。當二十九年〈中日滿共同宣言〉發表以後，南京各偽報大登「頭山滿訪問記」，內中頭山滿曾說，總理對他說過：「東北各地，如中國無法治理，不如送給日本。」這不是在發夢囈麼？而汪逆精衛，卻正需要這類話來做他的掩飾，這簡直是可笑而又可憐。

　　日寇為了掩飾它侵略的野心，明知公然高唱滅人國家的口號，必定要遭遇到明白的反感和不愉快的打擊。縱然它聲明只要資源而無領土野心，別的國家也絕不願意和它合作的。於是，它就利用歐美各國在亞洲殖民的一個事實，提出了所謂「大亞洲主義」、「建設東亞新秩序」、「樹立東亞共榮圈」等等口號，欺騙亞洲各國民眾。更以過去的一些歐美政府的行為，不惜渲染張大、過甚其詞的，挑撥民族情感，企圖藉此排斥英美在亞洲的勢力，移轉東亞民族的注意，掩護它自己的罪行，而遂行它併吞東亞的目的。於是，它又進一步利用亞洲各國的民族叛徒，或是那些不得志的野心政客，製造傀儡，一面分化各民族原有的統一的意志和力量，一面供它驅策，幫助它完成侵略。自從九一八以後，它一直就耍弄著滅韓的故智，先樹立一個傀儡，一手掩盡天下人耳目，而它在背後掌握實際的政權。從溥儀到汪逆精衛莫不如此，接連的更在緬甸、菲律濱南洋群島各地一一製造傀儡，乃至對於印度，也利用一個印奸鮑斯，在緬甸組設印度偽政府，還建立起偽印軍，聽它指揮，協同作戰呢。其實它這套把戲，是不攻自破的：朝鮮是最早的一個榜樣，偽滿更是個明顯的實例。就是對於汪逆精衛，日寇何嘗不是口口聲聲「中日同文同種，應共存共榮」嗎？其實呢，就是「征服支那」而已。這正和西方納粹在奧地利、捷克等國，先製造傀儡，再進而作軍事占領的一貫政策，是異曲同工；但是口蜜腹劍的陰謀，有識者，早已看得明明白白；就是無知的民眾，至多也不過一時受其蠱惑，不旋踵

就會明白過來；所可恨的是那些民族叛徒，明知日寇詭計，而為了自私自利，仍然不惜斷送國脈，出賣民族，甘為千古罪人！

凡是看過樊思伯的《神明的子孫在中國》一書的，無不知日寇是如何在統治偽滿，壓迫東北同胞，敲筋剝髓，無所不用其極的。日寇更實施毒化政策，放縱賭博，包辦妓院，開設無奇不有的所謂「專利公司」，來腐蝕我東北同胞的身心，使他們陷於長期不死不活的狀態之中，減損了反抗和崛起的力量，使它達到唾手可得的目的。這種絕滅人性的毒計，它也一一在我們華北、華中、華南各地推行起來了。

寇軍侵入東北的幾個月以後，整個的占領區城，就變成煙毒世界。它強迫當地農民不准種大豆，要改種罌粟，再由它向我國銷售。每年日寇向我銷售的毒物，數目實足驚人，更在凡是有日寇僑民足跡所在的地方，公然設立鴉片售吸所、嗎啡店、白麵館，引誘我國同胞前往吸食。因而使我同胞中產生很多的惰民、莠民、盜賊匪類。於是，更足以擾亂我們的社會秩序，更足以損害我們的民族健康。至於日寇每占了一個地方之後，更立刻進行這種毒化政策，販運售吸，尤其公開了。日寇認為用了子彈、炸彈殺人，代價很高，又著痕跡，又容易發生反感；實行毒化的屠殺政策，不僅可以賺錢，還可貽害及我民族後裔，正是更高明的戰略。所以，在東北各地的日本人和朝鮮人，就有百分之二十，直接從事於毒物的買賣；間接從事於此的，尚不知更有多少。雖然，表面上日寇還推諉說是浪人所為，但它曾自詡為「有組織的法治國家」，怎會有這些違法的「臣民」呢？顯然就是日寇政府在支持指使那些浪人在實行這種策略。

現在華北、華中、華南，凡已淪陷的地區，當然也不能例外。日寇規定每一地主要以土地十分之一，栽種毒品，還特地劃有「罌粟示範區」，以鼓勵農民自動仿種呢。煙館到處都是，一般普通人家，都可以拿鴉片招待來客。嗎啡、海洛因，更由日寇大量製造，普遍推銷。淪陷區內的昏天黑地情形，有心人看了無不噓唏嗟嘆；而日寇見之，卻正「欣慰萬分」。因為非如此，不足以實現它的企圖的。妓院賭窟，更不必說的了，真是五步一院，十步一窟，整個民族的意志，從此消沉，更因此而使我民族道德，日趨墮落，放辟邪侈，無所不為，奸宄盜賊，於焉滋生，而日寇卻正因而歡欣鼓舞。

同時它在戰地或占領區內，更咆哮地發動其獸性的暴行，轟炸我國各都市。對於非軍事目標的慈善教育文化機關，也肆意投彈。大部分的民房，更被

炸成焦土。慘遭炸斃的婦孺老弱，血肉狼藉，多數學校圖書館，竟一變而為廢墟。在日寇的心目中無所謂國際公法，無所謂正義人道，非但要侵占我們的土地，並且要毀滅我們的文化。後來就是對於沒有什麼意義的村鎮，亦復濫施轟炸，更足令人切齒。凡在所到的地方，先由所謂「燒殺隊」執行燒殺的工作，城市也罷，鄉村也罷，攻掠以後，必先縱火，把多少城市變成一片瓦礫，或更夷為平地。至於鄉村的浩劫更是慘不忍睹。日寇占領城市以後，有時要出動「掃蕩」，或者舉行「清鄉」，稍遇我游擊部隊抵抗，就大肆焚燒，以作威脅居民的手段。好殺——更是寇兵的天性。在南京淪陷的時候，我們失了抵抗力的士兵，都被反綁著手臂，用機槍掃射以後，推入水中，又有許多同胞被它活埋，這是世界周知的事實。凡是被侵占的地方，無不施以很慘的殺戮，對於非武裝的壯丁，還可以說有參加抵抗的嫌疑，就是婦孺也往往被刺刀劈穿，腹破血流。試問日寇殘忍到如何程度？我們還要知道，在淪陷區之內，成千成萬的女同胞，都遭受著比屠殺更為殘酷的姦淫，寇兵所到之處，每每大發獸性，強迫我們的女同胞，脫得一絲不掛，在露天之下，供他們玩弄侮辱輪姦，甚至七十歲的老婦，八歲的幼女，也不能倖免。最慘酷的有時在輪姦以後，還被慘殺，這更是絕滅人性的野獸行為。凡此種種暴行，所謂「神明的子孫」的真面目，已充分暴露出來了。

說到傀儡政權，真是木人衣冠，雖則粉墨登場，卻是背後牽線有人，一舉一動，都非自主。在偽滿成立之初，所有做事的中國人，大多數是受了日寇的威脅，不得不繼續服務，這是日寇整個計畫的一部分，它可以向世界表示「滿洲國」的成立，是出於滿洲人民的自決，是革命的產物，與它們無關，它們也不能負責。其實呢，是日寇控制偽滿整個行政機構，掌握全權。在名義上，日寇是只居於顧問的地位，偽滿國內這樣的顧問，不下十萬人，每一個部分，每一間辦公室，甚至每一個公務員，都有一個或數個顧問。它們管理一切，支配一切，事無巨細，無不干預，頤指氣使，隨心所欲。到了後來，還嫌顧問字樣不夠實際，凡是每一部分的次長，都由日人擔任，而且，各部行政長官和稍有地位的官吏之任用，都是要經過日寇的通過的。所謂通過或同意，毋寧坦白點說是選擇。那所用的人，當然是赤膽忠心傾向日寇的人了。縱然日寇要選擇幾個有資望的愚惑民眾，也只揀那昏庸愚暗的硬拉他出臺，這樣一來，大權更都操之於次長之手了。現在寧偽組織之內，正在實行著偽滿前期的辦法，由日寇擔任的顧問或是聯絡官，正不知許許多多呢？

日寇侵略我國，是蓄心已久的，也有專設機構來辦理這類事務的。實際的發動力的源泉，是出於軍部。可是軍部為了避名取實的陰謀，它也需要另一專設機構來膺主持之名，而它自己操發縱之實。起始，這些事，是由外務省和拓務省來辦理的。「九一八事變」後，日寇就成立了個「對滿事務局」；「七七事變」後，日寇又成立了個「興亞院」，顯然是越過了「對華事務局」的階段，而逕行以「對亞」為主要任務了。等到太平洋戰事發生，又一變而組織「大東亞省」，並將朝鮮、臺灣及樺太[3]等地事務，劃歸它的內務省掌管，顯然已把此等老殖民地視同「內地」了。其他各處，則分設專局。從此，日寇侵略政策的最高指導機關更為健全；而日寇奴役全亞各民族之狂妄野心，更加暴露無遺，儼然如田中奏摺的狂囈：「東亞為吾國（日寇自稱）之東亞」了。此外，日寇還成立了「興亞委員會」、「日滿華經濟建設委員會」和「大東亞建設審議會」三個中樞設計機關，又另設「大東亞聯絡委員會」，誠所謂「集帝國朝野之全力」而積極實施侵略了。在這些「省」、「會」牽線之下，所成立的傀儡政府，還想有一點自主的權力嗎？汪逆在日寇影佐[4]導演下，組織寧偽，處處仰人鼻息，承人餘唾，早已是所謂「影憂亦憂，影喜亦喜」。漸漸是「影偽喜，而彼則真喜；影偽憂，而彼則真戚然以憂矣」。王逆克敏[5]、梁逆鴻[6]志們，也有喜多[7]原田[8]一般寇顧問做幕後的操縱者，那更是老牌導演，手段尤其酷棘。「建軍」呢，空頭支票一張，槍械、服裝不許有，旗幟、徽章不准用，堂堂「中央軍官團」，只在一個日寇少佐教官支配之下，寧偽的「中將教育長」，反低首下心，恭聽指揮。那「受友邦協助令人感激的」一些軍事訓練機關呢，亦皆萬分不堪。「經濟建設」呢，更是「掠奪資源搶劫糧

3　樺太：樺太島，即南庫頁島。1905年日本人登陸該島，後沙俄政府與日本簽約將其割讓給日本，遂成為日本殖民地，置樺太廳治理。二戰結束日本投降，該島歸還蘇聯管轄。現為俄羅斯領土。

4　影佐：影佐禎昭（1893-1948），日本陸軍中將，曾為日軍駐汪偽政府的最高代表。1945年12月被中國政府提名為戰犯，因肺結核暫緩審判，1948年9月病死。

5　王克敏（1876-1945），字叔魯，抗日戰爭爆發後，任日軍扶持的偽中華民國政府行政委員會委員長，汪偽政府成立後，又出任偽華北政務委員會委員長。日本投降後以漢奸罪被捕，後自殺於獄中。

6　梁鴻志（1882-1946），福建長樂人，曾在北洋政府任政府祕書長、國務院祕書等職。抗戰期間投靠日寇，出任偽中華民國「維新政府」行政院長。抗戰勝利後被國民政府以漢奸罪逮捕並處決。

7　喜多：喜多誠一（1886-1947），日本陸軍大將，長期在華從事特務活動。1936年出任駐華使館武官，在他操辦下組建了以王克敏為首的偽中華民國臨時政府。日本戰敗後在吉林敦化率部向蘇聯紅軍投降。1947年6月7日死於哈巴羅夫斯克近郊野戰醫院。

8　原田：原田熊吉（1888-1947），日本陸軍中將。1938年任侵華日軍華中派遣軍特務部長，策畫建立了以梁鴻志為首的偽中華民國維新政府。戰後被新加坡軍事法庭指名為戰犯，1947年5月被絞死。

食」的變相名詞。其他一切行政措施，無有一樣不要聽命於日寇顧問或聯絡官，「使之東，不敢或西；揮之去，不敢或來」。甚至於不能討好，還要碰釘子挨罵；有時聽了「特務機關長」的命令，而忘記和「派遣軍部」取聯絡，或是沒有徵求日寇「憲兵司令」的意見，又鬧成幾面不討好，八方做人難，啼笑皆非的種種醜劇。這樣的局面，又就難乎其為傀儡了！

　　日寇對於東亞其他各國呢？似乎還採著一種所謂「新綏靖政策」，這種政策在於爭取東亞各民族的人心，表面上應允他們獨立，等到時機一成熟，又將師其亡韓故伎，一舉而滅亡之。其實這些所謂「政策」，一句話說穿了，全是欺騙手段。敵酋東條[9]在敵國八十四屆議會的演詞裡說：「戰爭的澈底勝利，只有依靠全東亞人民的合作。」所以只有拿出此「和平攻勢」、「解放」、「獨立」、「協力」和「聯盟」等等法寶，廣泛的提供「諾言」，再進而施行「分化的合併」，始則各個統治，繼則逐步合併。

　　日寇和它的全國人民，為什麼會這樣狂妄，個個都有侵略野心呢？是不是每個日本人天性如此呢？假如是的，這根性從何而起的？假如不是的，為什麼每個日本人又都自稱為「神明的子孫」，而自居於優秀的民族，儼然想做東亞雄主呢？這事其實很簡單，一言以蔽之，敵國的政治，永遠是「欺騙政治」，永遠是操在「幕府」和「藩閥」手裡。而「財閥」和「浪人」，卻是前二者之「俍鬼」。敵國的野心政客，更是一些幫兇的從犯。寇閥們利用一般民眾崇拜太陽的普遍原始根性，捏造出「天照大御神」的神話，來愚惑全體人民；又創為「萬世一系」的「天皇」說，樹立了人民的偶像中心。於是，地球上只有日本人是神明的子孫；只有天照大御神的子孫，才配做大日本帝國的人民。它們自以為「神明把重大的使命降到他們的身上，日本必然將成為地球上最偉大的帝國」。敵國政府用種種教育的方法，使每一個日本人從孩提時起，腦筋裡就培養成功一套天經地義的侵略觀念，大言不慚的高唱「日本是東亞的主人」和「日本是東亞的安定力」的謬論，寢假一變而成「大亞細亞主義」。自明治維新起，一直就栽植了四十多年的侵略禍根，到甲午一戰爆發以後，更其發揚滋長，迄於今日，一發不可收拾了。加之敵國所倚為侵略前鋒的利器，正是幕府藩閥的殘餘的浪人，所行所為，更是卑鄙無恥，絕滅人性的勾當。在日寇已視

9　東條：東條英機（1884-1948），侵華日軍甲級戰犯，日本軍國主義的代表人物，第四十任日本首相，是侵略中國和發動太平洋戰爭的首要戰犯之一。戰後被遠東國際軍事法庭以犯有發動戰爭、侵略別國、反人道罪等罪行判處絞刑。

此勾當為正當行為，認為是侵略時應有的措施，所以被侵略的國家，就更加被欺凌壓迫了。

　　日寇對外侵略，進至現在階段，它的侵略政策，依然還不出「以華制華」、「以華滅華」和「以戰養戰」的幾套把戲；對中國如此，對緬、印各地亦莫不如此。不問是軍事政治或經濟，它那一貫的侵略策略總是不變的。我們必須認清敵寇的猙獰面目，我們要澈底粉碎敵寇的惡毒陰謀，和它抵抗到底。我們如果不能把日寇消滅，則世界上將永無和平幸福之可言；整個的人類，亦將永無安寧與自由。消滅日寇，正是我們為了自身、為了民族、為了全世界人類所應積極負起的責任！

～～～～～～～～～～～～～～～～～～～～～～～～～～～～～～～～～～

元放由寧脫險抵渚喜晤賦呈

夏鼎文[10]

正氣三年□[11]虜廷，歸來罨□[12]悄揚舲。
孤忠耿耿昭天壤，萬目睽睽重典型。
客鬢未殊前度綠，家山無改舊時青。
參橫斗轉風淒夜，政要君為北極星。

～～～～～～～～～～～～～～～～～～～～～～～～～～～～～～～～～～

---

[10] 夏鼎文，字鑄禹，江蘇海州（今連雲港人），畢業於江蘇政法大學。國民黨政府時期曾任江蘇沭陽縣長。抗戰勝利後任江蘇第八區專員兼保安司令。關於其生平可參閱《海州文獻》第10卷第2期（1988年6月1日），治喪會撰〈故夏鼎文先生事略〉。

[11] 原版該字跡模糊，無法復原該字。

[12] 闕漏原因同上。

十二、「前漢」和「後漢」

在歷史上，每當一個大時代展開的時候，總不免有少數時代叛徒、民族敗類，喪心病狂，倒行逆施，只知個人利害，不顧國家前途，加深了民族國家的危險困難，其結果，也只造成了那些叛徒敗類自身的沒落毀滅。這不論古今中外，都是如此。不幸，我們中國在這抗戰的過程中，也產生了這樣的叛逆。

吾國抗戰，為的是爭取民族國家的自由、獨立、平等，這神聖的義務，這偉大的責任，正是我們每個國民所應當鞠躬盡瘁，努力以赴的；而竟有汪逆精衛等恬不知恥，甘心供敵人利用，出賣民族國家的利益，這不能不說是中華民族的奇恥大辱了！

所謂漢奸，當然和通常所說的奸臣賊子的意義不同。照懲治漢奸條例第二條的規定，通謀敵國，而有下列行為之一者，就是漢奸，就要處以死刑或無期徒刑。那些行為是：

一、圖謀反抗本國者；

二、圖謀擾亂治安者；

三、招募軍隊或其他軍用人工役夫者；

四、供給販賣或為購辦運輸軍用品或製造軍械彈藥之原料者；

五、供給販賣或為購辦運輸穀米麥麵雜糧或其他可供食糧之物品者；

六、供給金錢資產者；

七、洩漏傳遞偵察或盜竊有關軍事政治經濟之消息文書圖畫或物品者；

八、充任嚮導或其他有關軍事之職役者；

九、阻礙公務員執行職務者；

十、擾亂金融者；

十一、破壞交通通訊或軍事上之工事或封鎖者；

十二、於飲水食品中，投放毒物者；

十三、煽惑軍人公務員或人民逃叛通敵者；

十四、為前款之人犯所煽惑，而從其煽惑者；

所以，我們通俗一點講，漢奸也就是所謂賣國賊。

侵略者為了想收事半功倍的效果，最巧妙的方法，就是利用對方的叛徒敗類，製造傀儡，使對方發生內訌，坐收漁人之利，這正是侵略者一貫的策略，也不是現在才開始，歷史上可找的例子很多。就拿我國來說，例如五代時的石敬瑭[1]，勾結契丹，滿足了他想做兒皇帝的私欲，可是到了出帝[2]，也就滅亡了。又如北宋時金人內犯，最初利用張邦昌[3]，封他做楚帝；繼而又利用劉豫[4]，封他做齊帝；這兩個漢奸，都沒有好結果。滿清之滅明，也是利用吳三桂[5]、洪承疇[6]一般漢奸，供他驅使，可是吳三桂既無好結果，洪承疇也只列名貳臣傳中，這都是漢奸的下場。日寇以前之滅亡朝鮮，也是利用李完用[7]一流無恥的賣國賊；近在緬甸、菲律賓，甚至對於印度，也還是玩這一套把戲。歐洲方面，希特勒兼併各個大小國家，製造了各國的傀儡，都是師此故智，遂其陰謀。

日寇侵略中國，一向用的是以華制華的策略，利用一般漢奸，來實現他的侵略企圖，所以先後在華北、華中扮演「臨時政府」及「維新政府」的醜劇，自然是不會發生多大作用了；同時，敵寇鑑於中國國民黨在中國有堅固的基礎，力量很大，以為汪逆精衛在黨內稍有歷史，較之王逆克敏、梁逆鴻志等等，必定更有辦法，所以移轉目標，看中了他。在汪逆自己呢，也正為了領袖欲的關係，受寵若驚，就取王、梁兩逆的位置而代之了。

1　石敬瑭（892-942），即後晉高祖，五代十國時期後晉開國皇帝。本是後唐將領，後起兵造反，在契丹支持下稱帝，滅了後唐，改國號為晉。

2　出帝，即後晉少帝石重貴（913-974），石敬瑭養子。石敬瑭死後繼位，在位四年，契丹破其國，被俘送往契丹。

3　張邦昌（1081-1127），北宋末年宰相，金兵圍開封時，他力主割地賠款與金人議和，與康王趙構前往金國做人質。靖康之難後，被金國強立為「偽楚」皇帝，歷時一月。金撤兵後，遜位還政趙構，但迫於叛國時輿論壓力，終被賜死。

4　劉豫（1073-1143？），北宋末年被任命為濟南知府，後投降金人，被金人扶植為傀儡政權偽齊皇帝，配合金軍侵宋。後因與宋軍交戰失利，招致金廷不滿，被廢。

5　吳三桂（1612-1678），明末為遼東總兵，鎮守山海關。崇禎皇帝自縊後，他投靠清兵，幫助清兵擊敗李自成，又幫助清政府剿殺各地抗清義軍。康熙年間，清廷要收繳他的兵權，他起兵反叛，自封為「周王」，在西南一帶與清廷對抗。後病死於衡州。

6　洪承疇（1593-1665），字彥演，號亨九，福建泉州人。明末任薊遼總督，與清兵作戰失敗後，投降清朝。後隨清軍入關，被清廷任命為太子太保、兵部尚書等職。他向清朝統治者宣導儒家學術，建議清廷採納明朝典章制度，接受漢族文化，以鞏固清朝統治，為滿漢合流打下了基礎。

7　李完用（1858-1926），朝鮮王朝後期大臣，日俄戰爭後倒向日本，從事賣國勾當，1910年代表大韓帝國在《日韓合併條約》上簽字，被日本帝國封為貴族，但卻被韓國人視為賣國賊，多次遭遇暗殺。晚年死於肺炎。

敵寇也比前更進步了，從以華制華，進而為以偽制偽了。王逆克敏、梁逆鴻志等漢奸，雖然因為主子的關係，不得不把「臨時政府」和「維新政府」撤銷，而歸併於偽國民政府，但是心中都是不甘的。敵寇顯然已看出這一點，並且更願意把握住這樣的好機會，所以在華北方面，還是保存著特殊化的狀態。雖然「華北政務委員會」的主要人員，是由偽國民政府任命，而一切制度，卻是自成一系統。即以行政方面說，在華北方面，省的行政制度，係設省長，辦公處稱省長公署；縣設縣知事，辦公處稱縣知事公署；和寧偽組織所頒的制度，完全不同。到了後來，偽組織也將省制改為省長制，反而遷就華北了。還有一點，在偽臨時政府取消以後，華北各地還是掛用五色旗，說是什麼新民會旗，這完全是掩耳盜鈴的飾詞。最近雖已見有青天白日旗，但是仍和五色旗並用，這就可以想見華北一般漢奸，對寧偽組織是如何的心理了。同時，汪逆精衛亦感覺到不痛快，常常想派人去插足其間。所以時時造出空氣，說：「陳公博[8] 將要到華北去了。」一會兒又說：「褚民誼[9] 要去了。」但是華北仍是王逆克敏、王逆揖唐[10] 等漢奸之華北，汪逆是根本沒有辦法可以對付他們。至於「維新政府」的一般漢奸，至今也還保存一部分的力量，汪逆也無法可以去了他們。這完全是敵寇為之撐腰，因為敵人根本不願意一般漢奸的合流，使他們各個分立，互相牽制，一面既可使一般漢奸向主子獻媚爭寵，一面也就便於它自己指揮操縱，這就是所謂以偽制偽的辦法。一般漢奸，也未始不明白敵人的這套把戲，可是利欲薰心，只顧個人的切身利害，也就不得不甘心供敵人的利用了。

漢奸的分野，還有所謂「前漢」、「後漢」之說。當我由滬解寧，押在偽首都警察廳的時候，就聽到這兩個名詞，彼時還莫名其妙；後來才知道這所謂「前漢」和「後漢」，並非秦朝以後的朝代名稱，而是一般漢奸劃時期的代名詞。所謂「前漢」，就是指偽維新政府時代之一批漢奸而言。當然，北平之偽臨時政府之一批漢奸，也包括在內；所謂「後漢」，就是指汪逆偽組織之一批

8　陳公博（1892-1946），中共一大代表，後脫黨並加入國民黨，曾任國民黨第二次全國代表大會中央執委。後又追隨汪精衛，投靠日本侵略者，成為漢奸。汪精衛死後，他接替汪擔任偽國民政府代主席。抗戰勝利後，以通謀敵國罪被處以死刑。

9　褚民誼（1884-1946），字重行，浙江湖州人。國民黨元老，中華民國政客、外交官。抗戰時期淪為漢奸，在汪偽政府擔任行政院副院長兼外交部長。抗戰勝利後以漢奸罪被處以槍決。

10　王揖唐（1877-1948），中華民國政客。抗戰時期公開投敵成為漢奸，任偽最高國防委員會委員，偽全國經濟委員會副委員長，偽華北政務委員會諮詢會議議長。抗戰勝利後以漢奸罪在北平被處以死刑。

漢奸而言。在實際上，前後漢之間，確存有一種界限，所以常常會發生矛盾，發生衝突。他們因為各向他們的主子爭寵。像這種明爭暗鬥的事情，我想，不至他們大家整個崩潰的時候，也不會停止的。

敵人之於漢奸，當然，其惟一的目的，是在於利用。因此，所用的手段，最初是百計拉攏，唯恐不入其殼；但在漢奸們既入其殼以後，敵寇就完全拿他們做工具，而宰制一切了。

聽說汪逆精衛在未上臺之前，他的左右，有三種不同的意見：第一種是主張汪逆出洋，宣傳和平，等待機緣，再行回來；第二種是主張汪逆留滬，宣傳和平，不組織偽政府；第三種就是主張組織偽政府，從事和平運動。因為汪逆領袖欲熱，對於一般大小漢奸，又恐無法維繫，於是就不顧一切，甘為千古罪人，而組織偽政府了。

這個偽組織，大家都知道是敵人的傀儡戲，就是汪逆自己，也未始不知道這是傀儡戲；只是因為要滿足一己的私欲，就不惜賣國求榮，也不管這榮是什麼榮，總算在一個小小區域之內，過一下所謂領袖的癮了。你不看見麼？他不也是所謂「中央執行委員會」的主席麼？他不也是所謂「國民政府」的主席麼？他不也是所謂「軍事委員會」的委員長麼？他不也是所謂「最高國防會議」的主席麼？他不也是所謂「行政院」的院長麼？他不也是所謂「中國青少年團」的總團長麼？你不看見他也在淪陷區常常穿了戎裝，像煞有介事的自居領袖麼？說起來，實在可笑、可憐又可恥！

混水摸魚的玩意兒，本來是一般漢奸的拿手好戲，不料敵人也想玩玩了。敵人知道中國國民黨的力量不能打倒，就想利用黨內的敗類，遂行他的詭計；汪逆也知道敵人心理，也就利用敵人這種弱點，要求一切「還原」，用來淆惑國人的視聽，希望在混水中摸一些魚兒。其實國人早已看得清清楚楚，任他玩的什麼花樣都不會受他的欺騙，結果不但魚沒摸到，反而一天天的趨於崩潰之途罷了。

所謂「還都」，就是對一般老百姓說：中央又重行回到首都來了。這種把戲，有誰相信？但是儘管人家不相信，他還是很起勁的在那兒扮演，實在是可笑；國旗還是青天白日滿地紅，在最初還加上「和平反共建國」的小布條，後來連這小布條也取消了。汪逆已是國民黨的叛徒，可是他還要捅起國民黨的牌子，並且要加上「純正」二字，說他才是「純正的中國國民黨」。偽國民政府

主席，最初還是推林故主席[11]，到後來才由汪逆自己擔任。政治組織方面，也還依舊實行五院制度。總之，凡是中央所有的一切，他都要照樣的來一套，這樣的滑稽醜劇，實在是古今中外所絕無，你說他可憐不可憐呢？

　　汪逆偽組織成立後不久，就於二十八年十一月三十日，和敵寇簽訂了所謂《關於中華民國日本間基本關係條約》，接連復和敵寇及偽滿洲國發表所謂〈中日滿共同宣言〉。於是，汪逆賣國的勾當，就完全暴露於世。而他和偽滿所發表的共同宣言，也就是他在所謂「豔電」裡所說的東北四省問題之合理解決的辦法了。到了三十年五月，汪逆又受敵人的挾持，不得不去「偽滿」做一次什麼訪問。其先，汪逆左右都很反對，說是汪逆以前曾經謀刺過攝政王，此次寧偽承認偽滿，已是無可如何；今若再去訪問，實在很難自處，但是汪逆已早俯首聽命於敵，更有何法可想，只得勉強去走一遭。聽說汪逆到了偽滿後，敵人要把行於偽滿的辦法，行之於寧偽；敵人在偽滿的辦法，是各部分的長官，由滿人擔任，次長就要由日本人擔任，而一切大權，實際都操於日籍次長之手。所謂長官僅居名義而已。敵人因此法巧妙實惠，所以也想要施之於寧偽了。汪逆回寧以後，曾經召集偽組織內次長一階層的人員談過一次話，汪逆在當場聲淚俱下，說是大家再不努力，將要做「偽滿洲國」第二。其實他早和「偽滿洲國」一樣，做了敵寇的奴隸了。

　　三十二年夏間，敵國議會開會，敵酋東條在議會宣布了所謂「對華新政策」，要加強寧偽組織，不久就宣布於八月一日交還上海公共租界，同時，逼著法國維琪政府，於七月卅日交還法租界。說是完成中國的獨立。寧偽組織也大事宣傳，說中國已完成了獨立了。我想，凡是稍知這幕醜劇內容的人，一定要感覺啼笑皆非。敵寇因為中國已和美英等國訂立平等條約，中國各地的租界，已經不復存在；為要欺騙淪陷區一般民眾，乃故意扮演這一幕醜劇。但是交還後的結果怎樣呢？寧偽組織把公共租界改為第一區，法租界改為第八區（聽說近已合併成為一區）。在第一區設第一警察局，在第八區設第三警察局，各有日籍副局長一人，而一切大權，都是操之於這日籍副局長之手，這就是上面談到的行於偽滿之法，敵寇原想推之於寧偽的，現在，就先在上海開始

---

[11] 林故主席：指林森（1868-1943），原名林天波，字子超，號長仁，自號青芝老人，別署百洞山人。福建閩侯縣人，近代著名政治家。民國開國參議院議長。1931年12月23日，接替因「九一八」事變而下野的蔣介石任國民政府主席。1941年12月9日，他代表國民政府對日宣戰。1943年8月1日因車禍在重慶逝世。

實行了。這兩區的分局長，有好多也簡直全由日人擔任，乾脆不要寧偽過問；以前法租界存在的時候，敵寇還不便插足，現在已和公共租界一樣完全歸敵寇控制了。所以敵人不特沒把租界放棄，反而擴大了，這就是日本的所謂「對華新政策」，也就是避名就實的辦法，較之以前格外來得利害了。

敵人時時宣傳說要加強寧偽組織，而汪逆也常常要求敵人予以加強；但是實際上怎樣呢？現在請大家看一看下面一段記載：

> 偽代表：剛才要我說一點不客氣的話，我且來說一件事，東京方面的空氣，對於強化「國民政府」一事，是非常熱心加以援助的；但一部分卻並不如此，這點我覺得非常遺憾！剛才你（笹川良一）說常到中國旅行，那麼對於那邊的事情，一定是很熟悉的了；我這次渡日，日本朝野各方面，都對我很優待尊敬，但是我在中國，常常碰到毫無特別理由，卻要我在日本人之前不能不低頭的一類事情。所以，國民政府的要人，有時也往往不能保存面子，行使職權。
>
> 現在中國國民政府想做些什麼，大抵非先得日本方面的同意不可，可是須得同意的機關非常之多：有陸軍，有海軍，有興亞院，有大使館等等；而且這些機關之中，又有許多機關，必須和這些機關全體都談過，都要得到他們的同意，然後才可進行。要是其中有一個機關不同意的話，那就什麼都不能辦。在這種狀態之下，要國民政府施行善政，不是無理的要求嗎？重慶方面人士，不過來與南京同流合作，亦即為此。

這是一個偽代表於三十一年七月到日本去，在日本國民新聞社座談會上所發表的一段談話，從這裡，就可以看出敵人對於中國一貫的侵略政策，始終沒有變更，而且加甚；同時也可以看出敵偽之間，是如何的情形、如何的關係了。

汪逆的成立偽組織，大家都知道是在五個「延期」之下，勉強又勉強，無賴又無賴，極端尷尬的局面裡湊合而成的。汪逆深知自己在武力和財政兩方面，都無辦法；組織方面，更是割裂空虛，一無成就。夢想著敵寇「支持」他「建軍」，渴望著敵寇「基於長短相補有無相通之旨趣」，「予以所要之援助」。然而，一切都是幻夢，從汪逆送交敵方的「新政府成立前所急望於日方

者」的誠惶誠恐的陳情表裡看出來，「兒皇帝」除了要一點少得可憐的經濟援助，日方還要七折八扣討價還價之外，也只能提出希望開放長江，接辦京滬線通行證，和接辦南京城門車站檢查的幾件小事，希圖「改善人民心理，變更人民觀感」而已。

一般漢奸，都有一種奴隸根性，都以能和敵人親近，算是無上光榮。我在〈獄中感懷〉詩裡，曾有「最是無情江上水，依然不盡向東流」之句，就是指此而言。寧偽組織在他成立的一二年中，就是忙著派人到日本去受訓，那種現象，實在是丟盡中國人的臉。我曾看見過偽滿洲國發布的《四海清明》畫冊，中間都是關於二十九年溥儀到日本去訪問的照片，內中有倭皇到東京車站去迎接溥儀的一幅。汪逆也曾去過日本幾次，可是只見汪逆到倭皇宮去謁拜而已。敵人所寫的歡迎標語，也只是「歡迎汪精衛閣下來觀」的字樣。敵人主張中國和日本的關係，要同父子的關係一樣，我想，汪逆也很願意做敵人的「兒皇帝」吧！敵人曾贈汪逆海鶼號飛機一架，駕駛員都是日人，實際等於監視，而汪逆還以為是敵人的無上恩典，真可謂不復知人間有羞恥事了。

上面不是談過一般漢奸都以能和敵人接近為榮麼？假如再能和倭皇一見的話，那更足以顯宗耀祖了。偽組織宣傳部長林逆柏生[12]，就曾經鬧過一次笑話：他曾以「中國新國民運動促進會祕書長」的名義，於三十一年十月到日本去視察青少年運動實況，十月二日到達東京，十月三日的滬寧偽報上即大事宣傳，刊載林逆於二日在東京接見記者的談話：「此次本人奉派東來考察貴國青少年組織訓練，並出席興亞大會。今晨得有機緣，覲見天皇陛下，藉表中國青年無上之敬意，天皇陛下對於敝國政府及國民，關懷至深；對於東亞前途，繫念尤切！德音所被，感奮兼極。」云云，誰知他根本還未見到倭皇，就發表這一套鬼話，敵駐寧大使館認為是誣衊倭皇，就提出質問，寧偽組織只得更正道歉。聽說汪逆還為了此事，氣得把桌子推翻，這不是古今中外所沒有的奇事麼？

汪逆對於陷區一般民眾宣傳，可說是極盡欺騙蒙惑之能事：他根據敵酋近衛聲明，說敵人對於中國，沒有領土的要求，沒有賠償軍費的要求，只希望中國善鄰友好，共同防共，經濟提攜，不但尊重中國之主權，且將扶植中國完成獨立。可是按之實際，是不是如此呢？我們把所謂「日支新關係調整綱要」

---

[12] 林柏生（1902-1946），字石泉，廣東信宜人，早年擔任汪精衛祕書，後成為汪偽政府行政院宣傳部長。1946年10月8日以漢奸罪在南京被處決。

——即日汪密約，打開一看，就可以知道完全不是這回事：敵人是想以所謂「日滿支」建設「東亞新秩序」做煙幕，把中國置於日本奴役之下；拿「善鄰修好」做甘餌，實行他政治侵略的野心；用「經濟提攜」做手段，實現搜括資源的企圖；以「共同防共」做幌子，達到華北駐兵和治安上認為必要駐兵的目的；並且還要占領沿海島嶼，還要寧偽賠償他事變以來日本臣民在華所受權利利益之損失。至於其他所謂「特別之便利」、「必要之便利」，更是無厭之求了。可憐汪逆還特別成立「宣傳訓練班」，還憧憬著所謂「二年期滿撤兵」的幻想，口口聲聲「和平運動」，試問陷區民眾，誰會相信？

　　本來我們中國有幾千年的歷史，日本真是後進小子。以前我們講到中日關係，都是自己稱兄，稱他為弟，這還是謙遜之詞，以示我大國風度。可是汪逆現在就不然了，每次演講，開口閉口都說日本是先進國，稱他是老大哥，就以小弟弟自稱了。大家想日本人總可以滿意了；但是事實上日本人還以為未足，下面有一段記載：

> 「赤尾敏[13]：（大日本皇道會）有一件事，是我要問的，我想，要實現「四海一家」的理想，單靠聯盟是不行的，必須有一個中心，沒有中心，只有橫的結合，真正的和平，是不易實現的；日本與中國的關係，我以為不是兄弟的關係，應當按照父子的關係做去才行。所以中國不可只把日本當作兄弟看待，必須要信仰日本，說來就是信仰天子。現在日本既是大東亞的中心，那麼日本就是天子，中國應奉天子之教。因此，三民主義若不在這裡歸附統一起來，我想中日關係，是很難圓滿進行的。」

　　這也是上面所說偽代表在日本國民新聞社座談會裡的一位日本代表的一段談話，但出於日本人之口，顯然是給偽代表的教訓，他要中國做日本的兒子，可見日本對中國究竟是怎樣的態度了。汪逆在二十九年十一月對日寇所謂「二千六百年紀念」的廣播，盛讚「八紘一宇」[14]之國策，甚至頌之為「愈久而愈

---

[13]　赤尾敏（1899-1990），日本極右翼政客，早年曾任日軍將領，成立反共暴力組織「建國會」，後又成立右翼組織「大日本愛國黨」。多年一直堅持親美反共立場，成為日本極右翼的標誌性人物。

[14]　「八紘一宇」：是日寇當年宣揚大東亞戰爭正當性的用語，意為「天下一家」。「八紘」語出《列子・湯問》：「渤海之東不知幾億萬里，有大壑焉，實惟無底之谷，其下無底，名曰歸墟。八紘

堅，愈進而愈勇」，還要「恭祝」敵寇「國祚綿延隆盛，億萬斯年言」！這真是「兒皇帝」喪心病狂，出醜獻媚了。

一般漢奸，對於和平運動，根本是沒有信心；他們的中心，便是「撈錢」。這一點，日本人看得也很清楚。在去年六月裡，上海《申報》（早已變了質）披露了日人吉田東佑的〈兩種親日派〉一文，他的內容說：

> 「在十二月八日以前，能夠和日本接近的，只有兩種人：即是犧牲比生命更重要的自己的名譽，而求國家存亡之出路的人；或自始就沒有可犧牲的名譽，為了金錢，什麼都想幹一下的人。在所謂親日派中，是這樣玉石不分的。這裡想將真正親日派呼為第一種親日派，後者呼為第二種親日派。第二種親日派，開頭就易成為所謂漢奸的素質，在他們眼裡，沒有中國，也沒有日本，無非是自己的利害關係。因此，和平運動的終極目的，雖然在於全面和平，但全面和平如有威脅他們的地位之虞，則就要妨害全面和平的進行。所以，第一種親日派是愛國者，第二種親日派是漢奸。」

這是日本人的論調，我們根據他的分析，來觀察一下所謂「和平分子」的素質，有哪一個是值得稱為愛國者？可說是沒有。可說都是「為了金錢什麼都想幹一下的人」。汪逆精衛是如此，陳逆璧君更是如此，其他大小漢奸，亦莫不如此。我在南京的時候，就常常聽到一般漢奸說：「什麼和平運動，還不是鈔票運動。」這一類的話，不是很明顯的道出漢奸內心的隱衷麼？聽說有一次，一個日本人袖藏一張漢奸囤貨價額調查表，去見汪逆，先問汪逆：「中國夫妻財產制，夫妻間係聯合共有，抑係分有？」汪逆不知來意，當時回答：「中國法定財產制，係夫妻聯合共有。」那日人就拿出那張表來，表上首列為第一名的就是陳逆璧君。當問汪逆說：「陳的囤貨，當然是與你共有的了。」當時汪逆頗為難堪，不得已就下令取締囤積。但是囤積者都是一批大漢奸，結果也就不了了之了！

可是到了本年春間，大概因為一般漢奸弄錢太多了，和日人在利害上發生了衝突，日本顧問部就掀動一件轟動一時的大貪污案，強迫偽政府要嚴厲懲

九野之水，天漢之流，莫不注之，而無增無減焉。」今日本宮崎縣傳說中的神武天皇出生地，仍有「八紘一宇塔」，是用日本各地以及日軍從亞洲各地名勝古蹟掠奪來的石料建成的。

辦，偽政府被迫得無法，只好藉著「肅清貪官污吏，推行廉潔政治」的美名，把偽糧食部長顧寶衡、偽次長周乃文、偽江蘇省糧食局長后大椿、偽糧食部蘇省常嘉區米糧採銷辦事處長胡政諸人，予以免職送交所謂特別法庭審理，尋將后大椿、胡政二人判處死刑，於三月十五日執行槍決。至顧寶衡、周乃文二人，則以偽政府力為包庇，僅僅判處顧寶衡七年有期徒刑，周乃文十年有期徒刑。但是日本仍不滿意，有說二人亦已於五月間槍決。而耿逆續之，也為了本案，畏罪自殺。據偽政府宣布后大椿、胡政二人的罪狀是：「后大椿利用糧食局長之職權，自去年四月起與奸商及關係當局者，協同進行米糧之投機囤積密輸轉賣等不法行為，其所得不正之利，達一千四百餘萬，且將價值四百五十萬元之麵粉祕密輸往上海地區，並曾不法處理自大都市運抵之物資，而又侵吞公款。至胡政則自去年四月就任採銷處長以來，即與關係當局數人，共行利用收買米糧機會，以收買米糧價格及呈報價格之差額，暨許可特約商之自由收買，侵吞公款等不法行為，共得一千六百八十餘萬。」聽說此案牽涉的人很多，日本顧問部所開舞弊人員的名單，一共有一百餘人，總額是二十萬萬，除了納賄在五十萬元以下的免予追究之外，尚有五十七人，其中納賄數額大至四五千萬的，也有好幾人，這一幅貪官圖，已把一般漢奸要錢不要命的原形，充分暴露出來了。

淪陷區內社會風氣之壞，可說是達於極點：煙賭娼是完全公開，普通人家都可以鴉片招待來客，售吸所遍地皆是；賭場妓院更是無處無之。堂會之風，也是盛極一時，一般大小漢奸，常常藉著不相干的所謂喜事，鬧著玩堂會。身居其地，真有不勝人間何世之感！

為什麼會有這樣的現象呢？這當然是漢奸們心理狀態的反映。由於一念之差，便發生心理上各種變態：在第一個階段裡，真所謂：「其始也覺日人之易與，其繼也覺日人之可親，其終也始發現日人之可畏，而已晚矣！」於是，只有：「則亦惟有順從之惟恐不及，極其所至，不用思想，不用考慮，只以日方之結論為圭臬，不復念及其所以達此結論之理論與理由。」等到第二個階段，漢奸們一面感到敵寇之可畏加深，一面又恐怕敵寇真個實現他的「偽政權不必要論」。同時知道已整個喪去了全國的同情，失落了民族的壁壘，既有被敵寇遺棄的可能，又有為國人共棄的事實；進退失據，自然狼狽萬分。更明知天理不容，國法難恕，本身的生命，已經成了「釜底游魚」，於是，原來就是以圖一己的私利做出發點的，就更進而為圖一時的享受，自然，生活日趨墮落，行

為更加腐化。陷區人民的痛苦，也就日甚一日了。漢奸們都高唱「過一天算一天」的哀歌，說起來，固然是一般漢奸麻木不仁，毫無心肝；實際上，何嘗不是在慢性自殺，從刺激裡找麻醉，從享樂裡找毀滅呢？

　　漢奸的沒落，是必然的，是毫無疑義的。在皇皇華冑的我全中華民族面前，在偉大光明的正義之前，必然要宣告所有漢奸們的死刑，為國家伸法紀，為民族除奸類，為世界張正氣。就是漢奸們自己，也自知必然沒落的。漢奸們有幾句口號：一句是同甘共苦，一句是同生共死。我想他們的所謂生，還不是苟延殘喘的生；所謂甘，還不是一時享受的甘，結果是，眼前逃不了精神上的痛苦，將來免不了身體上的痛苦；眼前免不了靈魂上的死亡，將來免不了生命上的死亡。所以在偽組織舉行所謂「還都三週年」的時候，厚顏無恥的頒發「同光勳章」時，就聽到紛紛的說：「『一同光』的時候，快要來臨了！」的確，整個大小漢奸一同光的時候，快要來臨了。漢奸們有此預感，我們更認為是必然的事實，大家請靜候著拭目以待吧！

十三、「等天亮」

我國的抗戰，已歷好多個年頭，陷區的同胞，在敵寇的鐵蹄之下，過著被壓迫的生活，受著水深火熱的痛苦，寧偽組織又甘供敵人的利用，做種種歪曲的宣傳，以期淆惑視聽，麻醉人心。但是結果怎樣呢？簡單明瞭一句話：「陷區人心未死！」陷區同胞，雖在敵偽淫威之下，不得不隱忍耐受，可是內心裡沒有一個不是蘊蓄著憤恨的情緒，和暗燃著一股復仇的烈焰，一遇爆發的機會，就可予敵偽以致命的打擊。所以，在陷區裡，可歌可泣的事，常常發生。他們無日不在企求抗戰的勝利，無日不在希望做一個完全獨立自由的國民！

我在離開看守所，過著軟禁生活的時候，曾設法以就醫為名，得到寧偽組織的許可，去過上海，主要就是為了觀察陷區一般人心。留在大後方的人，總以為上海市民是醉生夢死的居多了吧？但經我細細觀察，其實不然，我深深感覺到上海的人心未死，我精神上格外為之興奮。敵偽方面，早已在上海辦理保甲，在一方面說，固然因為有了保甲，對於敵偽所謂防衛工作，可以得到便利。可是在另一方面說，也正因為有了保甲，上海市民無形中也有了組織了。一旦局勢轉換，必可利用保甲，對國家有所貢獻。可說上海市民，大都有這種感覺。聽說上海在辦理保甲的時候，敵偽在跑馬廳舉行一個盛大的典禮，事前偽方人員曾多方活動，務使一般市民在升日本旗的時候，熱烈鼓掌，以博敵歡。可是在舉行典禮的那一天，升國旗的時候，參加市民，一致熱烈鼓掌；及至繼續升日本旗的時候，情形就完全不同，掌聲極其寥落。當時臺上偽方人員，異常狼狽！即此一點，已可見上海的一般人心了。

敵寇也常利用公共場合，測驗民意。有一次在上海大光明影戲院，開映影片之前，於映出國父遺像之後，忽映出總裁肖像。觀眾驟然睹此，一致熱烈鼓掌，嗣又映出汪逆照片，全場卻寂無表示。敵人惱羞成怒，把所有門戶一齊關鎖，重新開明電燈，一定要大家說出理由。相持多時，有一位學生挺身作答：「以前生活程度很低，大家生活不感困難；自汪精衛發起和平運動以後，反而米價一天高漲一天，大家沒有得著一點好處，叫人民怎樣來擁護呢？」這當然不是真正的理由，但敵人也只好藉此下場，不再無理苛求了。

各地的紳耆，因為家鄉不能安居，寄寓在上海的很多。我在上海的時候，曾會見了好多位（因為他們現尚住在上海未便宣布姓名），大家信念都很堅定。大家都在含辛茹苦，守著晚節，對於敵偽的威脅利誘，毅然決然予以拒絕。這種風格，實在值得敬佩！

更有一部分教育界同志，情形格外艱苦。因為自三十一年十二月八日以後，上海環境，較前更為特殊，所有學校，都已由敵偽接收。一般有志之士，紛紛退出，甘自苦守。因為生活程度高漲，有的在經營小本生意，藉資維持；有的彼此實行通財之義，大家共度艱苦生活。大家都在「等天亮」。這種情形，不也同樣值得佩仰麼？

至於一般青年學生，對於擁護中央的情緒，更是熱烈！能夠內移的，都極力設法，不避艱險，不辭勞瘁，一有機會，就百舍重繭的顛沛流離來到後方，投入祖國的懷抱。其餘現留陷區的，雖然因為環境的關係，不得不進偽方的學校；但是心裡都是極端不願意的。有許許多多的學生，都是瞞了家庭，騙了旅費，間關千里的跑到後方來，尋求光明。更有許多偽組織裡所謂「要人」的子弟，為了憎恨其父兄的漢奸行為，逃出家庭，祕密來到後方，也是常常聽到的事情。在去年四、五月中，偽報上常常披露華盛頓將要舉行四強會議的消息。有一家報紙在新聞中間忽然刊有總裁肖像，一位朋友來對我說，他家的許多孩子，看見之後，都表示一種說不出的歡忻之狀。其實何止一家，這正是很普遍的現象。

偽組織方面，也辦有所謂「中央陸軍軍官學校」。汪逆並常常去做所謂「訓話」。可是，任他胡說什麼「智深勇沉」，和什麼「和則一，一則多力」，以及什麼「日本是前方，中國是後方」等等，或是曲解聖經賢傳的謬論，或是靦顏頌敵的夢囈，那些學生們總是內心反感極深的，只是在表面上聽著而已。據說學生們有他們自己的目的，他們的忍受屈服，是別有用心的。有一次，汪逆「訓話」，不免對總裁有攻擊的言詞，散會之後，一般學生怎樣談呢？「我們校長，不在南京，任你罵好了，現在我們也沒有辦法。」可見在他們心目中的校長還是總裁，並不是汪逆；他們的最高信仰，是另有所在，也不是汪逆。汪逆所希望造就的幹部，為了妄想敵寇「支持」他「建軍」的幹部，尚且如此，其他也就可以想見了。

偽組織機關報的《中華日報》，曾經鬧過一次很大的笑話。有一天，在小廣告欄裡，竟發現「打倒汪精衛」五個小字，當時《中美日報》和《正言報》

等，都特地把這廣告，照相放大製版，刊入新聞欄裡，以事宣傳。不料在偽報裡，竟有這樣的有心人。我想，汪逆當時見了，定要為之驚心動魄不止的。

偽組織所發行的偽鈔，數目是相當的多。陷區的同胞在不得已而接受時，往往隨時用出去，雖然敵偽很嚴厲的禁止使用法幣，但在得到法幣時，卻都什襲而珍藏之，非至萬不得已，輕易不肯拿出來。這也可見人心向背了。關於偽鈔方面，曾發生一件使敵偽哭笑不得的趣事，就是設計偽鈔圖案的，竟是一位有心人。他在各種圖案內，都嵌有一種使人不易覺察出來的有意義的文字和圖畫。如偽幣的伍角券，就嵌有「中央馬上來」的字樣，偽幣的拾圓券，就嵌有多個的半面龜形，到了後來偽組織才覺察到，但已無可如何。因為發行數量太多，收回勢不可能，只得照舊流通，這不是一件很有意義的事情麼？

偽組織於三十年七月，設立「清鄉委員會」，在蘇、浙各地，開始所謂清鄉工作。名為「肅清土匪，確保治安」，實則藉此機會，大事搜括，所以各地都有「清鄉清箱」之諺。民眾怨恨，達於極點。汪逆精衛曾經到過清鄉區視察數次。聽說有一次到了青浦，地方漢奸特開歡迎會以示獻媚，強迫一般民眾去參加，到了開會終了時候要呼口號，中間有一句本是「汪委員長萬歲」，而在臺下領呼的是一位年齡較大的人，不知怎樣，竟呼出「蔣委員長萬歲」，汪逆在臺上大討沒趣，連呼「糊塗糊塗」，竟不歡而散。其實一般民眾，何嘗糊塗，汪逆才真糊塗呢！

有一個時期，寧偽組織和「偽滿洲國」交互組織參觀團，彼此參觀。有一個團員回來對我說，他們到偽滿洲國後，日人監視極嚴，很難有機會能和當地人民接近。有一次，他利用晚上，偷出去到一家紙煙店買香煙，趁空進入該店後屋，找店裡人員談談當地情形，大家都在怨恨敵人壓迫，希望中央能夠早日前去收復失地。這是出諸漢奸口中的話，各地人心如何，不是很可以看得出麼？

所謂「等天亮」，在淪陷區內已成了一種很普遍的諺語。大家認為最後勝利為期不遠，不久就要天亮，吃苦也沒有多時，所以大家都毫無怨恨的在挨苦等著天亮。我想這正是中華民族復興的徵兆。一旦青天白日滿地紅，光明重新到臨，大家就可以過著快樂的生活，曙光已見，天亮在即，大家等候著吧！

十四、脫險歸來

　　在我離開偽看守所的時候，偽組織方面曾對我有不得離寧的限制。我自己也總覺得奉命到蘇工作，沒有表現一點成績，反而陷於敵偽之手；如果再不因利乘便，趁這機會，容身魔窟裡面，直接或間接發生一些作用，實無以稍贖過去失職之罪。因此，也就不避艱險，也顧不得流寓在迢迢萬裡外毫無憑藉的八口之家，遲延復遲延地在險惡的魔窟裡等待機會。在這個期間，我不敢說對於國家有多大貢獻，但敢自信，對工作一點上，我總念茲在茲，竭盡心力，去謀開展。

　　然而身陷虎穴，總覺成功的可能太小；同時，又和中央斷絕消息很久，得不著工作上的指示，轉不如設法逃出魔窟另做打算為佳。主意決定了，就做逃走的準備。我曾在三十一年十月二十六日和去年三月二十四日，先後到過兩次上海。因為我有不得離寧的限制，所以都須預先得到偽方的許可。表面上都是為了去醫治痔疾，真正的原因，還是測驗偽方對我的態度，為以後脫走的地步。一次上海，二次上海，也可以逐漸減少偽方和一般人對我行動上的注意。這也是我這次能安然脫險，沒有遇到什麼困難的原故了。

　　到了去年七、八月間，我就常和李文齋[1]、王益厓諸同志商量脫險的準備，同時得到了三民主義青年團諸同志的協助，才在去年八月二十六日，由寧脫險。同行的一共四人，就是我和李文齋、王益厓、張百成諸君。此次脫走的路線，是出南京中華門，乘京蕪鐵路火車到當塗，再雇民船泛石臼湖，輾轉各地，而後到了高淳縣屬的東壩，才算離開危險地帶。我們在當塗所雇的民船，原是附拖在滿載敵兵開赴高淳縣城的輪船後面的，別人見了，還以為是護送我們。而在我們各人的心理上，就完全不同了，惟恐會來檢查，那後果就不堪設想。到了中途，民船離開輪船，轉入石臼湖的時候，又適逢雷雨，等到雨停再進，時已深夜，湖中又不能泊船，只得在黑夜中泛湖過宿。事後聽到人家說，石臼湖那時最不太平，假如不是遇雨，日裡泛湖，反而恐怕要遇著盜賊，是又不幸中之大幸了。在將到東壩的時候，又遇著雷雨交加，曠野無處躲避，我們

---

[1]　李文齋（1899-1988），原名恭安，山東曹縣人，抗戰時期任國民黨南京市黨部主任委員及中央黨部組織部設計委員。抗戰後當選「制憲國民大會」代表、「立法院」立法委員。

幾人都是滿身淋漓。雖是一再遇雨,也澆滅不了我們投奔祖國的熱忱!我們在狂風暴雨中,仍然回到了光明自由的祖國。

現在,我已踏進了陪都之門,完全恢復了我的自由。在我未離寧以前,雖然此身被關在黑暗之中,而此心無日不在企求光明。現在回到光明的地帶,正益發要我們去爭取民族的新生,帶給淪陷區同胞以更大的光明!

我在偽看守所的時候,曾經拍過一次照,是以一個籠鳥做背景,取喻於「籠中鳥」的意思。現在,我已是奮飛籠外之鳥了。陳含光[2] 先生以前曾為此小影,題贈過我一首五律,現在錄在下面,來做這篇《歸漢記》的結束吧!

　　　眾鳥各趨食,嗟茲籠裡禽;
　　　不鳴羞屈節,相對暫開襟。
　　　天地巴渝遠,風塵歲月深;
　　　奮飛終一決,去作鳳巢林。

---

[2]　陳含光(1879-1957),名延韡,江蘇揚州人,清光緒舉人,近現代著名書畫家、文學家、史學家。

附錄

（一）呈　中央報告三年來在滬寧兩地羈囚經過

三十二年十二月二日

　　竊職[1]於二十八年冬，奉命調任江蘇省黨部主任委員，自審庸愚，難勝重任，祗以蘇省環境特殊，未敢言辭。為期推進各縣黨務，配合軍政，發動抗戰力量，經決定分區召集各縣書記長會議，親任督導。時本省黨政機關，均在蘇北興化縣城辦公，當依據交通狀況按次召開第六、第五、第四各區書記長會議，並沿途視察各縣黨務。迨至二十九年六月，復赴滬推動江南各縣黨務。其時寧偽組織業已出現，對於中央工作人員，偵查頗嚴，咸已視上海為畏途。職以職責所在，冒險到滬，先後召開二、三兩區書記長會議，並以奉令推展學校黨務，又召開蘇省遷滬各中小學校長談話會，商定實施辦法，所有工作經過，前經呈報在案。在滬任務，原已告畢，正擬遄返興化，再赴八、九兩區之徐海各縣，督導黨務。詎於同年六月二十三日下午九時，為敵偽偵知，派兵警圍捕，銬押於公共租界工部局中央捕房，繼押敵憲兵隊本部，嗣又移押偽特工總部，經幾度傳訊，後方正式引渡，由捕房而憲兵隊，而偽特工總部，輾轉均歷二次，備受荼毒。職以參加革命，早許身黨國，過去所任教育及黨務工作，均居指導地位，稍有苟且，何以為人，且敵偽蔑視國人之人格，對於被逮者，惟以嚴刑相脅，重利相誘，以為可以此箝制一切。意志稍不堅定，非但自毀人格，且足以長敵寇輕侮之心，而使惡勢力益得以悉行無忌。故抱定不屈之旨與之奮鬥。其後敵偽以職未為所動，乃於七月十五日押解南京，初押於偽首都警察廳，職態度如故。復於八月十七日，改押於偽南京區看守所，敵偽復施以脅誘，職終未置理。至三十年十月，以職宿疾復發，所中醫治不便，始准暫釋出外就醫，遂於十月卅一日出所，共計幽囚歷一年又四個月。時適偽感化院改

---

[1] 竊職：下級給上級的文書中對自己及所任職務的謙稱。

附錄　301

組，新任院長馮某，原為職以前由滬解京時押送之人員，聞職出看守所，堅邀寄住該院。因念及一般難友之艱苦情形，倘得與該院接近，或可相機勸導，使其改善待遇，於難友不為無補。遂毅然移住該院，結果幸尚不負所期。至三十一年五月，該院又行改組，乃於同月十五日遷出另住。當職出看守所時，原有不得離寧之限制，敵偽仍於暗中派人監視，無異軟禁。竊念既被羈囚，不得為黨國積極工作，則在此羈囚過程中，如何本不屈不撓之精神，以表現獨特之人格，使已參加偽方工作者，因以懷慚，徘徊觀望者，因以覺醒，亦不無消極作用。故自出所以後，苟利國家，未敢自逸，每於對客接談之頃，隨時暗示以抗戰必勝之理，對於偽方軍事人員，更隱勖[2]以養精蓄銳，待機報國。凡足予敵偽以打擊者，不敢不盡心力之所能及，期圖少效。同時對於如何解除一般難友之痛苦，尤常縈於懷，未能一刻恝置，除隨時予以精神上之慰藉外，並盡可能予以物質上之接濟。職在患難中所受各方及友朋之饋贈，約達十四萬餘元，除個人日用之外，悉用以接濟難友。收之既不敢苟，用之尤不敢專，此亦不過行心之所安而已。自維數年以來，一言一動，悉本中央立場，未嘗稍有違背。以是歷時稍久，初之對職敵視者，或變而尊敬有加，在離看守所以後，每日過訪晤談者，絡繹不絕，應接之忙，出人意表。此外請書對聯條幅或題詞者更多，約計不下千件之數，率以用作紀念為辭。更有偽特工人員結婚，邀去為之證婚者。凡此種種，原非職之精神所能感召，實由中央德威遠著，有以致之。去年十月及本年三月，曾設法得偽組織之許可，去滬二次，名為醫治痔疾，實則藉此測驗偽方對職之態度，以期減少一般人對職行動上之注意，而為以後脫走之地步。在此期內，苟欲脫走，亦非絕無機會，顧以上述原因，遂為之躊躇不能決。本年四月，吳委員開先離滬西上，曾託其代為轉陳，繼恐難奉核示，經與前南京特別市黨部主任委員李文齋及前戰地黨政委員會指導員王益厓諸同志幾度集商，始決定離寧之準備，並得三民主義青年團諸同志之協助，遂於八月二十六日，與李、王二同志及張君百成，一同潛行出寧之中華門，乘車至皖之當塗，再雇舟泛石臼湖，而達蘇之高淳縣屬之東壩，始行脫離險境，重睹光明。嗣即由東壩而張渚而屯溪，轉歷浙、贛、閩、粵、湘、桂、黔各地，於本月之一日，到達陪都。計自被劫以迄脫險，在滬寧兩地，羈囚歷三年二個月又三日。在此期內，以死自誓，未敢稍渝所守，硜硜[3]之愚，諒邀明察。顧一

---

[2] 隱勖：暗中鼓勵。

[3] 硜硜：鄙陋而愚頑的樣子。自謙語。

念及奉職既已無狀，臨難又未成仁，此次全軀歸來，實深愧惡。除前已電陳大略情形外，特再臚舉三年羈囚經過，伏乞

　　鑑核。

（二）獄中吟暨詩和作輯存

獄中感懷

茫茫人海復何求，悄悄無言獨倚樓。卅載浮生渾似夢，四郊縱目但增愁。
空餘熱淚傷京國，敢望殘軀葬故丘。最是無情江上水，依然不盡向東流。

（三十年六月）元放

羈棲數載轉得清趣賦此解嘲

忽忽羈棲歲幾遷，輕庸[4]深幸得休肩。早甘澹泊堪明志，且避紛囂學悟禪。
屈子[5]離騷留一卷，文山[6]正氣抱遺篇。此心皎皎猶如昔，明月時縈魂夢邊。

（三十二年六月）元放

羈囚倏忽三載賦此述懷並答謝關愛諸公

江淮行役愧無功，三載羈囚足反躬。每念全軀違素志，敢云仗節矢孤忠。
澄清有願寧辭瘁，冰蘗能甘詎怨窮。報慰故人惟一語，艱虞歷盡氣逾雄。

（三十二年六月）元放

1、次韻

一

本無欠缺莫他求，高節如憑百尺樓。處困不憂天地窄，閒吟一散古今愁。
奸人謀孽憐坡老[7]，黨事羈縻壯太丘[8]。竊為先生聊取譬，一輪明月大江流。

4　輕庸：猶言「不才」，是表示自己才幹平庸的自謙語。
5　屈子：屈原，著有《離騷》。
6　文山：文天祥，作有〈正氣歌〉。
7　坡老：指蘇東坡，曾被奸人誣陷而貶官。
8　太丘：指東漢名士陳寔，曾任太丘長，以修德清淨聞名。

守定方針不泛求，任他幻結蜃中樓。身居今世為何世，意欲消愁愈積愁。
西伯[9]曾經拘羑里，靈均[10]所向在高丘。莫言持節無人問，極佩先生蘇武流。

人言嘖嘖怪無求，試問斯樓誰氏樓。眾醉獨醒嗤我拙，昔芳今艾[11]使人愁。
卑污世宙疇鸞鳳，浩蕩心胸富壑丘。威武相加能不屈，宛然砥柱在中流。

省識先生別有求，風煙遠護望京樓。當前湯火甘心死，滿地荊榛動客愁。
鷙百居然存一鶚[12]，山高未免小諸丘。堂堂男子留奇氣，素練安能混眾流。

二
以義為生不苟求，禁垣鎮日獨依樓。人惟守正終無咎，物似關情亦共愁。
巫峽風雲縈遠夢，秣陵煙雨黯崇丘。漫雲降辱滔滔是，畢竟清流異濁流。

不忮於人己不求，聊將畫地當書樓。塵污倦作凌雲賦，天遠難忘去國愁。
我已衰年空壯志，君方治世若登丘。沐猴冠帶爭相效，誰識人禽異品流。

三
新朝夢卜更旁求，市駿臺登郭隗[13]樓。有客同聲歌土樂，問君底事坐城愁。
渝蓉腸斷猿三峽，吳楚心傷貉一丘。欲海風波何足計，毗陵江水自清流。

附益吾徒誤冉求[14]，漢家王粲[15]賦登樓。東鄰乞火無臣徹，西舍同情衹莫愁。
自分史遷[16]輕羽翰，安知信國[17]重山丘。鄒陽[18]出獄文章貴，勿惡曾居紂

9　西伯：周文王，曾被商紂王囚禁於羑里。
10　靈均：指屈原。
11　昔芳今艾：屈原《離騷》：「何昔日之芳草兮，今直為此蕭艾也？」
12　《漢書‧鄒陽傳》：「鷙鳥累百，不如一鶚。」
13　郭隗：事見《戰國策‧燕策一》、《史記‧燕召公世家》。
14　《論語‧先進》：季氏富於周公，冉求為之聚斂而附益之。子曰：「非吾徒也。小子鳴鼓而攻之，可也。」
15　王粲：建安七子之一，〈登樓賦〉是其代表作。
16　史遷：司馬遷。輕羽翰：輕於鴻毛。司馬遷〈報任安書〉曰：「人固有一死，死有重於太山，或輕於鴻毛，用之所趨異也。」
17　信國：文天祥，封信國公。重山丘：重於泰山。
18　鄒陽：西漢文學家，被人誣陷入獄，獄中上書梁孝王，表白心跡。梁孝王見書大悅，立命釋放，並

下流[19]。

事到捨生何所求，無言獨自上西樓。有人肉味忘三月[20]，顧我眉心擁萬愁。
故國多情睽楚蜀，小臣待罪積山丘。憑欄下看人寰處，漂杵朝朝有血流。

四

氣節多從險處求，試看風雨入危樓。悠悠濁世無公論，浩浩高歌且散愁。
宇內有人憐玉局，夢中得句挹浮丘。堅貞不為淫威屈，自是人間第一流。

五

心跡雙清百不求，客中吟嘯獨登樓。詩篇如訴平生事，杯酒能銷萬古愁。
已似閒雲歸遠岫，盡諮長日築糟丘。揚帆幾度經滄海，天許孤舟退急流。

六

倚伏無端總自求，彌天劫火怕登樓。餘生未盡還應喜，浮世知名實可愁。
風景不殊空戰壘，草堂何日返靈丘。平居未識匡廬面，也向飛泉聽遠流。

七

同聲相應氣相求[21]，共倚平山百尺樓。異地羈孤無限淚，新亭景物極天愁。
遙憐岡勢通三蜀，佇見華風偏九丘。歸棹儻逢漁父問[22]，水鳧原自不同流。

八

富貴浮雲總不求[23]，直將犴獄視瓊樓。江淮再起酬民望，草莽生還驛眾愁。
矢志自堪征息壤，炫奇世豈少黎丘。橫眸我欲當途問，誰是於今第一流。

尊為上客。
[19] 《論語·子張》：子貢曰：「紂之不善，不如是之甚也。是以君子惡居下流，天下之惡皆歸焉。」
[20] 《論語·述而》：「子在齊聞韶，三月不知肉味。」
[21] 《周易·乾卦·文言》：「同聲相應，同氣相求。」
[22] 漁父問：見《楚辭·漁父》。
[23] 《論語·述而》：「不義而富且貴，於我如浮雲。」

學問終當著己求，未須樓上更加樓。棲心真宅[24]疇能奪，掉臂圍城自不愁。子儔功成安款段[25]，客冊物換興旄丘[26]。中庭負手思千里，明月霜天共俊流。

物我齊觀豈待求，莫教寸木並岑樓。波濤寂寞魚龍遠，草木凋疏鼠雀愁。劫外談經嗣絳帳[27]，閒中妙詠擬丹丘[28]。不從皺面臨河後，誰信清流異濁流。

蕭然高致亦羊求[29]，西望還登百尺樓。虎兕真成吾道嘆，山河易動客星愁。能當冰雪堅持節，肯向糟醨醉築丘。穆穆神交形跡外，新詩寄遠倩江流。

九

同氣同聲孰應求，羈棲不厭獨居樓。何嘗威武能撓志，祇覺酣歌足解愁。月蝕暫驚遮黑幕，天明終見有丹丘。澄清展布他年事，滄海如今任橫流。

十

嚶鳴海上友聲求[30]，島市無端蜃結樓。聞著南冠頻竚苦，相望北渚回生愁。扶搖暫息鵬千里，撲朔還嗤貉一丘。仍昐潛虯媚幽獨，不矜孟博[31]是清流。

十一

風義相期不忮求，兵塵未息倦登樓。行吟屈子江潭悴，仗節蘇卿雪窖愁。我亦倉皇逃黍穀[32]，君應酩酊覓糟丘。神州尚有無窮事，起視今誰最勝流。

---

[24] 真宅：指天地自然。
[25] 款段：小馬或駑馬。
[26] 旄丘：《詩經・邶風》篇名。
[27] 絳帳：東漢經師馬融，常坐高堂，施絳紗帳，前授生徒，後列女樂。見《後漢書・馬融傳》。
[28] 丹丘：神仙居住的地方。
[29] 羊求：指羊仲、求仲，古代兩位隱士。典出後漢趙岐《三輔決錄》。
[30] 《詩經・小雅・鹿鳴》：「嚶其鳴矣，求其友聲。」
[31] 孟博：後漢清流名士范滂，字孟博。
[32] 黍穀：相傳為戰國陰陽家吹律生黍之處。

十二

伏波[33]家世本難求，氣壯元龍百尺樓。孤操不渝蘇武陌，窮途何憾步兵[34]愁。
望中煙水人千里，江表衣冠貉一丘。堪嘆酈生忘故友，古今誰見海西流。

漢家高士重羊求，名句欣傳趙倚樓[35]。身歷艱危寧有恨，膺填義憤未忘愁。
淵明抱病辭新署[36]，張翰[37]因風憶故丘。莫道青蠅涴黑白，原來孟博是清流。

十三

欲高品格在無求，志士羞登王粲樓。半世功名輕糞土，平生得失寡歡愁。
江山不盡年年恨，風義偏傷處處丘。不惑宣尼[38]今有幾，臨風悵望淚常流。

十四

亮節高懷百不求，茫茫大地恥登樓。俠心俠骨人間見，雨血風毛[39]海角愁。
成敗一身關眾庶，興亡滿目泫山丘。文章道德非無事，隻手先回江漢流。

十五

瞻韓無路[40]夢魂求，識面如登百尺樓。凝碧爭傳摩詰恨[41]，中原深繫放翁[42]愁。
紗籠詩句多哀郢[43]，錦樣文章肯借丘。細柳新蒲春更綠，君心應逐曲江流。

33　伏波：漢代將軍名號。馬援曾被封為伏波將軍。

34　步兵：指阮籍，阮籍曾擔任步兵校尉。

35　趙倚樓：唐代詩人趙嘏的綽號，因其〈長安秋望〉詩中名句「殘星數點雁橫塞，長笛一聲人倚樓」而得名。

36　指陶淵明歸隱後，朝廷徵召他為著作郎，他稱病不應徵。

37　張翰：西晉文學家，曾任大司馬東曹掾。他見晉室內亂，禍患將起，便藉口秋風起，思念家鄉的蓴菜、蓴羹、鱸魚膾，辭官回鄉歸隱。見《晉書‧張翰傳》。

38　宣尼：指孔子。孔子四十而不惑。

39　雨血風毛：班固〈西都賦〉：「風毛雨血，灑野蔽天。」原指狩獵時禽獸毛血紛飛，此處代指戰爭殘酷。

40　瞻韓無路：意謂無緣見面相識。語出李白〈與韓荊州書〉：「生不用封萬戶侯，但願一識韓荊州」。

41　典出《隋唐演義》第九十三回「凝碧池雷海青殉節，普施寺王摩詰吟詩」。指樂工雷海青在寧碧池痛斥逆賊安祿山，以身殉國；王維受到感動，題詩哀悼。

42　放翁：指陸游。此句意謂陸游到死都惦記著被敵人占領的中原地區，盼望王師北定中原之日。

43　哀郢：屈原哀悼楚國都城淪陷的詩篇。

十六

甘心蠖屈[44]似無求，望斷春風十二樓。行己自高顏斶[45]節，留胡誰遣子卿[46]愁。
天憐衰季生鸞鳳，世變平原化墾丘。大節堅貞猶鐵石，固知涇渭不同流。

十七

已拌義就田橫島[47]，何意重登王粲樓。望故國遙徒湧淚，念家山破不勝愁。
難甘名列貳臣傳，肯教身投一貉丘。極目滔滔東逝水，憑公砥柱屹中流。

十八

聖賢書外復奚求，獨立蒼茫煙雨樓。填海青禽空有願，鞭山白帝翻成愁。
一天明月遮陰影，六代繁華剩古丘。相對秦淮無別語，但將心事托寒流。

十九

自高位置不他求，獨臥元龍百尺樓。天礪忠貞擔大任，心縈家國貯深愁。
千金市骨[48]增聲價，萬卷羅胸富墾丘。珍重待酬朝野望，會看偉績障洪流。

二十

此身捨義外無求，歲歲羈棲一角樓。鍾阜雲開無王氣，秦淮雨細織鄉愁。
遠山遙水人何在，敗壘殘陽骨滿丘。名士渡江多似鯽，問誰堪列入清流。

二十一

為有奇思不可求，簷花夜雨獨登樓。故家禾黍離離感，新戍風雲歷歷愁。
心共西山朝白帝，身如東郭住青丘。江魚昨日傳新訊，春水錦江動活流。

---

44 蠖屈：比喻不得志，屈身隱居。
45 顏斶：戰國時齊國高士，隱居不仕，齊王召見，不肯上前，對以「士貴王不貴」。事見《戰國策‧齊四》。
46 子卿：指蘇武，字子卿。
47 田橫島：在今山東青島市即墨東部海域。秦末漢初，齊田橫率五百將士退居此島，劉邦遣使詔田橫降，田橫不從，於赴洛陽途中自刎。島上五百將士聞之，集體揮刀殉節。時人嘆之，命曰田橫島。
48 千金市骨：典故見《戰國策‧燕策一》，常用來比喻人才難得、求賢若渴之類的意思。

二十二

百年身世亦何求，暮靄茫茫獨上樓。攬轡常承天下志，引杯澆斷古今愁。
書生說劍增新恨，壯士懷歸憶故丘。我有興亡無限感，乾坤日湧大江流。

2、投贈

聞元放在滬被逮感賦

檻車[49]一去返無期，正是知交祖道[50]時。賣友有人師酈寄[51]，錄囚何日釋鍾儀[52]。
名懸鉤黨宜遭忌，地接華離[53]易蹈危。我望江天思舊雨，神龍盼汝暫潛姿。

暮春懷元放

幽竹發新篁，呢喃語梁燕。燕歸人未歸，花落紛如霰。
憶昔與君遊，情好意綢繆。八表多風雨，慷慨賦同仇。
仇讎猶未雪，忽痛隔吳越。應知相見難，林外鵑啼血。

迎元放先生

元放先生於二十九年夏不屈入獄，余於三十年四月底過京被逮，六月間得
遇獄中，相聚兩月餘，被移感化院。約三閱月，先生獲釋，避俗來院，喜得重
逢，特作詩以迎之。

禍福悠悠不可期，秣陵風雨共秋時。先生惡演新花樣，小子欣看舊典儀。
有興與君歌白雪[54]，無才自合嘆艱危。熏香幸許迎班馬[55]，一代完人松柏姿。

送元放先生

元放先生於三十年十二月七日來住院中，因得晨夕聚首，至三十一年五月
十七日，以院中人事變更，遷至友人處暫住。

---

[49] 檻車：囚車。
[50] 祖道：為出行者祭祀路神，設宴送行。此處指送別。
[51] 酈寄：西漢初年人，曾出賣自己的朋友呂祿。事見《史記・呂太后本紀》。
[52] 鍾儀：春秋時楚國人，被晉國人俘擄，在獄中戴南冠，操南音，以示不忘故國。事見《左傳》成公
九年。
[53] 華離：地形交錯齟齬，此處意謂身處敵占區的複雜形勢之中。
[54] 歌白雪：指以詩歌唱和。「白雪」是對別人詩作的美稱。李白〈感遇〉：「巫山賦彩雲，郢路歌白
雪」。儲光羲〈酬李處士山中見贈〉：「始信郢中人，乃能歌白雪。」
[55] 班馬：司馬遷與班固的合稱。

滿目飛花嘆劫塵，人生到此總須珍。京華憔悴仍為客，門巷歡迎有主人。
白水盟心[56]知愛潔，春風在抱若依仁。高吟惟恐春光老，我羨先生物外身。

壬午除夜奉寄元放先生並呈××、××二老

呵壁茫茫只問天[57]，也驅春色到吟邊。看梅東閣[58]思前度，採薇西山[59]共七年。
地轉天回知有日，石堅丹赤敢私憐。風流二老還鄰並，好醉屠蘇[60]一放顛。

寄元放先生

我未謀君面，我顧識君操。世路多紛歧，焉得不擇蹈。瞻彼黯有原，
每每莫非奧。絕豫無由通，異類將何告。俛仰憚古今，有酒且舒傲。

懷元放兄白門[61]

登車仗節想華年，事到艱危志益堅。雪窖餘生[62]天為泣，幾人衛律[63]罪通天。

吳陵幽居寄呈元放兄

落拓南行涕滿襟，故園景物夢中尋。辭家未遂青門[64]志，溷地應憐皂帽[65]心。
風月有情誰管領，煙花無主任飄沉。知君共抱夏時念，願惜閒身且醉吟。

附注：次韻及投贈作者尚多淪隱陷區，姓氏未便刊列，故暫付缺如。

---

56 白水盟心：指著水起誓，泛指對人表白真心。
57 屈原《楚辭》有〈問天〉，係在楚國宗廟觀看壁畫時的「呵壁之作」。
58 看梅東閣：南朝梁何遜曾為建安王水曹臣，居揚州，在所住官舍前有梅花一株，何每天在下吟詩。
    後回到洛陽，又思念梅花，重新請求再任此官。何遜墓誌有「東閣一開，競收楊馬」語。杜甫〈和
    裴迪登蜀州東亭送客逢早梅相憶見寄〉：「東閣官梅動詩興，還如何遜在揚州。」
59 採薇西山：明代王陽明〈採薇〉詩曰：「採薇西山下，扳援陟崔嵬。遊子望鄉國，淚下心如摧。……」
60 屠蘇：指酒。
61 白門：南朝宋都城建康（今南京）宣陽門的俗稱，後代指南京。
62 雪窖餘生：指蘇武被匈奴人囚禁地窖中，斷絕飲食。武臥齧雪與旃毛并咽之，數日不死，匈奴以為
    神。見《漢書・蘇武傳》。
63 衛律：曾為漢臣，後投降匈奴，蘇武出使匈奴期間，衛律多次威脅利誘蘇武投降。李陵亦曾勸蘇武
    投降。均遭到蘇武拒絕。李陵嘆曰：「陵與衛律之罪上通於天！」
64 青門：漢長安城東南門。青門志：指隱居。秦東陵侯召平，秦滅後隱居長安青門外，以種瓜為業。
    後因以「青門」代指隱居之處。
65 皂帽：黑色的帽子。漢末隱士管寧避地遼東，常著皂帽。魏文帝即位，多次徵召，固辭不受。

（三）追懷高柏楨同志[66]

馬元放

　　柏楨殉職於二十八年十月十六日，迄今已將五年。自他死後，歷年來，我沒有一天不在想念他，也沒有一天不在痛悼他！在他殉職的翌年，就是二十九年的六月二十三日，我也在滬被敵偽劫持，過著幽囚的生活。後來離開偽看守所的時候，曾經寫信告訴柏楨的夫人趙元靜女士，她覆信說：「柏楨若不死，一定會和你遇著同樣的命運。我相信他一定也能和你一樣的不為不義屈。現在，你是快要恢復自由了，可是柏楨在何處呢？」我看了以後，心中更覺得有一種說不出的悲痛，我常常想放聲痛哭他一場，可是，我的淚泉早涸，久已無淚可揮了。去歲脫險歸來，於九月十四日經過皖南的叢山關，留宿勝利客棧，竟在夢中痛哭柏楨三次，其哭之哀，無可形容。這固然並不足以彌補我的缺憾，也不能減少我的悲思，不過也可稍吐我內心的隱痛了。

　　柏楨和我是江蘇公立法政大學的先後同學。他進校的時候，我正留校服務，他刻苦用功，成績極優。當他在民國十六年畢業的時候，適國民革命軍克復江蘇，武進黨務，發展伊始，尚未步入正軌，柏楨就回里聯絡同志，奔走呼號，一般熱血青年，經他的積極指導，都非常振奮，在縣黨部領導之下，從事革命工作，遂以奠定武進黨務深厚的基礎。其後地方自治，亦順利開展。柏楨雖不居任何名義，然以黨員資格，從旁贊助，不遺餘力。民國十七年冬，武進召開全縣代表大會，其時柏楨在泰興任承審員職務，因關心地方事業，星夜馳回，參預擘畫。全縣黨員，群欲推柏楨出任委員，以樹立黨部之重心，柏楨堅不允諾，並薦賢自代，其胸懷磊落，公爾忘利，於此可見一斑。

　　柏楨在法校畢業後，曾應承審員考試，奉派到泰興縣政府擔任承審員，在初去的時候，縣長某見他是剛離學校的學生，經歷既淺，貌又平常，並不加以重視；後來見他對於每一件案子，聽斷都非常明允，便不覺肅然起敬。他在最初兩三個月中，即為地方解決疑難積案二百餘件，以此，他在泰興雖只僅僅九

---

[66] 高柏楨（1903?-1939），江蘇武進人，畢業於江蘇政法大學，武進中學創辦人之一。曾任武進縣國民黨縣黨部的監察委員會秘書，江蘇省教育廳秘書。1939年在乘船赴上海途中不幸遭颱風襲擊沉船遇難。

個月，但是解除了許多民眾的痛苦，一般士民，莫不交口稱頌。

民國十八年春，他由泰興解組歸來，任武進縣黨部監察委員會祕書，舉凡地方興革，民間利弊，他知無不言，言無不盡。其所擘畫，發為文章，登諸報端，洋洋灑灑，輒數萬餘言，一時政府措施以及社會輿論，莫不以之為依歸。武進《中山日報》所以能形成全縣輿論之中心，全縣青年，所以能始終團結為地方正義而奮鬥，柏楨的言論，實有很大的影響。

我於十八年冬到江蘇擔任黨務工作，其時武進縣的黨務，因為意外的挫折，工作不能進展，省黨部就改派柏楨等五位同志擔任整理委員，實際上就是把柏楨做一個中心，這是十九年夏間的事。柏楨深深知道黨的工作，不僅在黨部的本身，而要發揮黨的力量，去指導政治，改良社會。所以他首先設法健全黨部本身，然後再向各種事業方面去發展。武進黨務，經此次整理以後，便重上軌道，充分發揮黨的力量，指導地方，從事於一切的建設。

柏楨對於地方教育，至為熱心，曾和一部分同志，創辦一個私立武進中學，辦理很是發達。後來又有一時期，兼任武進縣立女子師範學校的訓育主任。據說當他初到校的時候，頭戴一頂瓜皮小帽，身著灰暗色的半新皮袍，比起西裝和中山裝來，顯見得有些古老和陳腐。他走上講壇，對全體訓話，一般女生都發出鄙夷的神情。可是，訓詞未畢，全場空氣，倏變嚴肅；等到一席話終，全體學生都對他發生極度的信仰和崇高的尊敬。經過一個短短時期，女師學風，卒為之丕變。

後來他又主持農村改進的工作，擔任武進農村改進會的實際負責者，對於一切工作，如農村改進實驗區的設置，優良種子的推廣，造林築路的提倡，以及鄉村風俗的改善等等，無不費盡心血。又常常奔走四鄉，親任督導，風雨寒暑，不辭勞瘁。可說柏楨在此時期，為地方盡力特多，後來幾年的大病，也就種因於此了。

民國二十四年，江蘇黨務實行分區指導，我所擔任的是第二區，區辦事處就設在武進，當請他擔任辦事處的總幹事，關於區內一切工作，都能很有計畫的去謀開展，尤其對於區內一般同志，以誠相感，建立著很好的情誼。當時中央派員視察江蘇各區黨務，認為二區是相當有成績，實在應歸功於柏楨的努力。

柏楨在地方服務，先後將及十年之久。中間曾於民國二十年做過一度國民會議代表，又做過幾次全省代表大會代表，而他固定的職務，則自十九年起，

由黨務整理委員，而執行委員，而監察委員，始終沒有離開黨部的崗位，在這多年當中，由於他的努力，武進黨部，在地方上確實做到了名實相符的最高領導機關，全縣的鄉鎮長，可說都在黨部領導之下，政府一切設施，都要徵詢黨部的意見，真正樹立起一個中心力量，做地方上一切興革的推動主力。

柏楨多年來在地方，純是抱著「敬恭桑梓」的精神，為地方謀福利，而他遇事有計畫，有步驟，凡是他所參加的事情，都能表現出相當的成績，所以到了後來，地方上無論關於政治、經濟、教育、社會公益或其他建設事業，苟有興革，都要請他參加。而他因為責任心的關係，並不徒尸其名，他都是一絲不懈的努力做去，使各個事業，都能有辦法。由於他這種精神的感召，所以地方上的人，無論是老的少的、舊的新的，沒有一個不知道他、不佩服他、不讚美他。試問這是何等偉大的成就呢？

對日的神聖抗戰發生後，武進縣正當京滬線的要衝，柏楨對於地方的盡力，當然是更不用說了。直到倭寇迫近縣城，就是在武進陷落前幾天，他才拋棄了一切，隻身流亡到武漢。喘息未定，他又找出了工作的對象，著手組織武進同鄉會，救助彷徨無歸的一般流亡同鄉。後來轉徙到長沙，復以武進縣黨部名義，請省指撥縣金庫餘存款項，做救濟同鄉之用。因而又在湖南組設同鄉會，辦了五個救濟收容所。凡是當時過湘的流亡同鄉，無不蒙其惠澤，至今每一提到，都很感念，這都是他的奔走領導之力。

二十六年冬，我奉中央命，重回江蘇省黨部工作。時在艱危，義不容辭，便隻身前往淮陰任事，柏楨是我多年的同事，原想約他臂助，但因為他身體不好，就未忍把他拉去幫忙。到了二十七年二月，我又兼任江蘇省第七區行政督察專員，實在感覺到人力的不夠，迫不得已，電請柏楨到蘇相助。當時江蘇的江南，幾已全部淪陷；江北的一部，全靠隴海線和中央相通。可是津浦線也十分危急，徐州不斷地遭敵機轟炸，從武漢去淮陰，一定要經由平漢轉隴海東段，逾越徐州，才能到達，一路備受敵機威脅；而且淮陰的局勢，也相當危險，徐州一失，淮陰便成孤島。在湘鄂的一般朋友，看到這樣局勢，又因為他已經有了四五年肺癆的積疾，都堅勸他不必冒險前去，但是他以為共患難是朋友間應有的道德，竟毅然不顧一切的危險，也不計位置的高低和待遇的厚薄，間關千里，奔我之急，而到了淮陰。我至今每一念及，真是又慚愧，又悔恨：當時實在不應該邀他到蘇，以致發生後來不幸的結果。

柏楨是二十七年四月裡到了淮陰，最初在七區專員公署擔任科長，當時蘇

北的局勢非常險惡，專署也時常遷移，一切工作的重心，是在如何動員民眾，抵抗敵人，保衛地方，所以對於民眾的組織訓練工作，至關重要，我和他時常前去區內各縣，視察督導，周歷城鄉各地，奔走相當勞苦，而他從不以身體衰弱的關係，稍表難色。我幹了幾個月之後，自己覺得江南各地的人事關係，比較熟習，就把專員辭掉，想和他一同到江南去策動游擊工作，遂於同年八月一同到了上海，部署一切。

到滬沒有幾天，忽見報載中央對我又有江蘇省政府委員兼教育廳長的任命。我赴渝力辭不獲，重回蘇北工作。就又約柏楨到教育廳擔任祕書。當時江蘇教育方面，有一特殊現象，就是所有江南的公私立學校，都已遷滬復課。論學校單位，大中小各校，有五十餘校；論教職員及學生，不下二萬餘人，當時的教育重心完全在上海。而在最初的時候，各學校都是各自為政，情形相當複雜，教育廳便在上海設置駐滬辦事處，辦理一切整頓工作，辦事處的主任，就是由柏楨兼任。他對於各學校的編制、學籍、設備、經費等等方面，都定出一個辦法來，擘畫周詳，處置得法，於是各校才漸漸由複雜的情形，而趨於單純，走上軌道。到了二十八年秋，汪逆精衛在上海發起所謂和平運動，一般漢奸，都想在上海摧毀國家教育，威脅利誘，無所不用其極，一時形勢，又幾趨於紊亂。柏楨奉令查處，他要把態度游移的使其堅定，已經變節的使其回頭，環境困難的為其解除，執迷不悟的予以制裁，經多日的奔走曉喻，好不容易才把局勢穩定下來。他對於國家民族的功績，實不可泯。而他那種不辭勞瘁、不避艱險、冒危犯難、堅毅果敢的精神，益發令人欽敬，所以當時上海蘇省各學校的同人，對他都有非常好感。在他殉職之後，大家還在動盪的局勢之下，集資設立一個松柏圖書館，做他永久的紀念。

二十八年十月初，我已把教育廳的職務擺脫，和柏楨同住在蘇北泰興黃橋鎮友人王慶元君家中，辦理江蘇教育廳的結束事情。每於夕陽將下之時，二人同在鎮後的松林中，閒話生平。並以一般人在蘇北那樣的陰暗局勢之下，還是在儘量謀私的發展，把真正敵人，置諸腦後，已知浩劫無法避免；而一面又深深感覺到自己力量的薄弱，不能挽回頹勢，曾一同下了決心，等待教育廳職務交代以後，到一個偏僻地方蟄居幾年，再出來做事，不料這幾句閒話，竟成讖語，而柏楨在此數日之後，便和人間隔絕，永作休息了！

那時教育部鑑於戰區教育的重要，組織戰區巡迴教學團，在江浙各地實施巡迴教學，團部設在上海。因為和蘇教育廳駐滬辦事處常有工作上的聯繫和接

洽，發現柏楨辦事的幹練，就堅邀他擔任團副主任之職，約定十月十六日在上海開會。他身在黃橋，心懸上海，一定要於期前趕到，以便準時參加會議，便於十四日離開黃橋。那天正是下雨，我曾竭力勸阻，可是絲毫不能動搖他堅決的意志，就由黃橋冒雨趕往新港。詎料十五日狂風大雨，輪船停開，到了十六日才搭到新太古丸赴滬。新太古丸船身狹小，載重過量，駛至吳淞口外十二哩地方，遭遇颶風，船即傾覆；柏楨遂和數百乘客，同遭滅頂之禍。

上海方面，知道柏楨一定會在十六日之前到滬的，屆時未見蹤跡，都很惶急，打電報到黃橋來探問，我隨即電覆說他已於十四日動身，自此以後，上海、黃橋之間，通了多次電報，總不能問出一個端倪。最初還以為在上海上岸時，或會被敵偽綁去，但在各處有關係方面打聽，亦無著落，大家才更著了慌。過了多日，新太古丸沉沒的消息，才在報上披露，並登著寶山縣境招領屍體的廣告。上海方面幾位朋友，抱著將信將疑的態度，前去寶山調查，果然柏楨也在被難之列。雖然屍體已很模糊，不可認識，但是身上照片等等，赫然猶在，就把屍體重新收殮，設法運回家鄉安葬。我在黃橋聽到這個消息，好似晴空突來霹靂，頓時失了知覺。一時悲痛之情，實屬無可形容。至今雖隔多年，但是一念想到，還是不禁的戰慄。

說來也很奇怪，我和柏楨原定一同赴滬，並且可以提早離開黃橋的；只因教廳的帳冊，被會計傅君寄存在揚州鄉下，傅君返揚取回，不料在途中遇劫，又折回取了川資再出，因此耽誤了多日，柏楨不能再候，遂於十四日單獨冒雨離開黃橋。我因不能不候，也只得任柏楨一人先行。如果早知註定有此慘變，倒不如和柏楨同作波臣，以免對他抱憾終身了。

後來，我到了上海，遲遲不敢見他夫人的面。因為見了他夫人，將格外增加我的傷感，並且無詞可以寬解他夫人，減去她的悲哀。後來見面了，我只有抱恨我以前不應該把他由湘鄂請回來，要求她的寬恕，同時請她把幾個孩子好好撫養成人，使他們將來能完成柏楨未竟之志。

在柏楨被難之前，他的昆仲高譓[67]和梓材，已先後為國成仁，高譓是他的從弟，在江蘇省立蘇州中學畢業後，考入中央陸軍軍官學校，選送杭州筧橋

---

[67] 高譓（1913-1937），江蘇武進人，先後畢業於南京中央軍校飛行科，畢業後被分配到空軍部隊，先後在空軍第六大隊、第十五大隊任中尉飛行員。1937年8月14日曾參與駕機轟炸侵華日軍旗艦「出雲號」。8月25日他再次駕機前往上海轟炸敵艦時，遭敵機圍攻，不幸在浙江墜機遇難，年僅二十四歲。

中央航空學校，後來就編入航空隊服務。當八一三發動全面抗戰以後，中國僅有的空軍，也要做必要的犧牲。高謨被派日夜出動轟炸敵艦，二十六年八月二十五日清晨三時，駕駛第一〇四號轟炸機由杭州飛往上海，轟炸敵方有名的「出雲」旗艦，在歸途中遇敵機五架圍攻，身受重傷，迷途至臨安上空，機墮殞命。梓材原名偉，是他的從兄，戰前在地方辦理民訓，很有成績，常州陷落，隨黨政機關人員，退到漢口，尋又轉赴湘西，過了幾個月，他感覺到深入戰區發動民眾工作的重要，就間關萬里，重新回到父母之鄉，擔任武進縣黨部書記長，常常策動地方民眾，協助國軍作戰，敵偽銜之刺骨，遂於二十八年九月八日密派奸徒，乘梓材和武進縣政府督導員謝應徵行至城西蠡河橋之長汀路時，開槍狙擊，二人同時遇難。此外又有他的從弟高諤，在滬辦滬清中學，積勞成病，於二十八年二月二十八日死於滬上。復有他的從弟高謹，以受敵人侮辱，心悸氣憤，致成咯血重症，於二十八年四月二十九日，病逝故里，幾年之內，高氏一門，死者相接。當時柏楨傷感萬分，表示痛不欲生，為梓材之死，奔走滬常一帶，辦理緝兇撫恤等事，席不暇暖。詎料過了一個多月，他亦遇難。時人以高諤死於空，梓材死於陸，柏楨死於水，目為陸海空三烈。這樣的慘變，豈僅高氏的不幸，實亦地方的不幸，更是國家的不幸啊！

柏楨居家在武進城北四十里以外的三河口鎮上。三河口在過去原是一個文風丕盛的地方，現在還存留著一個高山書院，做它的象徵，清代中葉，地方上產生一位知名的學者李兆洛申耆[68]先生，著有養一齋文集，其文和惲子居[69]齊名。距離不到三里的焦溪鎮，在前清有一位文行並茂的是仲明[70]先生，地方上一致稱他為「是孝子」。在十里以外有一個申港鎮，即是春秋賢者「延陵季子[71]之墓」的故墟。一個地方的周圍，有這般豐富的歷史，當然會產生應有的成果。柏楨的父親，為人非常公正嚴明，鄉望很重，他母親更具勤儉刻苦的精神，柏楨秉承了這樣優良的遺傳，就形成了他品性上極關重要的因素。柏楨稍長，受業於武進名進士錢振鍠名山[72]先生門下，又給了他品格上極高貴的示

---

68 李兆洛(1769-1841)，字申耆，晚號養一老人，陽湖（今屬江蘇常州市）人。清代著名學者、文學家，陽湖派代表作家之一。著有《養一齋集》、《駢體文鈔》等。

69 惲子居：即惲敬（1757-1817），亦陽湖人，陽湖文派創始人之一，著有《大雲山房文稿》。

70 是仲明（1693-1769），姓是名鏡，一名鑄，字仲明，號誠齋，江蘇武進人，清代學者，曾築舜山書院講學，人稱舜山先生。

71 延陵季子，即春秋時吳國公子季札，吳王壽夢第四子，以品德高尚、知識淵博、重情守信著稱。

72 名山：錢名山（1875-1944），字夢鯨、振鍠。世居江蘇常州菱溪，著名詩人和書法家，人稱江南大儒。著有《名山集》、《名山詩集》等。

範，和文章道德上浩然的陶冶，因為有了這麼多的原因，才造就成柏楨這樣健全的人格。再加之以他固有的熱情，和天生的才能，自然克以肆應咸宜，一切勝任愉快了。

　　柏楨的品格和才能，要想充分闡說明白，原是很難的，綜之：他有明敏的識見，組織的天才，刻苦的精神，這都是他的特長所在。而他最不可及的地方，據我所知，約有幾點：第一是持身以儉，他自奉很是儉約，不厭惡衣菲食，但他能解衣衣人，推食食人，常常周人之急。第二是律己以恆，他做事最勤，也就是最有恆心，凡有所為，總是孜孜矻矻，必至做成為止。他的日記，十年來從無間斷，就是他勤恆的表徵。第三是待人以誠。他的熱情，等於人類中間一塊磁鐵，很自然的吸引著一般大眾。世上有一種人，和他初次相交，很能為其吸引，久後也就平淡無奇。柏楨則不然，初見面時很易被人忽略，等到日久相處，則信賴的心理，簡直與日俱增。因此，他能周旋於地方上士紳與青年之間，兩方面都無怨言，而且都信賴他。因此，得以消弭地方的對立，而致力於桑梓的建設。這完全是他誠能感人的收穫。第四是治事以忠。他最富於責任心，他只知對國家忠職守，對民眾謀福利，他不知營私，不知敷衍，他只知本著「鞠躬盡瘁死而後已」的精神，去實幹、快幹、硬幹。他一切都以此做出發點，所以他一切都能有很好的成就，這些都是他人不可及的地方。假如能有機會，加重他的責任，使他參與省政和國政，我相信，他一定也能和在地方上服務一樣的有很好的成績。我以前每遇省黨部改組的時候，總想薦賢自代，有一次我在保薦他的電文中，曾稱他的才能過我十倍，但是總沒有能如我的私願。曾文正公[73]說過：「舉目斯世，求一攘利不先、赴義恐後、忠憤耿耿者，不可亟得。或僅得之，而又屈居卑下，往往抑鬱不伸，以挫以去以死。此其可為浩嘆者！」這簡直可以做為柏楨的寫照。柏楨十幾年來，完全盡瘁於地方，雖功在桑梓，究未能稍展其抱負，竟致齎志以歿，這不也是很可浩嘆的麼？當他那年遇難之後，我曾挽以長聯：「一生攘利不先，赴義恐後，立懦廉頑，正資風厲末俗；靈均[74]竟永沉，懷瑾握瑜，猶向中流作砥柱。」「十年肝膽相照，憂患與偕，異符同契，方賴宏濟時艱；子期[75]胡遽逝？高山流水，更從何處覓

---

[73] 曾文正公：曾國藩（1811-1872），初名子城，字伯涵，號滌生，宗聖曾子七十世孫。中國近代政治家、戰略家、理學家、文學家，湘軍的創立者和統帥。

[74] 靈均：指屈原。

[75] 子期：鍾子期，春秋時期楚國人。史載伯牙鼓琴，鍾子期能知其音，鍾子期死後，伯牙認為世上已無知音，終生不再鼓琴。

知音？」這不僅聊抒我一己的哀思，也正是為柏楨做一極簡括的忠實行述啊！

柏楨的不能長壽，不但朋輩知之，連他自己也很明白。但他一向把責任看作重於生命，過去因為在地方服務，實在太苦，遂致積勞成疾，成了多年的肺癆病。雖然曾在馬跡山休養過一個時期，可是不待痊癒，就仍照常為社會服務，等到抗戰開始，他認為更應該竭盡平生之力，報效國家。一般朋友，都擔心著他的身體，惟恐他會死於疾病，後來歷年在淪區工作，奔走大江南北，更隨時隨地有發生危險的可能。乃不死於多年的痼疾，不死於敵機的轟炸，不死於敵偽的狙擊，而竟死於白浪滔天的江流之中，這真是不可以常理測度的一件事了！

柏楨有十年來不斷的日記，在蘇北的時候，記得他是隨寫隨寄友人保存。他遇難後，有一部分文件，由我連同我自己的文件保存在上海，不料去春又被敵人搜去。去年脫險歸來，路過贛州，賀兆錫兄交給我一本他手記的武進縣黨部工作紀要。得到之後，我視同拱璧，帶回珍藏。將來當要搜集他生前的日記信札和著作，整理刊印，以做柏楨的永久紀念。

柏楨死時，年僅三十六歲。堂上還有白髮老母，繼配夫人趙元靜女士，結婚不過五年。連前妻所生，遺下三子一女。景象極其淒慘！關於他子女的教養，和地方上對他應有的紀念，正是抗戰勝利以後，我們後死者應負的責任。

柏楨死矣！我將從何處再去找尋這樣能講道義的朋友，更將從何處再會遇著這樣可共事業的同志？我欲哭無淚。我的悲哀，正因為無淚可揮，無從發洩，而永無止口。將來能有機會，重臨黃橋的松林，惟望他一顯神靈，再和我如前一樣的閒話生平，並且告訴我當年新太古丸傾覆時那一剎那間他心中所存的感覺。這原是一種不可期待的奇蹟，但我總望這奇蹟能有一日會實現。

柏楨死矣！我每一想到他，就有無窮盡的悲哀，湧上我的心頭。我已不能再想，我更不忍再想，我的心將永遠繫念著他，直到無窮盡的日子

三十三年六月二十三日——四年前在滬被逮之日於陪都

~~~~~~

哭柏楨

王公璵

聞酬浮海願[76]，方羨伴鷗閒[77]。天道殊難問，星槎竟不還。
應非臨弱水[78]，豈是近厓山[79]。極目煙波杳，楓林夕照殷！
長征飄一葉，永訣黯魂銷。有鳥填滄海，無弓射怒潮。
清流終見忌，沉月若相邀。竟逐靈均[80]去，迎風賦〈大招〉[81]。

~~~~~~

《歸漢記》封底內側　　　　　《歸漢記》封底

---

[76] 浮海願：孔子嘗曰：「道不行，乘桴浮於海。」
[77] 伴鷗閒：《列子・黃帝》：「海上之人有好漚（鷗）鳥者，每旦之海上，從漚鳥遊……。」
[78] 弱水：，《山海經・海內十洲記・鳳麟洲》：「鳳麟洲，在西海之中央，地方一千五百里，洲四面有弱水繞之，鴻毛不浮，不可越也。」
[79] 厓山，今作崖山，在廣東新會縣南大海中。南宋末年，宋軍與蒙古軍隊展開最後的決戰，宋軍全軍覆沒，南宋滅亡。
[80] 靈均：指屈原。
[81] 大招：《楚辭》篇目，傳為屈原或景差作，是一篇為死者招魂的作品。

致謝

　　經歷十數年搜集史料與寫作，筆者終於完成了這本紀念祖父的文稿，根據大量瑣碎的史料基本還原出了我的祖父、歷史人物馬元放的真實面目。在停筆之前，我真誠地致謝：

　　首先，感謝常州地方史志專家吳之光先生為本書寫序和為馬元放作傳載於《譜牒文化》，並多次鼓勵筆者完成本書；感謝知名作家張至璋先生為本書作序，以及給予的諸多幫助和支持。

　　其次，要感謝《中國抗日戰爭時期大後方文學書系》選編了馬元放所著《歸漢記》的部分章節，《書系》是在大陸改革開放後，最早讓馬元放以抗日志士的面目再次回到人們的視野中；感謝居住在四川、家父的同學鄧敬蘇女士告知我們《書系》的出版消息，這才有了我們全家人開始尋找馬元放歷史真相的起始點；還要感謝南京鄧皓明先生，是鄧先生看到南京媒體刊登有關馬元放的文章後，特意輾轉合肥、鎮江等地多人，將文章傳到我們家人手中，推動了我們對馬元放歷史真相的探尋。

　　同時，要感謝史學專家和學者們以實事求是、尊重歷史的原則修史編志，對歷史人物和歷史事件秉筆直書、撥亂反正，得以讓社會大眾重新認識馬元放；尤其要感謝《江蘇省志‧國民黨志》、《南京教育志》、《南京教育史》的編者和作者給予馬元放如實的評價；還要感謝常州市哲學社會科學界聯合會及常州市社會科學院，在他們合編的《常州歷史名人大辭典》中，以客觀、公正、求實的態度，修編了馬元放詞條的內容。

　　再者，要感謝在馬元放去世後，在臺人士驚鴻、槐生、儀君、邵鏡人、邢頌文、馬超俊、童致祥、朱斌、丁延楣等女士先生撰文紀念馬元放。要感謝中國近代人物研究學者、江蘇省作家協會會員王炳毅先生和《南京晨報》、《鍾山風雨》及《橫山文化》編輯部，改革開放後是他們率先發表追思馬元放的文章，系統地向社會展現了馬元放的正面形象；要感謝江蘇大學高良潤教授和《南京史志》編輯部，從史學角度介紹馬元放的歷史事蹟；也要感謝何平先生、王正銓先生、周文傑女士、邰聯元先生、薛大元先生、薛孔先生、金問信先生、吳以恕先生以及周振華教授等，感謝他們撰寫追思馬元放紀念文章；還

要感謝《文壇雜憶》主編顧國華先生，編輯出版多篇介紹馬元放的文章。感謝他們以歷史事實為依據，客觀公正地評價歷史人物馬元放。也要感謝徐克謙教授在百忙之中為《歸漢記》增添注釋，便於讀者閱讀和理解。

最後，筆者還要感謝常州武進的家鄉父老對族人馬元放的厚愛；感謝常州市譜牒研究會朱炳國會長、《橫山文化》主編章公臺、武進寶善堂《聚湖馬氏宗譜》續修理事會會長馬耀南及諸位理事，以及常州鄉親周南平、陳一清等諸位先生對本書的編寫所給予的莫大支持和幫助。新近，常州蔣湧濤先生以及南京唐蜀華卜玲夫婦也向筆者提供了珍貴史料，感謝他們的熱心相助。

此外，在我和家人搜集馬元放史料的過程中，得到了南京、上海等地圖書館、檔案館及中國第二歷史檔案館工作人員的諸多幫助，還有臺灣的熱心人士羅久蓉教授、江淑玲女士、陳立文教授、王文隆博士、孫秀玲研究員、王剛先生、汪淑珍女士，以及夏祖麗、張至璋夫婦、馬淑蘭、熊裕生夫婦等也提供了大量幫助，在此一併致謝。

本書的編寫和出版得到臺灣秀威資訊科技股份有限公司蔡登山先生的鼎力相助，以及編審、編輯、排版、設計等相關人員為本書的出版付出了大量辛勞，在此深表謝意。

在搜集史料和編寫書稿的過程中，還承蒙諸多熱心人士的幫助和支持。書稿完成後，得到多位編審朋友的諸多專業指導，且多位親朋好友也耗費大量時間幫助校對文字。在此，筆者和家人一併向各位深表衷心的謝意。

馬寧

2020年9月15日

史地傳記類　PC0983　讀歷史136

無愧人生
──矢志抗日、熱衷教育的馬元放

作　　者／馬　寧
責任編輯／陳彥儒
圖文排版／楊家齊
封面設計／王嵩賀

發 行 人／宋政坤
法律顧問／毛國樑　律師
出版發行／秀威資訊科技股份有限公司
　　　　　114台北市內湖區瑞光路76巷65號1樓
　　　　　電話：+886-2-2796-3638　傳真：+886-2-2796-1377
　　　　　http://www.showwe.com.tw
劃撥帳號／19563868　戶名：秀威資訊科技股份有限公司
　　　　　讀者服務信箱：service@showwe.com.tw
展售門市／國家書店（松江門市）
　　　　　104台北市中山區松江路209號1樓
　　　　　電話：+886-2-2518-0207　傳真：+886-2-2518-0778
網路訂購／秀威網路書店：https://store.showwe.tw
　　　　　國家網路書店：https://www.govbooks.com.tw

2021年11月　BOD一版
定價：520元
版權所有　翻印必究
本書如有缺頁、破損或裝訂錯誤，請寄回更換

讀者回函卡

國家圖書館出版品預行編目

無愧人生：矢志抗日、熱衷教育的馬元放 / 馬寧著.
-- 一版. --　臺北市：秀威資訊科技股份有限公
司, 2021.11
　　　面；　公分. -- (史地傳記類；PC0983)(讀歷史；
136)
　BOD版
　ISBN 978-986-326-954-0(平裝)

　1. 馬元放　2. 傳記

782.887　　　　　　　　　　　　　　110011718